KB082771

라이프니츠와
아르노의 서신

대우고전총서
Daewoo Classical Library

038

라이프니츠와 아르노의 서신

Leibniz : Correspondance avec Arnauld

G. W. 라이프니츠 · A. 아르노 | 이상명 옮김

아카넷

일러두기

1. 번역에 사용한 대본은 다음과 같다.

    G. W. Leibniz, *Sämtliche Schriften und Briefe*, hrsg. von Berlin‐Brandenburgischen Akademie der Wissenschaften und der Akademie der Wissenschaften zu Göttingen, 2 Reihe: Philosophischer Briefwechsel, 2 Band (1686~1694), hrsg. von Leibniz‐Forschungsstelle der Universität Münster, Berlin. 2009, Akademie Verlag. (1686년부터 1694년까지 라이프니츠의 철학 서신을 편집한 학술 인용 표준판으로 이하 아카데미 판으로 약칭하고 [A II, 2, 쪽수]로 출처 표시한다.)

    Die Philosophischen Schriften von Gottfried Wilhelm Leibniz, 2권, hrsg. von C. I. Gerhardt, Berlin 1875~1890. (이하 [GP II, 쪽수]로 표기)

    번역에 다음 독일어와 영어 번역을 참고했다.

    Der Briefwechsel mit Antoine Arnauld, Französisch‐Deutsch, hrsg. und übers. von Reinhard Finster, Hamburg, 1997, Meiner Verlag. (이하 [Fin. 쪽수]로 표기)

    The *Leibniz‐Arnauld Correspondence*, ed. and trans. H. T. Mason & intro. by G. H. R. Pakinson, Manchester, 1967, Manchester Univ. Press.(이하 [Mas. 쪽수]로 표기)

2. 각 서신의 원전과 번역본 출처는 서신 제목에 붙인 주에 밝혔다. [ ] 안은 아카데미 판이 편집본으로 삼은 것과 라이프니츠 수고 원고의 색인 표시를 가리킨다. (약어 LBr.: Leibniz Brief(라이프니츠 서신), Bl.: Blatt(낱장) 번호)

3. 서신 원전이 라이프니츠 사후 출판되어 원주가 없기 때문에, 주는 모두 역자의 주이고, 주에 제시된 관련 저작은 위 세 판본에서 도움을 받았다.

4. 본문에 원어를 병기할 경우 최초 등장에 한해 괄호 없이 병기했고, 인명, 저작명, 학술지명의 경우 괄호 안에 병기했다. 본문 중 ( )는 원전에 있는 것이고 [ ]는 역자가 이해를 돕기 위해 넣은 것이다.

5. 라이프니츠와 아르노가 서로 상대방의 문구나 문장을 인용할 경우, 원전에는 이탤릭체로 되어 있으나 번역문에서는 우리말 표기 관례에 따라 큰따옴표를 사용했고 고딕으로 두드러지게 했다. 원전에 라이프니츠와 아르노의 강조는 진하게 표시했다.

6. 서신의 날짜와 장소가 초고에 명시되지 않아서 편집자마다 다른 경우, 본 번역은 아카데미 판의 날짜와 장소를 따랐다.

차례
· · · · · · · · · · · · · · · · · · · ·

1. 라이프니츠가 에른스트 영주에게[1]
1686년 2월 1/11일

존경하는 에른스트 영주에게 보낸 나의 서신에서 발췌

저는 최근 (할 일이 없었던 수일간 어떤 지역에 있으면서) 형이상학에 관한 짧은 논고[2]를 썼는데, 그것에 대해서 아르노 씨의 견해를 듣는다면 매우 기쁠 것입니다. 저는 그 논고에서 은총, 피조물과 신의 공조, 기적의 본성, 죄의 원인과 악의 기원, 영혼의 불멸성, 관념 등의 문제를 다루었는데, 그 방식이 매우 어려운 문제들을 해명하는 데 적절한 새로운 접근 방법을 제공할 것으로 보이기 때문입니다. 제가 아직 원고를 정서할 수 없었던 탓에 여기 우선 논고에 포함되어 있는 항목들의 요약문을 동봉합니다.

---

1) A II, 2, 3~4; GP II, 11; Fin. 2; Mas. 3~4. [L: 발췌, LBr. 16, Bl. 46~47] 이 편지를 시작으로 라이프니츠는 에른스트 영주를 경유해서 아르노와 서신 교환을 시작한다. 이때 아르노는 스페인령 네덜란드에 유배되어 있던 상태였고, 그와 접촉할 수 있었던 사람들 중 하나가 에른스트 영주였기 때문에, 라이프니츠는 에른스트 영주를 경유한 것이다. 이 첫 서신에 대해서 아르노도 에른스트 영주를 경유해 1686년 3월 13일 답신(서신 3)을 보냈다.

2) 1686년 1월 하르츠 광산에서 쓴 *Discours de métaphysique*(이하 DM으로 표기): A VI, 4, N. 306, 1529~1588; 『형이상학 논고』, 윤선구 옮김(아카넷, 2010), 27~135.

전하께서 이 요약문을 아르노 씨에게 보내주시길 그리고 그에게 이것을 잠시 살펴보고 의견을 말해달라고 요청해주시길 간곡히 부탁드립니다. 제가 아르노 씨를 선택한 이유는 그가 신학과 철학에서 그리고 독서와 성찰에서 모두 탁월하기 때문에, 저의 논고를 판단하는 데 그보다 더 적합한 사람을 알지 못하기 때문입니다. 그리고 저는 특히 전적으로 이성에 따를 준비가 되어 있는 세속적인 사람으로서, 아르노 씨처럼 엄밀하면서도 양식 있고 합리적인 비판자를 만나기를 매우 희망했습니다. 무엇보다 아르노 씨는 이런 주제들에 대한 연구에 전념해왔기 때문에, 저의 졸고를 전적으로 살펴볼 가치가 없는 것으로 생각하지는 않을 것입니다. 그가 어떤 불명료한 것을 발견한다면, 저는 진지하고 솔직하게 해명할 것입니다. 그러니까 그가 저에게 가르침을 줄 가치가 있다고 생각하면, 저는 그가 만족하지 못할 어떤 이유도 없게 할 것입니다.

이 서신과 제가 그에게 보내는 요약문을 동봉하여 둘 모두 아르노 씨에게 보내주시기를 전하께 간곡히 부탁드립니다.

2. 라이프니츠가 에른스트 영주에게 보낸 서신의 첨부[3]
1686년 2월 11일

1. 신의 완전성에 관하여 그리고 신은 모든 것을 가장 바람직한

방식으로 행한다는 것에 관하여.

2. 신의 작품에 선한 것이 전혀 없다고 주장하는 사람들, 혹은 선과 미에 대한 규칙들이 임의적이라고 주장하는 사람들에 반대하여.

3. 신이 더 잘 할 수 있었을 것이라고 믿는 사람들에 반대하여.

4. 신의 사랑은 그가 행한 것에 대한 전적인 만족과 복종을 요구한다는 것.

5. 신적 인도의 완전성의 규칙들이 어디에 존립하는지 그리고 방법의 단순성은 결과의 풍성함과 조화를 이룬다는 것.

6. 신은 질서를 벗어나는 것은 행하지 않는다는 것 그리고 규칙적이지 않은 사건들은 상상조차 불가능하다는 것.

7. 기적은 하위 원칙에는 반하지만, 일반 질서ordre general에는 부합한다는 것. 신이 원하는 것 혹은 허용하는 것에 관하여, 그리고 일반 의지와 개별 의지에 관하여.

---

3) A II, 2, 4~8; GP II, 12~14; Fin. 4~10; Mas. 4~8. [L: 초고, LBr. 16, Bl. 46~47] 이 요약문은 DM 각 절의 요약으로 서신 1과 함께 에른스트 영주에게 보내졌다. 라이프니츠와 아르노의 서신을 소개하는 여러 판본에서 이 요약문은 보통 서신 1에 포함되어 있으나 아카데미 판 편집자는 이 요약문을 서신 2로 따로 분리했다. 본 번역은 가장 최근에 출간되기도 했고 또 라이프니츠 철학 연구의 표준판이기도 한 아카데미 판을 대본으로 삼았기 때문에 이 요약문을 두 번째 서신으로 분류했다. 라이프니츠가 아르노에게 보낸 DM 각 절의 요약문은 아카데미 판에 출판된 DM과 약간의 차이가 있다. 주목할 만한 차이는 주에 제시했다.

8. 신의 행위와 피조물의 행위를 구별하기 위해 우리는 개체적 실체의 개념이 무엇인지 설명한다.

9. 모든 단일 실체는 자신의 방식으로 전 우주를 표현한다는 것, 그리고 그 단일 실체의 개념에는 자신의 모든 사건들이 사건의 모든 정황과 함께 포함되어 있고, 외부 사물들의 모든 연쇄suite가 포함된다는 것.

10. 실체적 형상에 대한 견해에는 어떤 견고한 것이 있다는 것,[4] 그러나 이 형상은 현상들에 있는 어떤 것도 변화시키지 않으며, 개개의 결과들을 설명하기 위해 사용되어서는 안 된다는 것.

11. 우리가 스콜라라고 부르는 신학자와 철학자의 성찰들이 전적으로 무시되어서는 안 된다는 것.

12. 연장과 관련된 개념들은 어떤 상상적인 것을 포함하며 물체의 실체를 구성할 수 없다는 것.

13. 모든 개인의 개체적 개념은 언젠가 그에게 일어날 일을 한번에 포함하기 때문에, 우리는 그 개념에서 각 사건의 진리에 대한 혹은 왜 다른 사건이 아닌 이 사건이 일어나는가에 대한 선험적 증거들 혹은 이유들을 본다. 그러나 이 진리들은 확실하기는 하지만 신과 피조물의 자유의지에 근거하기 때문에 우연적일 수밖에 없다.

---

4) 라이프니츠는 DM에서 이 문장에 "만약 물체가 실체라면"이라고 썼다가 삭제했다.

그들의 선택에 항상 이유가 있다는 것은 사실이다. 그러나 그 이유들은 필연적이 아니라 경향적이다.

14. 신은 자신이 우주에 대해서 가지고 있는 여러 관점에 따라 상이한 실체들을 창조하며, 신의 중재를 통해 모든 실체는 직접적 상호작용 없이 한 실체에게 일어나는 것이 다른 모든 실체에게 일어나는 것에 상응하게 하는 고유한 본성을 지닌다.

15. 신이 사전에 실체들을 서로 조화되도록 창조하는 한, 한 유한 실체가 다른 유한 실체에게 작용을 가하는 것은 단지 한 실체의 표현 정도가 증가하고 다른 실체의 표현 정도가 감소한 것일 뿐이다.

16. 신의 예외적 공조concours extraordinaire는 우리의 본질이 표현하는 것 안에 포함되어 있다. 왜냐하면 이 표현은 모든 것에 미치기 때문이다. 그러나 이런 공조는 유한하고 특정한 하위 원칙을 따르는 우리 본성의 능력 혹은 우리의 판명한 표현 능력을 능가한다.

17. 하위 원칙 혹은 자연법칙의 예, 여기서 데카르트주의자들과 다른 많은 사람들에 반대하여, 신은 항상 규칙적으로 동일한 운동량이 아니라 동일한 힘을 보존한다는 것이 제시된다.

18. 무엇보다 물체의 현상들을 설명하기 위해서는 연장과 분리된 형이상학적 고찰들에 의지해야 한다는 것을 판단하기 위해 힘과 운동량의 구별은 중요하다.

19. 자연학에서 목적인의 유용성.

20. 지나치게 물질적인 철학자들에 반대하는, 플라톤의 『파이돈』

에 있는 소크라테스의 기억할 만한 구절.[5]

21. 기계론의 규칙들이 형이상학 없이 단지 기하학에만 의존한다면, 현상들은 전적으로 달라질 것이다.

22. 목적인을 따르는 길과 작용인을 따르는 길의 조화는 자연을 기계적으로 설명하는 사람들뿐만 아니라 비물체적 본성들에 의지하는 사람들도 만족시키기 위한 것이다.

23. 비물질적 실체로 돌아가기 위해서 사람들은 신이 어떻게 정신의 지성에 작용하는지 그리고 자신들이 사유하고 있는 것에 대한 관념을 항상 가지고 있는지에 대해 설명한다.

24. 명석한 인식 혹은 혼탁한 인식, 판명한 인식 혹은 혼란스러운 인식, 충분한 인식 혹은 불충분한 인식, 직관적 인식 혹은 가정적 인식[6]이 무엇인지, 그리고 명목적·실재적·인과적·본질적 정의에 관하여.

25. 어떤 경우에 우리의 인식이 관념에 대한 관조와 연결되는지.

26. 우리는 모든 관념들을 우리 안에 가지고 있다. 그리고 플라톤의 상기에 관하여.[7]

---

5) Platon, 『파이돈』 97b~99c.
6) 라이프니츠는 「인식, 진리, 관념에 관한 성찰(Meditiationes de cognitione, veritate, et ideis)」에서 직관적 인식과 쌍을 이루는 것으로 가정적 인식 대신 기호를 이용하는 '기호적 인식coguitioue symbolica / connaissance symbolique'을 말한다.
7) Platon, 『파이돈』 72c~77a; 『메논』 80d~86c 참조.

27. 어떻게 우리 영혼이 빈 서판과 비교될 수 있는지, 그리고 어떻게 우리의 개념들이 감각으로부터 오는지.[8]

28. 오직 신만이 우리 외부에 존재하는 우리 지각들의 직접적 대상이며, 신만이 우리의 빛이다.

29. 그럼에도 불구하고 우리는 우리 고유의 관념들을 통해 직접 사유하지 신의 관념들을 통해 사유하지 않는다.

30. 어떻게 신이 우리의 영혼을 필연적으로 강제하지 않고 경향적으로 따르게 하는지: 유다의 자유행위는 유다의 개념에 포함되어 있기 때문에, 사람들은 왜 유다가 죄인인지 불평할 권리도 없고 물을 필요도 없다는 것. 다만 다른 어떤 능한 개인들보다 왜 죄인 유다의 현존이 우선적으로 허용되었는지에 대해서만은 불평하고 물을 수 있다. 죄에 앞서는 불완전성 혹은 근원적 제한에 관하여, 그리고 은총의 등급에 관하여.

31. 선택의 동기들, 예견된 믿음, 중간지science moyenne[9]와 절대

---

8) Aristoteles, 『분석후서』 81a 38~65; 『영혼에 관하여』 430a 1, 432a 7 참조.
9) 중간지는 스페인 예수회의 몰리나(Molina)와 폰세카(Fonseca)가 신의 예지와 인간의 자유를 조화시키기 위해서 도입한 개념이다. 이들의 주장에 따르면, 신은 세 종류의 지식을 갖는데, 중간지는 그중 하나다. 라이프니츠의 해명에 따르면, 신에게는 가능한 것에 관한 '단순지성지scientia simplicis intelligentiae'가 있고, 현실적인 것에 관한 '관조지scientia visionis'가 있으며, 그 중간에 우연적이고 가능한 것에 관한 '중간지scientia media'가 있다. 말하자면 중간지는 미래 우연적인 일, 즉 어떤 조건이 만족되면 일어날 일에 대해서 신이 가지고 있는 지식이다.

적 명령에 관하여, 그리고 모든 것은 신이 왜 그러한 가능한 개인이 현존하도록 선택하고 결심했는지에 대한 이유로 귀결된다는 것, ―그러한 가능한 개인의 개념은 은총과 자유 행위의 그러한 결과를 포함하고 있는바, ―이것은 한 번에 모든 어려움을 사라지게 한다.

32. 경건과 종교의 문제에서 이런 원리들의 유용성.

33. 설명할 수 없거나 기적적인 것으로 간주된 영혼과 신체의 교류에 대한 그리고 혼란스러운 지각들의 기원에 대한 설명.

34. 영혼이나 실체적 형상 같은 다른 실체들과 정신 간의 차이에 관하여, 그리고 요청된 불멸성은 기억을 필요로 한다는 것.

35. 정신의 탁월성: 그래서 신은 다른 피조물들보다 정신을 우선적으로 고려한다는 것. 정신은 세계보다 신을 더 많이 표현하며, 다른 단순 실체들은 신보다 세계를 더 많이 표현한다는 것.

36. 신은 모든 정신으로 구성된 가장 완전한 국가의 군주이며, 이 신국의 행복이 신의 주된 목적이다.

37. 예수 그리스도는 천국의 놀라운 비밀과 법칙들 그리고 신이 자신을 사랑하는 사람들을 위해 준비한 지복의 위대함을 인간에게 드러내었다.

중간지는 현대에 반사실적 조건문에 해당한다. 라이프니츠의 중간지에 관해서 다음 참조. 「중간지」, 『자유와 운명에 관한 대화 외』, 이상명 옮김, 『변신론』§40 참조.

3. 아르노가 에른스트 영주에게[10]
1686년 3월 13일

1686년 3월 13일 앙투안 아르노 씨의 서신에서 발췌

전하, 저에게 보내신 라이프니츠 씨의 형이상학적 사유에 관한 서신을 저는 그의 호의와 존경의 증표로 받았고 매우 감사하고 있습니다. 하지만 그때부터 제가 매우 바빠서 겨우 3일 전부터 그의 글을 읽을 수 있었습니다. 그리고 저는 지금 감기를 심하게 앓고 있어서 제가 할 수 있는 일이란 고작 전하께 간단하게 몇 마디 하는 것뿐입니다. 이 사유에서 저는 저를 경악하게 하고 제가 틀리지 않았다면 거의 모든 사람들이 매우 충격적인 것으로 받아들일 많은 것들을 발견합니다. 분명히 모든 사람들에게 거부될 이 글이 어떤 유용성을 가질 수 있는지 모르겠습니다. 한 예로 저는 그가 13절에서 말한 것만 제시하겠습니다. "모든 개인의 개체적 개념은 언젠가 그에게 일어날 일을 한 번에 포함한다.……" 만약 그렇다면, 신에게는 아

---

10) A II, 2, 8~9; GP II, 15~16; Fin. 12-14; Mas. 9~10 [A: 발송된 서신, 발췌, LBr. 16, Bl. 48] 이 서신은 에른스트 영주의 서기가 영주에게 온 편지를 생략 없이 써서 라이프니츠에게 보낸 것으로 라이프니츠의 여백 노트가 남아 있다. 아르노가 에른스트 영주에게 보낸 서신은 프랑스 파리 국립도서관에 보관되어 있고 『아르노의 서신집(Lettres de M. A. Arnauld)』으로 출판되어 있다.

담을 창조할 자유가 있었거나 (창조하지 않을 자유가 있었습니다. 하지만 신이 아담을 창조하려 했다고 가정할 때,) 그 이후 인류에게 일어났던 모든 일과 언젠가 일어날 모든 일들은 운명적 필연성necessité fatale보다 더한 필연성으로 일어났어야 하고 일어나야 합니다. 왜냐하면 아담의 개체적 개념은 그가 아이들을 몇 명 가질 것인지 포함하고, 이 아이들 각각의 개체적 개념은 그들이 행할 모든 일과 그들이 가지게 될 모든 아이들을 포함하고, 이렇게 계속될 것이기 때문입니다. 그러므로 신이 아담을 창조하려 했다고 가정할 때, 이 모든 일과 관련해서 신에게는 더 이상 자유가 없는 것입니다. 그리고 이것은 신이 저를 창조하려 했다고 가정할 때, 사고할 수 있는 존재를 창조하지 않을 자유가 신에게 있었다는 주장만큼이나 신에게서 자유를 빼앗는 것입니다. 저는 이 문제를 계속 더 확장할 상태에 있지 않습니다. 하지만 라이프니츠 씨는 저를 잘 이해할 것이고 제가 도출한 결론에서 불합리한 점을 발견하지 못할 것입니다. 만약 그가 아무런 문제도 발견하지 못한다면, 혼자만 자신의 견해를 견지한다는 것을 걱정해야 할 것입니다. 그리고 이 결론에 저의 잘못이 있다면, 저는 더욱더 유감스럽게 생각할 것입니다. 하지만 저는 전하께 저의 고뇌를 보여드리지 않을 수 없습니다. 그것은 그가 자신이 옳다고 믿고 있는 저 견해들에 구속되어 있는 것처럼 보인다는 것입니다. 그 견해들은 가톨릭교회에서 인정되기 어려울 것이고, 그가 가톨릭교회에 입교하는 것을 막을 것입니다. 제가 제대로 기억한다면, 이 가톨릭교회가 참된 교회라는 것은 이성적으로 의심할 수 없다는 것을 인정하도록 전하께서 그에게 강권하셨는데도 말입니다.[11] 그가 언젠가는 하게 될 가장 중대한 일에—분리주의자가 되어야만 새 분파들이 떠날 수 있는, [이 참된] 교회로 되돌아와서 자신의 구원을 확보하는 일—진지하게 전념하기 위해서, 그 자신뿐만 아니라 다른 이들에게도 아무런 유용성이 없는 이 형이상학적 사변들을 포기하는 것이 더 좋지 않겠습니까? 어제 저는 우연히 성 아우구스티누스의 한 서신을 읽었습니다. 그 서신에서 그는 그리스도 교도가 되고 싶으나 계속해서 미루고 있다고 증언하는 이교도가 한 여러 질문에 답하고 있습니다. 그리고 그는 끝으로 우리의 친구에게도 적용할 수 있는 말을 했습니다. "신앙을 가지기 전에는 끝이 날 수 없는 무수히 많은 의문들이 있다. 이것은 신앙 없이 삶이 끝나지 않도록 하기 위한 것이다."[12]

---

11) 라이프니츠의 여백 노트: "나는 결코 이 견해를 인정하지 않았다."
12) Augustinus, *Epistolae*, Ex quaestiones contra Paganos, 서신 102, 38항: "Sunt innumerabiles quaestiones, quae non sunt finienda ante fidem, ne finiatur vita sine fide."

4. 라이프니츠가 에른스트 영주에게(아르노를 위해)[13]
1686년 4월 12일 하노버

[L1] 우리는 사람들을 높이 평가할 때, 무엇보다 그들을 힘들게 하는 이유를 알고 있을 때, 그들의 기질 중 어떤 것들은 참고 묵인합니다. 아르노 씨에게서 온 서신의 표현들은 사람들이 기대할 수 있는 것과는 매우 거리가 멉니다. 즉 그가 표명한 것과는 전혀 다른 의도로 해석되지 않기 위해서는 감정을 억제해야 한다는 것 말입니다. 그리고 매우 건전한 양식을 가졌다고 알려진 이들이 저의 생각을 좋게 해석한다는 것을 경험에서 알고 있는 만큼, 저는 다른

---

13) A II, 2, 10~21; GP II, 16~21(L2); Fin. 24~40; Mas. 11~17(L2 영어역). [L1: 초고, LBr. 16, Bl. 50~51, L2: 초고, LBr. 16, Bl. 49] 이 서신은 라이프니츠가 아르노에게 보이기 위해 쓴 것으로 에른스트 영주에게 사본을 전달해달라는 부탁과 함께 보냈다. 그리고 라이프니츠는 아르노와 서신 교환이 중단된 후, 서신들을 모아 출판하려는 계획을 세웠다. 이 서신은 야르노가 보낸 서신 외에 출판하려고 계획했던 자신의 여섯 서신 중 첫 번째 서신이다. 이 서신은 2개의 초고와 여러 판본이 현존한다. 첫 번째 초고(본문에서 [L1]으로 표기)는 라이프니츠가 썼다가 지운 것이고 두 번째 초고(본문에서 [L2]로 표기)가 대부분의 판본과 번역본들이 대본으로 삼는 것이다. 그 외에 중요한 판본으로 뒤 팍(Du Pac)이 손으로 쓴 발송 사본이 있다.(Du Pac, Utrecht, *Rijksarchief*, Port Royal, fonds Amersfoort Nr. 2668, 1~6쪽) 아카데미 판 편집자는 초고 [L2]와 발송 사본을 비교해 차이를 주석에 제시하는데 대부분이 한두 단어를 바꾸거나 추가한 경우이다. 이런 경우 서신 내용에는 큰 변화를 주지 않기 때문에 번역에 반영하지 않았다. 하지만 주목할 만한 차이는 주석에 추가했다.

많은 사람들의 불평에도 불구하고, 매우 훌륭하고 진실하다는 평판을 듣는 사람이 그렇게 성급하게 이런 판단에 이르렀다는 것을 전혀 믿지 못했습니다. 그리고 제가 아직 이것을 출판할 계획은 없지만, 그가 생각하는 것처럼 저 혼자만이 이 견해를 견지하는 것은 아닙니다.

그러나 저는 큰 재능을 가진 사람들의 부족한 점을 용인하는 법을 배웠습니다. 그에게 저의 생각을 전달했던 것은, 단지 많은 학식과 판단력을 가진 사람이 같은 고찰을 하고 나서 저의 생각에 대해서 무엇을 지적할 수 있는지 경험하고 싶었기 때문입니다. 그리고 저는 여기 이 편지에서 본 것보다 더 공정하고 덜 성급하며 선입견이 적은 답변을 기대했습니다. 그가 이 답변에서 언급한 문제들은 비극적인 방식으로 추동되고 두려움을 주지만 거의 중요하지 않은 문제들입니다. 그것이 어떤 문제든 간에 그가 공정성을 회복하는 혜안이 있었다면, 바로 사라지는 환영과 같은 문제들입니다.

저는 가장 유순하고 겸손한 사람 중 하나라고 자부합니다. 그리고 할 수 있다면 아르노 씨가 이것을 스스로 인정할 수 있게 하고 싶습니다. 그것도 제가 지난 서신에서 했던 맹세를 통해서만이 아니라 — 왜냐하면 겸손해야 할 이유가 없을 때, 겸손해하는 것은 가치 없는 일이기 때문에 — 지금 이 태도를 통해서도 그렇게 하고 싶습니다. 그래서 저는 기분 상하게 할 수 있는 것을 피하기 위해서,

문제 자체와 관련이 없는 것들은 모두 배제하려고 합니다. 그리고 (그가 저에게 해명해주실 수 있다면) 그가 선의로 제가 한 것처럼 해주기를 바랍니다. 그가 제기한 특정한 추측들은 실제 사실과 거리가 멀다는 것은 그냥 지나가면서 말하는 것만으로 충분합니다. 그럼에도 저는 그의 선한 의도를 인정하지 않을 수 없습니다. 그리고 제가 그럴 만한 가치가 있다면, 그는 그가 위험하다고 믿는 오류에서 저를 구해내는 자비를 행하기 위해서 더 중요한 다른 일들을 바로 중단할 것입니다. 그리고 선의로 고백하건대 저는 어디에 해악이 있는지 아직도 이해할 수가 없습니다. 그보다 더 능력 있는 사람은 소수인 만큼, 저는 분명 그에게 크게 감사해야 합니다. 하지만 너무 성급하게 내린 그 판단, 그리고 괴상함과 불경건함을 즉각적으로 비난하는 듯한 그 심한 말들, 우리를 그리 만족시키지 않는 이 모든 것이 좋은 결과를 만드는 데 적절한지 생각해볼 것을 부탁드립니다. 또 경험이 그 자신에게 보여주듯이, 평소에도 매우 나쁜 결과를 만들고 다른 사람들에게도 그렇게 하는 것은 아닌지 생각해볼 것을 부탁합니다. 저에 대해서, 그는 편하게 원하는 대로 할 수 있습니다. (전하와 관련된 것이 아니라면,) 저를 고려할 의무가 전혀 없기 때문입니다. 하지만 저는 그가 가진 본래의 덕이 그에게 겸손을 권하기를 기대합니다.

그리고 지금 저는 아마도 너무 급하게 생각했던 기이한 의견에서 그가 벗어나도록 하려 합니다. 제가 요약문 13절에서 말한 것은 모든 개인의 개체적 개념은 언젠가 그에게 일어날 일을 한 번에 포함한다는 것입니다. 여기서 그는 모든 것은 운명적 필연성보다 더한 필연성으로 일어나야만 한다는 결론을 도출하고 제가 그의 결론에서 불합리한 점을 발견하지 못할 것이라고 부언합니다. 그렇지만 저는 바로 그 절에서 그런 결론은 인정되지 않는다고 분명히 확언했습니다. 따라서 제가 원인을 제공하지 않았는데도, 그가 저의 진실성을 의심한 것이 아니면 그는 자신이 거부한 것을 충분히 검토하지 않았던 것입니다. 그럼에도 제가 그를 비난하지 않는 것은, 바로 그의 편지가 보여주듯이, 어떤 불편함 때문에 그의 정신이 완전하게 자유롭지 않았던 때에 성급하게 유별난 편지를 썼기 때문입니다.

[L2] 저는 아르노 씨의 편지에 대해서 어떻게 말해야 할지 모르겠습니다. 매우 훌륭하고 진실하다는 평판을 듣는 사람이, 그리고 그로 인해 우리가 도덕과 논리학에서 매우 좋은 성찰들을 가지게 되는데, 이렇게 성급하게 판단을 내릴 것이라고는 전혀 생각하지 못했습니다. 이 서신을 받고 나서 저는 몇몇 사람들이 그에게 격분해 있는 것에 더 이상 놀라지 않았습니다. 그렇지만 저는 그의 태도가 중대한 영향을 미치지 않고 공정성을 회복해서 논거가 부족한 선입견의 환영을 일소한다는 전제하에, 재능이 비범한 사람의 나쁜 기질을 때로는 참고 묵인해야 한다고 생각합니다. 저는 아르노 씨

에게서 공정함을 기대합니다. 제가 불평할 수 있는 어떤 이유가 있든지 간에, 저는 본 주제에 본질적이지 않고 기분 상하게 할 수 있는 모든 생각들을 제거하려 합니다. 그가 저에게 가르침을 줄 선의가 있다면, 저처럼 해주길 바랍니다. 제가 그에게 확실하게 단언할 수 있는 것은 그가 제기한 어떤 추측들은 실제 사실과 매우 다르고 건전한 양식을 가진 몇몇 사람들은 다르게 판단했다는 것입니다. 그리고 저는 그들의 동조에도 불구하고, 소수의 사람만이 관심을 갖는 어떤 추상적인 주제에 관한 것을 빨리 출판하려고 서두르지 않습니다. 대중은 여러 해 동안 저의 더 설득력 있는 몇몇 발견들에 대해서 전혀 경험하지 못했기 때문입니다. 저는 학식 있는 사람들의 판단을 개인적으로 이용하고 가장 중요한 진리의 탐구와 인식에서 저의 생각을 확인하거나 교정하기 위해서 이 성찰들을 글로 썼습니다. 실제로 몇몇 지성인들이 저의 견해를 인정했습니다. 하지만 이 원리들에 미세한 불합리한 점이 있다는 것을 제가 판단할 수 있다면, 제가 제일 먼저 그것을 바로잡을 것입니다. 이것은 진실한 고백입니다.[14] 아르노 씨가 위험하다고 믿는 오류들에서 저를 구해내는 자비를 행할 만한 가치가 저에게 있다면, 선의로 고백하건대, 비록 제가 아직 그 오류의 해악을 이해하지 못했지만, 저

---

14) 발송 사본에는 다음 문장이 추가되어 있다. "제가 양식 있는 사람들의 가르침을 이용한 것이 이번이 처음은 아닙니다."

는 분명히 그에게 매우 크게 감사해야 합니다.

하지만 저는 그가 겸손하게 저에게 가르침을 주고 공정하게 평가해주기를 바랍니다. 하찮은 사람에게도 성급한 판단이 피해를 준다면, 공정하게 평가하는 것은 지당한 일이기 때문입니다.

그는 저의 테제 중 하나를 그것이 위험한 생각이라는 것을 보이기 위해 선택합니다. 하지만 제가 문제를 이해할 능력이 없든지 아니면 아무런 문제도 보지 못하든지, 이것은 저를 다시 놀라게 하고, 아르노 씨가 말한 것이 단지 선입견에서 유래한다고 믿게 만들었습니다.

따라서 저는 그가 너무 급하게 생각했던 기이한 의견에서 벗어나도록 하려 합니다. 제가 요약문 13절에서 말한 것은 모든 개인의 개체적 개념은 언젠가 그에게 일어날 일을 한 번에 포함한다는 것입니다. 여기서 그는 이런 결론을 도출합니다. 한 개인에게 일어나는 모든 일, 심지어 모든 인류에게 일어나는 모든 일은 운명적 필연성보다 더한 필연성으로 일어나야만 한다. 이것은 마치 개념이나 예견이 사물을 필연적으로 만들고, 신이 개인에 대해서 갖는 완전한 개념이나 관점 속에 그 개인에 속하는 자유 행위가 포함될 수 없다는 말과 같습니다. 그리고 그는 자신이 도출한 결론에서 제가 불합리한 점을 발견하지 못할 것이라고 부언합니다. 그렇지만 저는 바로 그 13절에서 그런 결론은 인정되지 않는다고 분명히 확언했습니다. 따라서 제가 원인을 제공하지 않았는데도, 그가 저의 진실성을 의심한 것이 아니면 그는 자신이 거부한 것을 충분히 검토하지 않았던 것입니다. 제가 그를 비난할 자격이 있는 것처럼 보이지만, 그럼에도 비난하지 않는 이유는 바로 그의 편지가 보여주듯이, 어떤 불편함 때문에 그의 정신이 완전하게 자유롭지 않았던 때에 편지를 썼다는 것을 고려하기 때문입니다. 그리고 저는 제가 그를 얼마나 존경하는지 알려주고 싶습니다.

저는 아르노 씨가 내린 결론의 근거를 살펴보려 합니다. 그리고 이것을 더 잘 보여주기 위해서 저는 그의 말을 인용할 것입니다.

"만약 그렇다면, (즉 모든 개인의 개체적 개념은 언젠가 그에게 일어날 일을 한 번에 포함한다면) 신은 운명적 필연성보다 더한 필연성에 의해서 일어났어야 하고 일어나야만 하는, 지금까지 인류에게 일어났던 모든 일과 언젠가 일어날 모든 일을 창조할 자유가 없다." (사본에 몇몇 오류가 있었지만, 제 생각에는 그것을 제가 방금 한 대로 복원할 수 있습니다.)[15] "왜냐하면 아담의 개체적 개념은 그가 아이들을 몇 명 가질 것인지 포함하고, (이 점에 저는 동의합니다) 이 아이들 각각의 개체적 개

---

15) 발송 사본에는 다음 구절이 추가되어 있다. 아마도 사본을 쓴 뒤 팍이 덧붙인 것으로 보인다. "라이프니츠 씨는 결함이 있는 사본을 제대로 복원하지 않았다. 이것은 다음과 같이 써야 한다. '만약 그렇다면, 신은 아담을 창조할 자유가 있었거나 창조하지 않을 자유가 있었다. 하지만 신이 아담을 창조하려 했다고 가정할 때, 모든 일은……' 1686년 5월 13일 아르노 씨가 에른스트 영주께 보낸 서신(서신 552)을 보라." 여기서 서신 552는 이 책의 서신 3을 가리킨다.

념은 그들이 행할 모든 일과 그들이 가지게 될 모든 아이들을 포함하고, 이렇게 계속될 것이기 때문이다. (이것은 저의 테제를 몇몇 특정한 사례에 적용한 것이기 때문에, 이 점에도 동의합니다.) 그러므로 신이 아담을 창조하려 했다고 가정할 때, 이 모든 것에 대해서 신에게는 자유가 없다. 그리고 이것은 신이 나를 창조하려 했다고 가정할 때, 신에게 사고할 수 있는 존재를 창조하지 않을 자유가 있었다는 주장만큼이나 신에게서 자유를 빼앗는 것이다." 이 마지막 말이 본래 결론의 근거를 포함해야 합니다. 그러나 명백한 것은 이 말로 그가 **가설적 필연성** necessitatem ex hypothesi과 **절대적 필연성**necessité absolue을 혼동하고 있다는 것입니다. 우리는 항상 신에게 절대적으로 행할 자유가 있다는 것과 신은 이미 결정한 것에 따라 행할 의무가 있다는 것을 구별합니다. 그리고 신은 전체를 미리 고려하지 않은 것에 대해서는 어떤 결정도 내리지 않습니다. (신의 자유를 옹호한다는 핑계로) 신을 몇몇 소치니주의자들의 방식으로 이해하는 것은 신의 존엄성을 떨어뜨리는 것입니다. 즉 신이 아담과 다른 이들에 대해서 내린 최초의 결정에 그들의 후손에 관한 일에 대한 관계도 이미 포함되어 있는데, 기회가 될 때 결정을 내리고 그래서 현재는 더 이상 자신이 좋다고 생각하는 것을 창조할 자유가 없는 인간과 같이 신을 이해하는 것 말입니다. 반면에 신이 전 영원성에서 전 우주의 연쇄를 규정했다는 것, 그리고 이런 규정이 신의 자유를 어떤 방식으로도 제한하지 않는다는 것은 온 세상이 동의하고 있습니다. 또한 분명한 것은 이 반박이 서로 조화롭게 연결되어 있는 신의 의지들을 각각 따로 분리한다는 것입니다. 왜냐하면 우리는 특정한 아담을 창조하는 신의 의지와 신이 아담의 아이들, 그리고 전 인류에 대해서 갖는 다른 모든 의지들을 분리해서 고찰할 수 없기 때문입니다. 제 생각에, 이것은 마치 신이 먼저 아담을 그의 후손과 아무런 관계도 없이 창조할 결정을 내리고, 바로 이것으로 인해서 신이 좋다고 보는 아담의 후손을 창조할 자유를 신에게서 빼앗는 것과 같은데, 이것은 매우 기이한 추론입니다. 오히려 우리가 생각해야 하는 것은 신은 막연한 아담이 아니라 특정한 아담, 즉 가능한 존재들 중에서 신이 자신의 관념 속에 그에 대한 완전한 표상을 가지고 있는 특정한 아담을 선택하며 이때 특정한 개체적 정황도 함께 동반되고 그 정황에는 다른 술어들 중에서도 시간이 지남에 따라 특정한 후손을 갖는다는 것 또한 포함된다는 것입니다. 말하자면 신은 아담을 선택할 때 이미 그의 후손을 고려했고, 아담과 그의 후손을 동시에 선택했다는 것입니다. 저는 이 생각에 어떤 해악이 있는지 이해할 수 없습니다. 그리고 만약 신이 다른 방식으로 행한다면, 결코 신으로서 행하는 것이 아닙니다. 비유를 들어보겠습니다. 한 지혜로운 왕이 한 장군을 선출하고 왕이 그의 인맥 관계를 알고 있을 때, 그 왕은 실제로 몇몇 연대장들과 중대장들도 같이 뽑은 것입니다. 이때 그 왕은 이 장군이 그들을 천거할 것이라는 것을 잘 알고 있습니다. 그리고 그 왕은 현명하다는 특정한 이유를 들면서 그들을 거부하지 않으려 할 것입니다. 하지만 그 이유는 그의 절대 권력도 그의 자유도 파괴하지 않습니다. 이 모든 것이 신에게는 더 강하게 적용됩니다. 따라서 우주는 신이 단일한 시각으로 꿰뚫어 보는 하나의 전체와 같은 것이기 때문에, 정확하게 처리하기 위해서, 우리는 신에게서 우주의 모든 질서에 대한 더 일반적이고 더 포괄적인 의지를 고찰해야 합니다. 왜냐하면 이런 의지는 이 우주에 존재하는 것과 관련된 다른 의지들을 잠재적으로 포함하고, 그중에서도 신도 그렇게 선택했던, 일련의 후손들과 연관되어 있는 특정한 아담을 창조하는 의지도 포함하기 때문입니다. 그리고 사람들은 이 개별 의지와 일반 의지의 차이가, 어떤 특정한 관점에서 바라본 도시의 광경이 평면도와 다른 것처럼, 단지 단순한 관점의 차이에 불과하다고 말할 수도 있습니다. 각각의 광경이 전 도시를 표현하는 것처럼, 개별 의지도 모두 전 우주를 표현하기 때문입니다.

사실 더 지혜로운 사람일수록 그의 의지는 덜 분리되고, 더 포괄적이고 더 연결된 시각과 의지를 소유합니다. 그리고 각각의 개별 의지는 다른 모든 의지들과의 관계를 포함합니다. 그래서 그것들은 가능한 한 잘 조화됩니다. 그 안에서 상충하는 것을 찾는 것은 매우 어려운 일입니다. 저는 오히려 그 반대 견해가 신의 완전성을 파괴한다고 생각합니다. 제 생각에, 아주 무결하고 심지어 매우 합리적이기까지 한 견해에서 전하께 보낸 것과 같이 매우 유별나게 과장하기 위해서는 매우 까다롭거나 선입견이 많아야 합니다.

더욱이 제가 말한 것에 대해서 조금만 더 생각해본다면, 그것이 **개념적으로** 명백하다는 것을 알 것입니다. 왜냐하면 아담의 개체적 개념을 통해서 저는 특정한 개체적 조건을 가지고 있는 특정한 아담에 대한 완전한 표상을 확실히 이해하기 때문이며, 또 이 특정한 아담은 그의 개체적 개념을 통해서 아무리 유사할지라도 그와 다른 무한하게 많은 다른 가능한 개인과 구별되기 때문입니다. (모든 타원이 아무리 원에 근접하더라도 원과 다른 것처럼) 신은 무한하게 많은 가능한 개인들 중에서 그 아담을 선호했습니다. 왜냐하면 정확하게 바로 이 우주의 질서를 선택하는 것이 신의 마음에 들었기 때문입니다. 그리고 신의 결정에 뒤따르는 모든 것은 오직 가설적 필연성에 의해서 필연적이기 때문에 신의 자유뿐 아니라 창조된 정신의 자유도 파괴하지 않습니다. 이러저러한 후손을 갖는 가능한 아담이 있고 또 다른 후손을 갖는 무한히 많은 다른 아담이 있습니다. 그러면 이 가능한 아담들이 (우리가 그렇게 부를 수 있다면) 서로 다르다는 것, 또 신이 그중에서 정확하게 우리의 아담 하나만을 창조했다는 것은 사실 아닙니까? 이와 반대되는 견해에 대해서 불합리하다고 말하거나 불경하다고 말하지는 않지만 그것의 불가능성을 증명하는 많은 근거들이 있습니다. 그래서 저는 사람들이 자신이 말하는 것에 대해서 조금만 생각한다면, 그들 모두 근본적으로 저와 같은 견해일 것이라고 믿습니다. 마찬가지로 만약 아르노 씨가 저에 대해 먼저 선입견을 가지지 않았다면, 아마 그도 저의 견해를 그렇게 기이하게 보지 않았을 것이고 그런 결론을 도출하지 않았을 것입니다.

솔직히 저는 아르노 씨의 반박을 충족시켰다고 생각합니다. 그리고 그가 가장 충격적인 것 중 하나로 선택한 것이 제 생각에는 매우 사소하다는 것 또한 매우 기쁩니다. 하지만 제게 행운이 있어서 아르노 씨도 그것을 인정할지는 잘 모르겠습니다. 큰 재능에는 수천 가지 장점들 외에 작은 결함이 있습니다. 이런 재능을 가진 사람들은 자신의 견해가 정당하다고 믿고 쉽게 망상에서 깨어나지 못합니다. 저는 이런 성향의 사람이 아니기에 가르침을 더 잘 받을 수 있다고 자부할 수 있습니다. 더욱이 제가 아첨하지 않고 진실하게 말할 수 있다면 그것으로 기쁨을 느낄 것입니다.

또한 저는 아르노 씨가 생각한 것처럼, 그렇게 개혁자의 영광을 바라지 않는다는 것을 그가 알아주기를 원합니다. 그와는 반대로 저는 보통 가장 오래되고 가장 널리 인정되는 견해들이 가장 좋다고 생각합니다. 그리고 저는 이미 정립된 견해들을 전복하지 않은 채, 단지 몇몇 새로운 진리들을 만들어냈다고 개혁자가 될 수 있다고 생각하지 않습니다. 왜냐하면 이것은 기하학자들과 계속해서 발전하는 모든 이들이 하는 일이기 때문입니다. 그리고 저는 저의 견해와 반대되는 견해에 권위를 부여하는 것이 쉬운 일인지 모르겠습니다. 이런 이유에서 아르노 씨가 교회에 대해서 언급한 것은 이 고찰들과 아무런 관련이 없습니다. 그리고 저는 그가 어떤 교회든지 이단으로 간주할 수 있는 것이 이 고찰에 포함되어 있다고 단언하지도 않고 단언할 수도 없기를 바랍니다. 그럼에도 그가 속한 교회가 신속히 검열하려 한다면, 그런 절차는 이단을 경계하기 위한 경고로만 사용되어야 합니다. 그리고 사람들이 어떤 성찰을 내놓으려고 하면, 그 성찰이 종교와 거의 관계없고 또 아이들에게 가르치는 수준보다 조금 더 높은 정도일지라도, 같은 내용을 개념적으로 말하는 어떤 사제를 보증인으로 하지 않으면, 그들은 곤란한 일에 빠질 위험이 있습니다. 이 사제의 보증이 충분하게 완전한 보증이 아니라 하더라도, 특히 그 성찰을 신중하게 다뤄야 할 만한 이유가 없는 경우에도 말입니다.

만일 전하께서 혜안이 겸손만큼 크신 군주가 아니셨다면, 전하와 이 문제를 논하는 것이 조심스러웠을 것입니다. 전하가 아니면 제가 지금 누구를 의지하겠습니까? 그리고 당신께서 선의로 이 교류를 연결해주셨는데 경솔하지 않고서야 어떤 다른 심판관을 찾아갈 수 있겠습니까? 이 문제는 몇몇 명제들의 진리성뿐만 아니라 그것의 귀결과 수용 가능성에도 관련되어 있기 때문에, 저는 당신께서 매우 작은 일에도 아연실색하는 사람들을 인정하지 않을 것이라고 생각합니다. 하지만 아르노 씨는 자신이 정당하게 경악스럽다고 본 귀결을 제가 인정할 것이라고 믿었기 때문에, 아마 그렇게 거친 말들을 했을 것입니다. 저의 해명과 부인을 보고 나면 그는 그 말을 바꿀 것입니다. 여기에 그 자신의 공정함만큼 전하의 권위도 기여할 수 있을 것입니다.

저는 헌신적인……

5. 라이프니츠가 에른스트 영주에게[16)]
1686년 4월 12일 하노버

전하!

아르노 씨의 의견을 받았습니다. 그리고 할 수 있다면, 여기 전하께 서신의 형식으로 동봉한 글을 통해서 그를 망상에서 깨어나게 하는 것이 적절하다고 생각합니다. 하지만 우울증 환자들에게 그들이 보고 듣는 모든 것들이 어두워 보이는 것과 마찬가지로 이 훌륭한 사람이 사실상 자신의 혜안 일부를 잃고 모든 것을 과장하지 않을 수 없는 것을 보면서, 한편으로는 조소하고 싶은 욕구와 다른 한편으로는 동정심을 표하고 싶은 욕구를 억제하는 것이 매우 힘들었습니다. 저는 그에게 매우 겸손하려고 했습니다. 하지만 저는 그에게 과실이 있다는 것을 조심스럽게 알리지 않을 수 없었

---

16) A II, 2, 22~26; GP II, 22~24; Fin. 16~22; Mas. 18~21 [L: 초고, LBr. 16, Bl. 50~51] 라이프니츠는 에른스트 영주에게 보내는 이 서신에 아르노에게 보낼 목적으로 쓴 서신 4를 동봉했다.

습니다. 만약 그가 저에게 귀속시키는, 저의 글에서 보았다고 믿는 오류에서 저를 구제할 호의가 있다면, 전하에 대한 존경과 훌륭한 사람의 재능을 고려해서 제가 못 본 체했던 개인적 생각들과 가혹한 표현들을 그가 없애주길 바랍니다. 그럼에도 저는 자칭 우리의 성자와 견해를 드러내지는 않지만 훨씬 더 많은 영향력을 가지고 있는 세상 사람들 간의 의견 차이에 대해서 놀라워하고 있습니다. 전하께서는 최고의 영주십니다. 그럼에도 저에게 놀랄 만한 겸손을 보여주셨습니다. 그리고 아르노 씨는 저명한 신학자이며 신과 관련된 것에 대한 그의 성찰은 틀림없이 그를 온화하고 자애롭게 만들었을 것입니다. 그런데도 그에게서 나온 것은 종종 오만하고 야만적이며 냉혹함으로 가득 차 보입니다. 그가 말브랑슈 신부와 그의 가까운 친구들이던 다른 이들과 그렇게 쉽게 사이가 나빠진 것이 이제 저에게는 놀라운 일이 아닙니다. 말브랑슈 신부가 글을 출판했는데, 아르노 씨는 저에게 했던 것과 거의 유사하게 그것을 기괴하다고 했습니다. 그러나 세상이 항상 그의 의견에 동의하는 것은 아닙니다. 그렇지만 사람들은 그의 성 잘 내는 기질을 자극하는 것을 조심해야 했습니다. 이로 인해 제가 친절하고 이성적인 검토를 통해 기대했던 모든 기쁨과 만족은 사라졌습니다. 제 생각에, 그는 기분이 나쁜 상황에서 저의 글을 받았고, 그것을 성가시게 여겨 불쾌한 답변으로 분풀이를 하려 한 것입니다. 전하께서 그가 저에게 한 반박을 살펴볼 여유가 있으셨다면, 그렇게 비통한 느낌을 표현하는 이유가 얼마나 빈약한지를 보면서 조소하지 않을 수 없으셨을 것입니다. 이것은 마치 시종일관 "하늘이여, 땅이여, 넵튠의 바다여!"[17]라고 말하는 연사의 말을 들을 때 사람들이 웃는 것과 거의 마찬가지입니다. 그가 반박하는 저의 생각들에 더 상충하거나 더 난해한 점이 없다면 다행입니다. 왜냐하면 제가 말한 것, (즉 아담의 개체적 개념 혹은 아담에 대한 고찰이 그와 그의 후손에게 일어날 모든 일을 포함한다는 것) 이것이 참이라면, 아르노 씨는 신이 인류에 대해서 이제 더 이상 자유를 가지지 않을 것이라는 결과가 나온다고 하기 때문입니다. 따라서 그는 신을 기회가 될 때 결정을 내리는 인간처럼 생각한 것입니다. 이와 반대로 모든 사물을 전 영원성에서 예견하고 질서 짓는 신은 먼저 우주의 모든 연쇄와 연결 toute la suite et connexion de l'universe[18]을 선택하고, 다음으로 단지 모호한 아담이 아니라 특정한 일을 하고 특정한 아이들을 가지게 될 것

---

17) "o coelum, o terra, o maria Neptuni."
18) 이 표현으로 두 가지 주목할 것이 있다. 라이프니츠의 견해에 따르면 신은 사물을 창조하는 것이 아니라 사물들의 연쇄와 연결을 창조한 것이다. 그리고 '연쇄'라고 번역한 'suite'는 단순히 '연결'을 의미하는 'connexion'과 구별할 필요가 있다. 연속성의 원리가 전 우주에 적용된다고 생각하는 라이프니츠는 한 사물을 구성하는 부분들 혹은 전체를 구성하는 부분이 서로 연결되어 있을 뿐만 아니라 부분들이 순서 있게 잇달아 연결되어 있다는 것도 염두에 두고 'connexion'과 함께 'suite'라고 쓴 것이다. 따라서 이 'suite'를 '순서 있는 잇단 연결'의 의미로 '연쇄'라고 번역했다.

이라고 그가 예견한 특정한 아담을 선택합니다. 예로부터 언제나 정해져 있는 이런 신의 예견providence은 그의 자유에 반하지 않습니다. 이 점에 대해서는 모든 신학자들이 (신을 인간적인 방식으로 이해하는 몇몇 소치니주의자들을 제외하고) 동의하고 있습니다. 그리고 제가 놀란 것은, 저의 생각들에 대한 선입견 때문에 그의 정신에 혼란스럽고 잘 정리되지 않는 생각이 만들어지기는 했지만, 제 생각들에서 상충하는 것을 찾으려는 욕망 때문에 이 박학한 사람이 그 자신의 혜안과 견해에 반하는 것을 말했다는 것입니다. 비록 그가 논쟁의 열기 속에서 그 방향으로 기운 것처럼 보이기는 하지만, 저는 그렇게 불공정하지 않기에, 그를 따라하지 않으며 저 소치니주의자의 위험한 교리를 (이것은 신의 최고의 완전성을 파괴합니다) 그의 탓으로 돌리지 않습니다. 지혜롭게 행동하는 사람들은 모두 그들 능력의 정도에 따라 그들이 내린 결정에 대한 모든 정황과 연관 관계를 고려합니다. 그리고 모든 것을 완전하게 그리고 유일한 시각으로 바라보는 신은 그가 본 모든 것과 일치하는 결정을 내리지 않겠습니까? 그리고 신이 아담과 연결되어 있는 모든 것을 고려하지 않고 또 결정하지 않은 채 특정한 아담을 선택할 수 있겠습니까? 결론적으로 신의 이 자유로운 결정이 그에게서 자유를 빼앗는다고 말하는 것은 우스꽝스러운 것입니다. 그렇지 않으면 자유롭기 위해서는 항상 미결정 상태여야 합니다. 바로 이것이 아르노 씨의 상상에서 서로 상충하는 생각들입니다. 우리는 그가 추론을 통해서 어떤 더 잘못된 것을 도출할지 볼 것입니다.

　이 문제에서 제가 가장 중요하게 심사숙고한 것은, 지난번 아르노 씨 자신이 전하께 분명하게 썼던 것처럼, 철학적 견해 때문에 그들의 교회에 속해 있거나 들어가고 싶어 하는 이들에게 고통을 주지 않을 것이라고 했음에도, 이제 이런 겸손을 망각한 그는 아무 것도 아닌 것에 격분하고 있다는 것입니다. 따라서 이런 사람과 관계를 맺는 것은 위험합니다. 그리고 전하께서는 사람들이 얼마나 신중해야 하는지 아십니다. 또한 어느 정도 심중을 살피고 그가 어떻게 반응하는지 살피는 것이 제가 이 생각을 아르노 씨에게 전달하는 이유 중의 하나입니다. 그러나 "산을 건드려라. 그러면 연기가 날 것이다."[19] 사람들이 몇몇 학자들의 견해로부터 조금만 멀어지면, 그들은 바로 천둥과 번개를 칩니다. 세상은 그의 의견에 동의하지 않을 것이라고 굳게 믿지만 그의 보호하에 있는 것이 언제나 유리합니다. 하지만 전하께서는 그가 앞으로 좀 더 겸손하게 행동하도록 만들기 위해서, 이런 식으로 행동하는 것은 사람들을 필요 없이 불쾌하게 한다는 것을 그에게 지적하실 기회가 있을 것입니다. 전하께서는 구속 방법에 관해서 그와 서신을 교환하셨을 듯한

---

19) "tange montes et fumigabunt." 이것은 라이프니츠가 「시편」 104장 32절을 변형해 쓴 것이다. 원문은 다음과 같다. "그가 땅을 보니 땅이 흔들리고 산을 건드리니 연기가 나는도다."

데, 저는 그 결과를 알고 싶습니다.

그런데 저의 주군께서 지금 로마에 가셨습니다. 그리고 생각했던 것만큼 빨리 독일로 돌아오지 않을 듯합니다. 이 날 중 하루 저는 볼펜뷔텔(Wolfenbüttel)[20]에 가서 전하의 책을 다시 받을 수 있도록 노력할 것입니다.[21] 사람들이 말하길, 바릴라 씨가 쓴 근대 이단의 역사가 있다고 합니다.[22] 스당(Sedan)의 개종에 관한 마스트리(Mastrich)의 서신은 매우 타당한 듯합니다.[23] 그리고 사람들이 말하는데, 마임보그가 전하길, 대교황 그레고리(S. Gregoire le grand)도 이교도의 개종에 관한 원칙을 인정했다고 합니다. 이교도의 개종이 가장된 것일 때, 그것을 통해서 실제적으로 그들의 후손을 얻을

---

20) 독일 니더작센 주에 있는 도시 볼펜뷔텔은 세계에서 가장 큰 고서 도서관, 아우구스트 공작 도서관(Herzog August Bibliothek)이 있는 도시로 유명하다. 1572년 율리우스 공작에 의해 건립된 이 도서관은 중세부터 초기 근대의 고서들, 특히 종교개혁에 관한 고서들을 많이 소장하고 있다. 17세기에는 유럽에서 가장 큰 도서관 중에 하나였다. 라이프니츠는 1691년부터 1716년까지 이 도서관의 관장을 지냈다.

21) 이 책은 아르노의 책, 『카톨릭 신자들을 위한 변명(*Apologie pour les catholiques*)』, 2부를 가리킨다.

22) Antoine Varillas, *Histoire des revolutions arrivées dans l'Europe en matière de Religion*, 6 vols.(Paris, 1686~1689).

23) 마스트리의 서신은 J. Adam, *Projet Présenté A Messieurs De La Religion Prétendue Réformée de la Ville et Souveraineté de Sedan*(Paris, 1663)을 가리킨다.

수 있다면, 걱정할 필요가 없다는 원칙 말입니다.[24] 그러나 다른 이들을 얻기 위해 영혼을 죽이는 것은 허락되지 않는다고 합니다.[25][26]

---

24) Louis Maimbourg, *Histoire de pontificat de saint Grégoire le Grand*(Paris, 1686).

25) 라이프니츠가 작성한 초고는 여기서 끝난다. 1847년 롬멜(Rommel)이 발간한 판본에는 다음 몇 구절이 추가되어 있다. 그러나 아카데미 판 편집자는 어디에서도 이 구절의 증거를 찾을 수 없다고 한다. 롬멜이 추가한 구절은 다음과 같다. "비록 샤를마뉴가 거의 같은 방식으로 칼을 목에 대고 종교를 강요하면서 작센 족에 반대했지만. 브라운슈바이크 가문(Maison de Brunsvic)에 헌정하는 5권 분량의 『제네바의 역사(*Historia Genevrina*)』(Amsterdam, 1686)를 우리에게 가져온 레티 씨(Gregorio Leti, 1630~1701)가 이제 여기에 함께 있습니다. 어떤 관계가 있는지를 저는 모릅니다. 그는 가끔씩 매우 좋은 이야기를 하며 대화하기 좋은 사람입니다. 저는⋯⋯" (A II, 2, 26; Mas. 21)

26) 다음 구절은 라이프니츠가 초고에서 지운 부분이지만 핀스터(Finster) 판본에 소개되어 있다. 이 구절은 서신 4와 5를 쓰기 위해 미리 메모했다가 지운 것으로 추측된다. "큰 재능이 있는 사람들이 기분 나쁜 상황에 있을 만하고 정신의 자유가 감소되는 이유가 있을 때, 어느 정도 참고 넘어가는 것은 정당합니다. 물론 그들의 성급함이 중대한 영향을 미치지 않고, 그들을 경악하게 만들었던 선입견의 환영을 공정함으로 되돌리는 한에서입니다. 저는 아르노 씨에게서 공정함을 기대합니다. 그는 저의 온순함과 겸손함을 경험할 것입니다. 저에게 불평할 수 있는 어떤 이유가 있든지 간에, 저는 본 주제에 본질적이지 않은 모든 생각들을 내버려두려 합니다. 그리고 그도 저처럼 해주길 부탁합니다. 그럼에도 제가 그에게 단언하는 것은 그가 불리한 추측을 너무 빨리 했고 매우 건전한 양식을 소유한 몇몇 사람들은 그와 다르게 판단했다는 것입니다. 그러나 모든 사람들의 기호에 맞는 것이 아닌 이 추상적인 글을, 비록 의심할 여지가 없을지라도, 출판하려는 계획은 전혀 없습니다. 그는 제가 발견한 것들을 빨리 출판하는 기질이 아니라는 것을 압니다. 그리고 저는 대중이 전혀 모르고 있는 것도 가지고 있습니다. 단지 저는 그의 판단을 이용하려고 했을 뿐입니다."(Fin. 22)

6. 라이프니츠가 에른스트 영주에게[27)]
1686년 4월 5/15일 하노버

1686년 4월 5/15일의 다른 편지[28)]

전하!

전하께서는 제가 지난번 우편으로 보낸 편지를 전하께 서신 형태로 동봉한 것과 함께 받으셨을 겁니다. 동봉한 것의 사본은 아르노 씨에게 전달되었어야 하는 것입니다. 그 이후 저는 끝부분에서 다음 구절은 삭제하는 것이 더 좋을 것 같다고 생각했습니다. "그럼에도 그가 속한 교회가 신속히 검열하려 한다면, 그런 절차는 그들을 경계하기 위한 경고로만 사용되어야 합니다."에서부터 "특히 그 고찰을 신중하게 다뤄야 할 만한 이유가 없는 경우"까지입니다. 그 이유는 본의와 달리 아르노 씨가 교회가 공격받은 것처럼 여겨 종교 논쟁을 시작하는 기회로 여기지 않을까 두렵기 때문입니다. 사본의

---

27) A II, 2, 27~28; GP II, 25; Fin. 42; Mas. 22~23. [L: 초고, LBr. 16, Bl. 49]
이 서신에서는 라이프니츠가 앞서 써 보낸 서신 4의 내용 일부를 수정해주기를 에른스트 영주에게 부탁한다. 하지만 에른스트 영주가 서신의 사본을 이미 아르노에게 보냈기 때문에 수정은 실행되지 않았다.
28) 여기서 '다른 편지'라는 말은 1686년 4월 12일 자 서신 4의 다른 편지라는 것이다.

그 자리는 다음 말로 대체할 수 있습니다. "그리고 아르노 씨의 공동체는 전혀 그렇지 않습니다. 그 공동체에서는 트리엔트 공회뿐만 아니라 교황도 신앙과 관습에 반대되어 보이는 것들이 분명하게 존재하는 견해들을 검열하는 것을 매우 현명하게도 만족했습니다. 그 철학적 귀결을 검토할 필요도 없습니다. 이것을 따라야 한다면, 검열의 문제에서, 예수회인들에 따르면, 토마스주의자들은 칼뱅주의자들처럼 보일 것이고, 토마스주의자들에 따르면 예수회인들은 반펠라기우스파 사람들 Semipelagiens처럼 보일 것이며, 두란두스[29]와 루이 드 돌[30] 신부에 따르면, 이 둘은 모두 자유를 파괴하는 것입니다."[31] (그리고 일반적으로 불

---

29) Durandus de St. Pourciano(1270~1334). 프랑스의 스콜라 철학자이자 도미니크회 수도사. 토마스 아퀴나스에 근본적으로 반대하는 태도를 보인 것으로 유명하다. 그는 "신의 협력은 일반적이고 매개적이다. 즉 신은 실체를 창조하고 그 실체들에게 필요한 힘을 준다. 그리고 나서 그 실체들을 독자적으로 두고 그들의 행위에 도움을 주는 것이 아니라 단지 보존하기만 한다."고 주장한다. *In sententias theologicas Petri Lombardi commentariorum libri quatuor*, II, 37, 1 참조. 라이프니츠의 『변신론』 27절, 361절, 381절 참조.

30) Louis de Dole, Ludovicus a Dola. 프란체스코회 신부로 그는 자연의 질서에서 신의 직접적인 협력을 가정할 이유가 없다고 주장한다. *Disputatio quadripartitia de modo conjunctionis concursuum Dei et creaturae ad actus liberos ordinis naturalis* (Lyon, 1634)라는 책을 남겼다.

31) 반펠라기우스주의에서는 아우구스티누스의 이론을 거부하면서 자유의지가 구원을 얻는 데 결정적이고 은총은 배경으로서만 작용한다고 주장했다. 프로테스탄트와 얀센주의자들은 스콜라 신학을 반펠라기우스적이라고 했고 토마스주의자들은 몰리나주의 신학을, 신교리사학자들은 프란체스코 신학을 반펠라기우스적이라고 했다.

합리한 모든 것은 무신론처럼 보일 것입니다. 왜냐하면 우리는 그것이 신의 본성을 파괴한다는 것을 보일 수 있기 때문입니다.)

7. 아르노가 에른스트 영주에게[32]
1686년 5월 13일

1686년 5월 13일 아르노 씨의 편지 사본

전하, 라이프니츠 씨가 저에게 그렇게 심하게 격노할 구실을 제공한 것에 대해서 매우 유감스럽게 생각합니다. 제가 그것을 예상했다면, 그의 형이상학적 명제들 중 하나에 대한 저의 생각을 그렇게 솔직하게 말하지 않게 조심했을 것입니다. 하지만 저는 그것을 예상했어야 했습니다. 그리고 그의 인격을 겨냥한 것이 아니라 그의 견해에 반대해서지만 그렇게 거친 표현들을 사용한 것은 저의 과실이었습니다. 그래서 저는 그에게 용서를 구해야 한다고 생각했고, 그 의무를 전하께 열린 채 보낸, 제가 진심을 다해 그에게 쓴

---

32) A II, 2, 28~30; GP II, 34~36; Fin. 44~48; Mas. 35~37. [A: 사본, LBr. 16, Bl. 58] 이 서신은 다음의 서신 8과 함께 라이프니츠에게 보내졌다. 이 두 서신은 아르노가 에른스트 영주에게서 받은 서신 4와 5에 대한 반응이다.

편지로 다하려 합니다. 저는 저의 평온을 위해 그리고 오랜 친구와 화해하기 위해 진심으로 기도합니다. 그 친구를 저의 경솔함 때문에 적으로 만든 것을 저는 매우 불편해하고 있습니다. 하지만 여기에서 그만둔다면, 그리고 그의 견해에 대한 저의 생각을 말할 의무가 더 이상 없다면, 저는 매우 기쁠 것 같습니다. 왜냐하면 저는 다른 많은 일들로 지쳐 있어서 그에게 만족스럽게 답하기 힘들기 때문입니다. 이 추상적인 주제들은 많은 주의를 요하는데 저는 그것에 많은 시간을 들일 수가 없습니다.

제가 당신께 『가톨릭 신자들을 위한 변명(*Apologie pour les Catholiques*)』의 부록을 보내는 것을 잊지 않았는지 모르겠습니다.[33] 전하께서 그것은 전혀 말씀하지 않으시니, 저는 걱정이 됩니다. 그래서 오늘 두 반박문을 함께 보냅니다. 교황 대리 대사가 판결을 위해 지명한 나무르의 주교[34]가 이 일을 수용하도록 결정하는 데

---

33) 아르노는 1682년에 출판된 『가톨릭 신자들을 위한 변명』 2판을 첫 번째 부록이라고 생각했다. 여기서 그가 말한 부록은 *Seconde addition pour la 1re partie de l'Apologie pour les catholiques ou Eclaircissement d'un endroit de cette Apologie dans lequel l'auteur s'est trompé en parlant de M. Southwell, secrétaire du conseil de Sa Majesté Britannique*(1685)이다.

34) 나무르의 주교는 페레(Petrus van den Perre). 예수회인 하자르(Corneille Hazart)가 얀센주의의 창시자인 코넬리우스 얀세니우스(Cornelius Jansenius)의 사상을 날카롭게 비판하자 얀센주의자들은 당시 브뤼셀의 교황 대사, 안토니오 타나라(Sebastiano Antonio Tanara)에게 명예훼손 소송을 제기했고, 나무르의 주교는 이 사건의 중재자로 임명되었다. 하지만 그는 이 임무를 거부했다.

애를 먹었습니다. 예수회인들이 그것을 두려워했기 때문입니다. 그러나 그들의 힘이 너무 커서 이 세상에서 그들에 반하여 정당성을 얻어낼 수 없다면, 그들은 신이 다른 세상에서 더욱더 엄격하게 벌할 것이라는 점을 깨우쳐야 합니다.

이 참사회 사건에서 예수회인들의 간교와 음모가 추악한 것으로 판결나지 않아서 그들의 방탕함이 분명하게 처벌되지 않는 것은 정말 끔찍하고 주목할 만한 역사가 될 것입니다. 전하께서 말씀하신 그 루터파 사제는 좋은 성품을 가져야 하지만 그것은 알 수 없는 일이고, 그는 루터를 그리스도교 개혁을 위해서 신이 정한 사람으로 여길 수 있다는 매우 분별없는 선입견을 드러냅니다. 그는 참된 경건성에 대해서, 파렴치한 말과 방탕한 생활을 하는 사람에게서나 발견할 수 있는 매우 저급한 생각을 가진 것이 분명합니다. 이 사제가 당신께 얀센주의자들이라고 불리는 이들에 반하여 말하는 것에 저는 놀라지 않습니다. 루터는 먼저 은총의 협력과 자유의지에 반대하는 극단적인 명제들을 제시하고 그의 책 중의 하나에 『노예의지론(*De servo arbitrio*)』이라는 제목을 붙이는 데까지 이르렀습니다. 얼마 후 멜란히톤[35]은 이 명제들을 매우 완화했고, 그

---

35) Philipp Melanchton(1497~1560). 독일의 개혁 신학자. 루터의 동료로 루터, 칼뱅에 이어 세 번째 주요 종교개혁자로 알려져 있다. 비텐베르크(Wittenberg) 대학 그리스어 교수로 어학에 비범했고 루터의 성서 번역에도 관여했다. 종교개혁의 정신적 리더였고 최초로 개신교 조직 신학을 완성했다. 그러나 나중에

후 루터주의자들은 반대되는 극단에 이르게 되어서 아르미니우스주의자들[36]은 루터 교회의 견해들보다 호마루스주의자들[37]에게 더 강하게 반대할 것이 없습니다. 따라서 아르미니우스주의자들과 같은 견해를 갖는 오늘의 루터주의자들이 성 아우구스티누스의 후학들과 반대되는 것은 놀라운 일이 아닙니다. 왜냐하면 아르미니우스주의자들은 예수회인들보다 더 신실하기 때문입니다. 아르미니우스주의자들은 그들이 예수회인들과 공유하는 견해들에 대해서 성 아우구스티누스가 그들과 반대된다는 것을 인정합니다. 하지만 아르미니우스주의자들은 예수회인들을 따라야 할 의무는 없다고 생각합니다.

조버트 신부가 새로운 개종인들에 대해 알려온 것에 따르면, 우리가 그들을 가르치는 데 전념하고, 좋은 사례로 교화시키고, 사제직을 훌륭한 인물들로 채운다면, 명목상으로만 개종한 사람들이 점차적으로 되돌아올 수 있다는 희망을 갖게 합니다. 하지만 미사에서 말하는 모든 것을 일상 언어로 번역하지 않으면 모든 것을 그

는 루터와 견해를 달리해 '필립주의(Philippismus)'라는 독자적 신학설을 세운다.

36) Jacobus Arminius(1560~1609)의 후학, 아르미니우스는 네덜란드의 신학자로 개신교회에서 반칼뱅주의에 서 있다. 신학적으로 비교적 자유로운 입장을 취했고, 호마루스와 예정설에 대한 해석으로 논쟁을 벌였다고 한다.

37) Franciscus Gomarus(1563~1641)의 후학, 호마루스는 네덜란드 칼뱅파 신학자로 아르미니우스의 반대편에서 칼뱅의 예정설을 해석해 그와 논쟁을 벌였다.

르치게 됩니다. 이것만이 우리가 그들에게 준 혐오감을 치유할 수 있습니다. 하지만 우리는, 제가 전하께 꽤 오래 전에 썼던, 『그리스도교 연보(*L'Ann e Chrestienne*)』에 대한 반대로 촉발된 소요의 결과에 대해서 아직 듣지 못했습니다. 브뤼셀에서 아카데미를 이끄는 시카티 씨라 불리는 신사가 영예롭게도 당신의 아들, 왕자에게 승마를 가르친 적이 있어서 전하를 잘 안다고 합니다. 그는 프랑스어에 능통하고 좋은 법률고문이기도 한 매우 존경할 만한 독일인과 친분이 있다고 합니다. 심지어 그 독일인은 조언자의 자리에 있었으며 이미 젊은 주인을 수행하기 위해 고용된 적이 있습니다. 시카티 씨는 그자가 당신의 손자에게 매우 적합할 것이라고 생각합니다. 무엇보다도 프랑스를 여행할 때 말입니다. 그리고 대기 중에는 전하의 다른 일도 도울 수 있습니다. 시카티 씨가 부언한 것은 그가 이해타산적이지 않다는 것과 전하를 불편하게 할 만큼 그렇게 높은 비용을 요구하지 않을 것이라는 점입니다. 저는 이런 조언을 당신께 드리는 것이 아무런 해가 되지 않을 것이라고 믿었습니다. 부담 가지실 필요가 전혀 없습니다. 그저 전하께서 이 어린 왕자님 곁에 밤이고 낮이고 떠나지 않을 사람을 두어야 한다고 생각하신다면, 유용할 것입니다. 제가 라이프니츠 씨의 칭호를 모르니, 그에게 쓴 편지 겉봉투에 그것을 써넣어 주시기를 전하께 부탁드립니다.

8. 아르노가 라이프니츠에게[38]
1686년 5월 13일

라이프니츠 씨,

저는 당신에게 직접 편지를 써야 한다고 생각했습니다. 제가 당신의 견해 중 하나에 대한 생각을 표현할 때 너무 거친 말을 사용하여 저에 대해 격노하게 한 원인을 제공한 것에 대해서 당신에게 용서를 구하기 위해서입니다. 그러나 신 앞에서 당신께 맹세하건대, 제가 그때 저지른 실수는 당신에게 반대하는 어떤 선입견에서 생긴 것이 아닙니다. 저는 당신이 태어나면서부터 얽매어 있다고 생각하는 종교를 제외하고, 당신에 대해서 매우 좋은 의견만을 가지고 있기 때문입니다. 당신의 마음을 상하게 한 편지를 쓸 때, 저는 기분 나쁜 상태도 아니었습니다. 몇몇 사람들이 저에게 우울한 성향이 있다고 여기고 싶어 하지만, 이보다 저의 성격과 거리가 먼 것은 없으며, 또한 제 자신의 사유에 애착이 너무 커서 당신이 저의 견해에 반대된다는 것에 충격을 받은 것도 아닙니다. 당신에게 단언컨대, 저는 이런 종류의 주제들에 관해서 조금밖에 고찰

---

38) A II, 2, 31~38; GP II, 25~34; Fin. 50~68; Mas. 24~34. [K 발송, LBr. 16, Bl. 15~20] 아르노가 라이프니츠를 수신인으로 쓴 첫 번째 서신이다.

하지 못했습니다. 그래서 저는 이 주제에 대해서 확고한 견해를 가지고 있지 않다고 말씀드릴 수 있습니다. 라이프니츠 씨, 저에 관한 이 모든 것에서 아무것도 믿지 마시기를 부탁드립니다. 저의 경솔함의 원인은 제가 전하께 형식에 얽매이지 않고 편지를 쓰는 습관이 있기 때문이라고 이해해주시기를 바랍니다. 왜냐하면 그분은 매우 선한 분이어서 저의 모든 실수를 쉽게 용서해주시기 때문입니다. 저는 제가 당신의 생각 중 어느 하나에 동의할 수 없다는 것을 그분께 솔직하게 말할 수 있다고 생각했습니다. 왜냐하면 저는 이것이 세상에 알려지지 않을 것이라고 확신했고, 제가 만약 당신의 생각을 잘못 이해했다면, 당신은 더 진행하지 않고 저를 깨우칠 수 있다고 확신했기 때문입니다. 하지만 라이프니츠 씨, 저는 이 군주께서 저에게 평화를 주는 데 전념하기를 바랍니다. 그리고 그러기 위해서 저는 성 아우구스티누스가 예전에 유사한 경우에 한 말을 이용할 것입니다. 그는 신체의 눈으로 신을 볼 수 있다고 믿는 이들에 반대해 매우 거칠게 편지를 썼습니다. 이것은 아프리카 주교의 견해인데, 그 주교는 그에게 보낸 것이 아닌데도 그 편지를 읽고 매우 모욕적이라고 느꼈습니다. 그 일로 이 성자는 고위 성직자를 진정시키기 위해서 공통의 친구를 이용하게 되었습니다. 그리고 저의 부탁은 성 아우구스티누스가 그 주교에게 말하기 위해 공통의 친구에게 편지를 썼던 것을 제가 당신에게 말하기 위해 영주님께 편지를 쓴 것처럼 봐달라는 것입니다. "제가 경고할 때 너무 격앙되어 있어서 과도하게 조심성 없이 책망했습니다. 이것은 변명하는 것이 아니라 저를 꾸짖는 것입니다. 용서하는 것이 아니라 저를 비난하는 것입니다. 부디 저를 용서하시기를 바랍니다. 그가 우리의 지난 우정을 기억하고 현재의 적대심을 잊을 수 있기를 바랍니다. 그는 제가 하지 않은 것에 대해서도 화낼 수 있을 것입니다. 저는 그 편지를 쓸 때 온화하지 못했지만, 그는 저를 온화하게 용서해주기를 바랍니다."[39]

저는 우리의 의견 충돌을 야기했던 문제를 다시 검토하지 않고 그 문제에서 벗어나야 하는지 확신하지 못했습니다. 당신의 마음을 상하게 할 수 있는 어떤 말들이 또다시 나올까 두려웠기 때문입니다. 하지만 다른 한편, 이것이 당신의 공정함에 대해 충분히 적절한 견해를 보여주지 못할까 염려됩니다. 그래서 저는 "모든 개인의 개체적 개념은 언젠가 그에게 일어날 일을 한 번에 포함한다."는 명제에 대해서 저에게 여전히 난해한 문제를 간단하게 말할 것입니다.

이 명제에서 다음이 따라 나올 것으로 보입니다. 아담의 개체적 개념은 그가 아이들을 몇 명 가질 것인지 포함하고, 이 아이들 각각의 개체적 개념은 그들이 행할 모든 일과 그들이 가지게 될 모든 아이들을 포함하고, 이렇게 계속될 것이다. 이로부터 저는 다음을 추론할 수 있다고 생각합니다. 신에게는 아담을 창조할 자유가 있었거나 창조하지 않을 자유가 있었다. 하지만 신이 아담을 창조

---

39) Augustinus, *Epistolae* 148, 4, 포르투나치안(Fortunatian)에게 보낸 서신.

하려 했다고 가정할 때, 그 이후 인류에게 일어났던 모든 일은 운명적 필연성에 의해서 일어났어야만 하고 또 일어나야만 한다. 혹은 신이 아담을 창조하려 했다고 가정할 때, 이 모든 일과 관련해서 어쨌든 신에게는 자유가 없는 것이다. 그리고 이것은 신이 나를 창조하려 했다고 가정할 때, 사고할 수 있는 존재를 창조하지 않을 자유가 있었다는 주장만큼이나 신에게서 자유를 빼앗는 것이다.

라이프니츠 씨, 제가 이렇게 말할 때, **가설적 필연성**necessitatem ex hypothesi과 절대적 필연성을 혼동하는 것은 아닙니다. **그와 반대로 저는 가설적 필연성에 반대되는 것은 전혀 말하지 않기 때문입니다.** 그러나 제가 단순히 기이하게 생각하는 것은 신이 아담을 창조하려 했다는 단지 이 가정으로부터 모든 인간사가 **가설적 필연성**에 의해서 필연적이라는 것입니다. 그리고 이와 마찬가지로 신이 저를 창조하려 했다는 단지 이 가정으로부터 사고할 수 있는 존재가 세상에 존재했다는 것이 **가설적 필연성**에 의해서 필연적이라는 것입니다.

이와 관련해서 당신은 신에 대해서 여러 가지를 말합니다. 그러나 저의 어려움을 해결하기에 충분한 것 같지 않습니다.

1. "우리는 항상 신에게 절대적으로 행할 자유가 있다는 것과 신이 이미 결정한 것에 따라 행할 의무가 있다는 것을 구별했다." 이것은 확실합니다.

2. "(신의 자유를 옹호한다는 핑계로) 신을 소치니주의자들의 방식에

따라 이해하는 것, 즉 기회가 될 때, 결정을 내리는 인간처럼 이해하는 것은 신의 존엄성을 떨어뜨린다." 이것이 매우 분별없는 생각이라는 것에 저는 동의합니다.

3. "서로 연관되어 있는 신의 의지들을 분리해서는 안 된다. 그리고 특정한 아담을 창조하는 신의 의지를 아담의 아이들과 전 인류에 대한 다른 모든 의지들과 분리해서 고찰해서는 안 된다." 이것 또한 저는 동의합니다. 하지만 이것이 저의 어려움을 해결하는 데 유용할지는 아직 모르겠습니다.

그 이유는, 1. 저는 솔직히 당신이 모든 개인에게 언젠가 일어나야만 하는 모든 일이 한 번에 포함되어 있다고 말하는 모든 개인의 개체적 개념이 (예를 들어 아담의 개체적 개념이) 신의 지성에 있는 것을 의미하는지, 아니면 그 개인 자신에 있는 것을 의미하는지 이해하지 못했습니다. 왜냐하면 사람들은 구의 종개념notion specifique[40]

---

40) 종개념specific concept은 전통 논리학의 용어로 유개념generic concept에 대응하는 개념이다. 하나의 개념 A가 다른 개념 B를 포괄하고 있는 경우, A를 유개념이라 하고 B를 종개념이라 한다. 즉 유개념은 종개념보다 외연이 크고 종개념을 포섭한다. 예를 들어, 동물을 유개념이라 할 때. 사람, 개, 고래 등은 종개념이고 식물을 유개념이라고 할 때, 종자식물, 이끼식물 등은 종개념이다. 이처럼 종개념과 유개념은 상대적 개념이며, 유개념은 종개념보다 외연이 크지만 내포가 작고, 종개념은 유개념보다 외연은 작지만 내포는 더 크다. 유개념에 포함되어 있는 두 개 이상의 종개념을 구별해주는 성질을 종차specific difference라고 한다. 이 텍스트에서는 유개념과 비교된 것이라기보다는 구의 일반 개념을 의도한 것으로 보인다.

을 신의 지성 안에 표상되어 있는 것이 아니라 보통 구 자체에 있는 것과 관련해서 고찰하는 것에 익숙해 보이기 때문입니다. 그리고 저는 모든 개인 혹은 모든 사물의 개체적 개념도 이와 마찬가지라고 생각했습니다.

2. 그렇지만 저는 이것이 제가 앞에서 제기한 모든 어려움을 제거하는지 탐구하는 동안, 저를 당신의 생각에 따르게 하려는 것이라는 것을 잘 압니다. 그리고 저는 아직 해결되었다고 보지 않습니다.

저는 신이 아담을 창조하기로 결정했을 때, 아담에 대한 신의 인식에 아담에게 일어난 모든 일과 아담의 후손에게 일어난 모든 일, 그리고 일어나야 할 모든 일에 대한 인식이 포함되어 있다는 것에 동의하기 때문에, 아담의 개체적 개념을 이런 의미로 이해한다면, 당신이 말한 것은 매우 확실합니다.

또한 저는 아담을 창조하는 신의 의지가 아담에게 일어난 일에 대한 의지와 아담의 모든 후손에 대한 의지와 분리되지 않는다는 것을 인정합니다.

그러나 그 다음에도 문제가 남아 있는 것 같습니다. (그리고 이 문제가 저를 어렵게 만드는 것입니다.) 즉 이 대상들 (이것은 한편 아담에게 그리고 다른 한편 아담과 그의 후손에게 일어나야 하는 모든 일을 의미합니다) 간의 연관 관계가 신의 모든 자유로운 결정과 독립적으로 그 자체로 그런 것인가 아니면 신의 결정에 의존하고 있는가 하는 문제입니다. 즉 이것이 아담과 그의 후손에게 일어날 모든 일을 규정한 신의 자유로운 결정의 결과일 뿐인가, 그래서 신은 아담과 그의 후손에게 일어날 모든 일을 알고 있었는가, 아니면 (이 결정과 무관하게) 한편으로 아담에게, 다른 한편으로 아담과 그의 후손에게 일어난 일과 일어날 일 사이에 어떤 내적이고 필연적인 연결이 있는가 하는 문제입니다.

이런 내적이고 필연적인 연결이 없다면, 당신이 말한 것, 즉 "모든 개인의 개체적 개념은 언젠가 그에게 일어날 모든 일을 한 번에 포함한다."는 것은, 아무리 이 개념을 신과 관련해서 이해하더라도, 어떻게 참이 될 수 있는지 저는 이해하지 못합니다.

당신이 견지하는 것은 이 후자인 것 같기도 합니다. 왜냐하면 제가 생각하기에, 당신은 우리의 이해 방식에 따라서, 가능한 것은 신의 모든 자유로운 결정에 앞서 가능하다고 가정하기 때문입니다. 이것으로부터 가능한 것들의 개념에 포함된 것은 신의 모든 자유로운 결정과 독립적으로 포함된다는 결론이 나옵니다. 그런데 당신은 말합니다. "신은 가능한 것들 중에 특정한 개체적 정황을 동반하는 가능한 아담을 발견했고, 그 정황에는 다른 술어들 중에서도 시간이 지남에 따라 특정한 후손을 갖는다는 것 또한 포함된다." 그러므로 당신에 따르면 이 가능한 아담과 그의 모든 후손의 모든 개체적 개인들 간에, 그리고 개인들뿐만 아니라 일반적으로 그에게 일어나야 하는 모든 일 간에도 내적인, 말하자면 신의 모든 자유로운 결정과 독립적인 연관 관계가 있습니다. 라이프니츠 씨, 이제 제가 이해할 수 없다고 한 것을 밝히겠습니다. 당신에 따르면, (신이 다른 가능한 아담들보다 더 선호해서 선택한) 그 가능한 아담은 창조된 아담과 마찬가지로 모두 같은 후손들과 관계를 맺고 있는 것 같습니다. 제 판단으로는, 당신에 따르면, 그는 한 번은 가능한 것으로 또 한 번은 창조된 것으로 보이는 같은 아담일 뿐입니다. 여기서 이렇게 가정되는 것이 저의 문제입니다.

이삭, 삼손, 사무엘 그리고 다른 많은 이들처럼 오직 진정으로 자유로운 신의 결정을 통해서 이 세상에 나온 인간들이 얼마나 많습니까? 그러므로 신이 그들을 아담과 연결해서 인식했을 때, 그들이 신의 결정과는 무관한 가능한 아담의 개체적 개념에 포함되었기 때문은 아니었을 것입니다.

따라서 아담의 후손에 속하는 모든 개체적 개인들이 가능한 아담의 개체적 개념에 포함되어 있다는 것은 참이 아닙니다. 그러기 위해서 그들은 신의 결정과 무관하게 그 개념에 포함되어 있어야 하기 때문입니다.

우리는 신의 매우 특별한 질서에 따라 일어난 무한히 많은 인간사에 대해서도 똑같이 말할 수 있습니다. 예를 들면, 특히 유대교와 기독교 그리고 무엇보다 신의 말씀의 성육화Incarnation 같은 사건들 말입니다. 저는 어떻게 이 모든 사건들이 가능한 아담의 개체적 개념에 포함되어 있다고 말할 수 있는지 모르겠습니다. 그러기 위해서는 가능한 것으로 간주된 것이 신의 결정과 독립적인 이 개념에 속해 있다고 생각되는 모든 것을 포함하고 있어야 하기 때문입니다.

게다가 라이프니츠 씨, 아담을 하나의 단일한 존재의 예로 이해할 때, 어떻게 다수의 가능한 아담을 생각할 수 있는지 모르겠습니다. 제가 다수의 가능한 제 자신을 생각하는 것과 같은 일은 분명생각할 수 없는 일입니다. 왜냐하면 저는 제 자신을 하나의 단일한 존재로 간주하지 않고는 제 자신에 대해서 생각할 수 없기 때문입니다. 그렇게 저는 다른 모든 현존하는 존재 혹은 가능한 존재와구별됩니다. 지름이 서로 다른 하나의 원을 생각할 수 없는 것처럼서로 다른 제 자신 또한 전혀 생각할 수 없는 것입니다. 그 이유는다수의 제 자신이 있을 수 있으려면, 서로 다른 제 자신은 각각 서로 구별되어야 하고, 따라서 이런 제 자신 중에 저일 수 없는 어떤하나가 있어야 합니다. 하지만 이것은 명백한 모순입니다.

라이프니츠 씨, 당신이 아담에 관해 말한 것을 지금 이렇게 제자신에게 적용하는 것을 허락하십시오. 그리고 이것이 지지할 수있는 견해인지 스스로 판단해보시기 바랍니다. 가능한 존재들 중에서 신은 자신의 관념 속에 다수의 저를 발견했습니다. 그중 하나는 다수의 아이들을 얻고 의사인 것을 술어로 가지고 다른 하나는독신으로 살고 신학자인 것을 술어로 가집니다. 그리고 신이 이 후자를 창조하기로 결정했을 때, 현재하는 저 자신은 저의 개체적 개념에 독신으로 살고 신학자인 것을 포함합니다. 이와 반대로 전자는 그의 개체적 개념에 결혼하고 의사인 것을 포함할 것입니다. 이런 논의가 아무런 의미도 없다는 것이 분명하지 않습니까? 왜냐하면 제 자신은 특정한 개체적 개념을 가지는 동일한 존재라는 점에서 필연적으로 특정한 개체적 존재이기에, 저와 다른 제 자신을 생각하는 것이 불가능한 것과 같이 제 자신의 개체적 개념에 모순되는 술어를 생각하는 것은 불가능하기 때문입니다. 제가 보기에, 이로부터 다음 결론이 도출되어야 합니다. 제가 항상 제 자신으로 머물러 있지 못할 것이라는 것은 불가능하기 때문에, 제가 결혼했든지 혹은 독신으로 살든지, 제 자신의 개체적 개념은 이 두 상태 중 어느 하나도 포함하지 않는다는 것 말입니다. 이것은 또 다음 결론도 도출합니다. 이 사각 대리석이 정지해 있든지 운동하고 있든지 동일하다. 따라서 정지든 운동이든 그것의 개체적 개념에 포함되지 않는다는 것 말입니다. 라이프니츠 씨, 이 결론에 따르면, 저는 저에게 속해 있지 않을 때, 제가 더 이상 제 자신일 수 없는 그런 술어만을 제 자신의 개체적 개념에 포함되는 것으로 간주해야 할 것 같습니다. 그리고 저에게 속할 수 있는 술어와 반대되는 술어나 제가 계속해서 저인 한 저에게 속할 수 없는 모든 술어는 저의 개체적 개념에 포함되는 것으로 간주할 수 없을 것 같습니다. 하지만 사물의 본성을 변화시키지 않는 신의 예견의 질서에 따라서 이런 술어가 저에게 속하지 않는 일은 일어날 수 없습니다. 제가 믿고 있는 이 생각은 세상의 모든 철학자들이 항상 믿었던 것과 모두 일치합니다.

저에게 확실한 것은, 사물의 종개념에 관해서든 아니면 사물의 개체적 개념에 관해서든 우리가 생각해야 하는 것을 신이 사물을 인식하는 방식으로 탐구하는 것이 좋은 철학하기인지 믿기 어렵다는 것입니다. **사물과 관련되는 한**, 신의 지성은 사물의 진리성에 대한 척도입니다. 하지만 **우리와 관련되는 한**, 우리가 이런 삶을 사는 동안은, 신의 지성은 척도가 될 수 있을 것 같지 않습니다. 왜냐하면, 현재 우리가 신의 지식에 대해서 무엇을 알고 있습니까?

우리는 신의 지성이 모든 사물을 인식한다는 것을 압니다. 그리고 그 모두를 그의 본질인 매우 단순하고 독특한 작용을 통해서 인식한다는 것을 압니다. 우리가 그것을 안다고 말할 때, 제가 의미하는 것은 신의 인식이 그래야 한다는 것을 우리가 확신한다는 것입니다. 하지만 우리가 그것을 이해합니까? 그리고 신의 인식이 그렇다는 것을 우리가 얼마나 확신할 수 있든지 간에, 신의 인식이 어떻게 그럴 수 있는지 이해하는 것이 우리에게 불가능하다는 것은 인정해야 하지 않습니까? 마찬가지로, 신의 지식이 그의 본질 자체이고 전적으로 필연적이고 불변한다고 해도, 존재할 수 없었을 것이기 때문에 알 수 없었던 무한히 많은 사물들에 대한 지식을 신이 가지고 있다는 것을 우리가 이해할 수 있습니까? 신의 본질 자체이기도 한 신의 의지도 마찬가지입니다. 신의 의지에는 오직 필연적인 것만 있습니다. 그럼에도 신은 [현존하기를] 원하지 않을 수 있었던 사물들을 전(全) 영원성에서 원하고 있고 또 원했습니다. 또한 저는 신이 어떻게 작용하는지 우리가 통상적으로 표상하는 방식에서 많은 불확실성을 발견합니다. 우리는 신이 세계를 창조하려고 하기 전에 무한하게 많은 가능한 사물을 고찰했고, 그중 하나는 선택하고 다른 것은 버렸다고 상상합니다. 다수의 가능한 아담, 그들 각각은 자신들과 내적으로 연결되어 있는 많은 개인들과 사건들에 잇달아 연결되어 있습니다. 우리는 이 모든 다른 사물이 이 가능한 아담 중 하나와 맺고 있는 연결이 창조된 아담이 그의 모든 후손과 맺고 있다고 우리가 알고 있는 연결과 전적으로 유사하다고 가정합니다. 이를 통해 우리는 신이 모든 가능한 아담 중에 이 아담을 선택했고 다른 모든 사람은 원하지 않았다고 생각합니다. 그러나 제가 이미 말한 것에 주목하지 않아도, 아담을 하나의 단일한 존재의 예로 간주한다면, 다수의 제 자신을 생각하는 것이 불가능한 것처럼 다수의 아담을 생각하는 것 또한 불가능합니다. 진심으로 고백건대, 저는 순수하게 가능한 이 실체, 즉 신이 결코 창조하지 않을 이 실체에 대해서 아무런 관념도 가지고 있지 않습니다. 그리고 저는 이것이 우리 스스로가 만든 망상이라고 매우 강하게 믿는 편입니다. 우리가 가능한 실체, 순수하게 가능한 실체라고 부르는 것은 순수한 현실태pur acte이기 때문에 자기 자신에게 어떤 가능성possibilité이 존재하는 것을 허락하지 않는 신의 모든 가능태toute puissance de Dieu 이외에 다른 것이 아닙니다. 하지만 우리는 신이 창조한 존재들에서는 가능성을 생각할 수 있습니다. 왜냐하면 창조된 존재들에게 존재 자체는 본질이 아니기 때문에, 필히 가능태와 현실태로 구성되어야 하기 때문입니다. 이로 인해 저는 그 존재들을 가능한 것으로 생각할 수 있고, 또 이 창조된 존재들의 가능태 속에 있는 무한히 많은 변용들, 이를테면 지성적 존재의 사유들과 연장적 실체의 형태들을 만들 수도 있습니다. 그러나 만약 신이 가능한 실체, 순수하게 가능한 실체의 관념을 가지고 있다고 감히 말하는 사람이 있다면, 저는 매우 큰 오류에 빠져 있는 것입니다. 왜냐하면 저는 아무리 이 순수하게 가능한 실체에 대해 그렇게 말한다 해도, 신은 창조한 실체들 중 어떤 하나에 대한 관념하에서가 아니면 아무것도 생각할 수 없다고 확신하기 때문입니다. 따라서 우리는 신이 창조한 사물들이나 창조해야 하는 사물들 외에, 어떤 수동적 가능성도 존재하지 않고 단지 능동적이고 무한한 가능태만이 존재한다고 말할 수 있을 것입니다.

어쨌든 제가 이 불명료함에서 그리고 알기 어려운 점에서 이끌어 내고 싶었던 결론은 사물이 어떤 방식으로 신의 인식 안에 있는지 그리고 그 사물들 간의 연결은 어떤 종류인지에 관한 것입니다. 말하자면 이 연결이 내적 연결인지 아니면 외적 연결인지 하는 것입니다. 제가 말하고자 하는 것은 단지 우리가 인식하고 있는 사물들의 참된 개념은—그것이 종개념이든 개체적 개념이든 간에—우리가 접근할 수 없는 빛에 거주하는 신에게서 찾아야 하는 것이 아니라 우리가 우리 안에서 발견하는 관념에서 찾아야 한다는 것입니다. 이제 저는 제 자신에게서 한 개체적 존재의 개념을 발견합니다. 거기서 제 자신에 대한 개념을 발견하기 때문입니다. 따라서 저는 구의 종개념에 무엇이 포함되어 있는지 알기 위해서 오직 그 개념만 참고하면 되는 것처럼 이 개체적 개념에 무엇이 포함되어 있는지 알기 위해서 오직 그 개념만 참고하면 됩니다. 그래서 구가 소유하고 있지 않으면 더 이상 구가 될 수 없는 그런 것이 무엇인지 고찰하는 것 외에 다른 규칙은 가지고 있지 않습니다. 예를 들면 원주의 모든 점들은 중심으로부터 같은 거리에 있다는 규칙 말입니다. 그리고 다른 구의 지름이 10피트, 100피트인 데 반해 지름이 단지 1피트라는 것은 구가 아니라는 것에 영향을 주지 않는 것입니다.

이것으로부터 저는 전자는 구의 종개념에 포함되고, 후자, 즉 지름이 더 크거나 더 작은 것은 이 개념에 포함되지 않는다고 판단합니다. 저는 이 규칙을 저의 개체적 개념에 적용합니다. 제가 사유하는 한, 저는 제가 저라는 것을 확신합니다. 왜냐하면 제가 존재하지 않는다는 것은 생각할 수 없고, 제가 제 자신이 아니라는 것도 있을 수 없기 때문입니다. 하지만 저는 제가 여행을 할 것이라고도 생각할 수 있고 여행을 하지 않을 것이라고도 생각할 수 있습니다. 그것도 제가 여행을 하든지 하지 않든지 그것이 제가 저라는 것에 아무런 영향도 주지 않을 것이라는 강한 확신을 유지한 채 말입니다. 따라서 저는 여행을 하는 것도 하지 않는 것도 저의 개체적 개념에 포함되지 않는다고 확신하고 있습니다. 그러나 사람들은 신은 당신이 이 여행을 할 것이라는 것을 예견하고 있다고 말합니다. 인정합니다. 따라서 당신이 여행을 할 것이라는 점은 의심할 여지가 없다고 말합니다. 이것 또한 인정합니다. 하지만 제가 여행을 떠나든 떠나지 않든 저는 항상 저라는 제가 가지고 있는 확실함에 이것이 어떤 변화를 주겠습니까? 따라서 저는 여행을 하는 것도 하지 않는 것도 제 자신에, 즉 저의 개체적 개념에 포함되지 않는다는 결론을 내려야 합니다. 제가 보기에, 우리는 각 사물의 개체적 개념이 무엇을 포함하는지 알기 위해서 신의 인식으로 회귀하지 말고 여기에 머물러야 합니다.

라이프니츠 씨, 여기 이것이 저를 힘들게 했던 명제와 그 명제에 대한 당신의 해명에 대해서 제가 생각한 것입니다. 제가 당신의 생각을 잘 이해했는지 모르겠습니다. 적어도 저의 의도는 그러했습니다. 이 주제는 매우 추상적이어서 사람들이 오류를 범하기 쉽습니다. 그래도 당신이 저에 대해서 또다시 악의적인 견해를 가진다면, 저는 매우 유감일 것입니다. 사람들을 비방하고 그들의 견해를 곡해하면서 거부하는, 성 잘 내는 작가로 저를 묘사하는 사람들처럼 말입니다. 저는 전혀 그런 성향의 사람이 아닙니다. 저도 때로는 매우 솔직하게 제 생각을 말할 수 있을 따름입니다. 저도 때로는 다른 사람들의 생각을 잘 이해할 수 없을 때가 있습니다. (저에게 오류가 없다고 확실히 믿어서가 아닙니다. 결코 오류를 범하지 않기 위해서는 그래야 할 필요가 있기 때문입니다.) 그러나 이 오류가 자만심 때문에 생겼다 해도, 제가 잘못 이해하는 것이 결코 의도적인 것은 아닙니다. 저는 어느 누구도 학술적 주제에 대한 견해 차이에서 궤변과 책략을 사용할 정도로 수준이 낮다고 보지 않기 때문입니다. 비록 우리가 좋아할 만한 이유가 전혀 없는 사람들과 논쟁한다 하더라도 말입니다. 그리고 친구들과 논쟁할 때는 물론 더 그럴 것입니다. 라이프니츠 씨, 당신은 제가 당신을 친구로 여기길 원할 것입니다. 영예롭게도 당신이 저에게 호의를 갖고 있는 것을 저는 의심하지 않습니다. 당신은 그에 대한 많은 표시를 저에게 보내주었습니다. 그리고 저와 관련해서 저는 당신께 맹세합니다. 제가 다시한 번 용서를 구하는 저의 그 실수는 신이 당신을 위해서 저에게 주신 애정의 결과일 뿐이며, 충분히 겸손하지 못했지만 당신의 안녕에 열중한 결과일 뿐입니다.

라이프니츠 씨,

앙투안 아르노 배상

9. 에른스트 영주가 라이프니츠에게[41]
1686년 5월 21/31일 라인펠스

라이프니츠 씨,

여기 동봉한 편지로 당신은 다음 사실을 알게 됩니다. 훌륭한 아르노 씨는 예수회 신부 하자르가 거부하는 것과 완전히 정반대 입장을 취하려고 한다는 것, 나는 하자르 신부가 수용하기를 바란다는 것, 그리고 볼펜뷔텔 사람들은 『가톨릭 신자들을 위한 변명』의 두 번째 부분이라고 알려져 있는 나의 책을 한번에 당신을 통해서 반환하지 않으려 했다는 것입니다. 나는 그 책을 전혀 보지도 못하고, 들은 바도 없습니다. 그 밖에, 어리석고 잘못 알고 있는 가톨릭 신자들 중에는 당신의 주군[42]과 그 가족의 개종을 희망하고, 바라고, 누설하고, 원하는 사람들이 있다는 것입니다. 이것은 개신교 신자들이 작센 선제후[43]의 개종을 두려워하는 것과 마찬가지입니다. 비록 전자도 후자도 개종의 징후가 없고 그들을 현재 상황으로

---

41) A II, 2, 38~39; GP II, 36; Fin. 70; Mas. 38. [K: 발송, LBr. 16, Bl. 61] 라이프니츠는 이 편지와 함께 아르노의 편지 서신 7과 8을 전달받는다.

42) 에른스트 아우구스트 공작(Herzog Ernst August von Braunschweig Lüneburg)을 가리킨다.

43) 이 당시 작센 선제후는 요한 게오르크 3세(Johann Georg III)이다.

이끈 초자연적 동기도 없지만 말입니다. 왜냐하면 참되고 진실한 가톨릭 신자가 되기 위해서는 야망, 일시적인 탐욕, 허영과 세속적인 향연과는 전혀 다른 것이 필요하기 때문입니다. 3주 안에 우리는 헝가리에 있는 기독교 군대가 어디로 향할 것인지 그리고 한 번더 부다에 포위 공격을 감행할 것인지 알게 될 것입니다. 다뉴브에서 멀리 떨어지는 것은 패배를 원하는 것이기 때문입니다. 우리는 우리가 라인 강의 이편에서 올해에 평화를 유지하기를 기원합니다. 당신도 알다시피, 저는 ……

에른스트

안톤 울리히 공작께서 저에게 더 이상 편지를 쓰지 않습니다. 그러나 저는 제가 그의 총애를 잃었다기보다는 그가 저의 서신보다 더 중요한 다른 일들로 매우 바쁜 것이기를 바랍니다.

10. 라이프니츠가 에른스트 영주에게[44]
1686년 6월 하노버

전하, 아르노 씨에게 당신의 질문인 것처럼 물어봐 주시기를 부탁드립니다. 모든 사물은 (그것이 종espece이든, 개체 혹은 개인이든 간에) (모든 것을 완전하게 이해하는) 신이 이해한 개념에 따라 사물에 대해서 실제로 진술될 수 있는 모든 것을 포괄하는 어떤 완벽한 개념 notion parfaite을 갖는다고 말하는 것이 그렇게 큰 문제가 된다고 생각하는지, 그리고 그가 운명론에서 주장하는 결론을 진심으로 거부한다 하더라도, 정말로 이런 견해를 가지고 있는 사람은 가톨릭교회에서 허용될 수 없다고 믿고 있는지 물어봐 주시길 부탁드립니다. 그리고 전하께서는 아르노 씨가 지난번 이런 종류의 견해로 인해서 교인들에게 고통을 주지 않을 것이라고 한 것과 이것이 어떻게 일치할 수 있는지, 그리고 이렇게 신앙과 아무런 관계도 없는 모든 종류의 견해들을 너무 쉽게 비난해서 불필요하고 적절하지 않은 엄격함으로 사람들을 내버리는 것은 아닌지도 물어보실 수 있습니다.

모든 사물이 (그것이 유든 종이든 개체이든) 모든 것을 완전하게 이해하는 신이 이해하는 개념에 따라 완성된 개념notion accomplie을 가진다는 것, 즉 사람들이 그 사물에 대해 말할 수 있는 모든 것을 포함하거나 포괄하고 있는 개념을 가진다는 것을 우리가 부정할 수 있습니까? 그리고 신이 아담 혹은 알렉산더에 대한 특정한 개체적

---

44) A II, 2, 40~41; GP II, 131~132; Fin. 72~74; Mas. 73-74. [L: 초고, LBr. 16, Bl. 108] 아르노의 서신 7과 8에 대한 반응으로 쓴 서신이다. 라이프니츠는 이 서신을 에른스트 영주에게 발송하지 않았지만, 자신의 형이상학적 견해가 가톨릭교회에서 인정될 수 있는지에 대해서 관심을 가지고 있었다는 것을 보여주는 서신이다.

개념, 즉 모든 속성, 성향, 사건 그리고 일반적으로 이 주어에 속하는 모든 술어들을 포괄하고 있는 그런 개체적 개념을 형성한다는 것을 부정할 수 있습니까? 끝으로 성 토마스 아퀴나스가 모든 분리된 지성은 다른 모든 지성들과 종적으로 차이가 있다고 주장했을 때, 이것을 모든 개인들에게도 적용하여 말하고 개체들을 최후의 종으로 이해하는 것에 어떤 문제가 있습니까? 물론 종을 물리적으로 이해하지 않고, 형이상학적으로 혹은 수학적으로 이해한다는 전제하에서 말입니다. 왜냐하면 물리학에서는 하나의 사물이 자신과 유사한 사물을 만들어낼 때, 사람들은 그것들은 하나의 동일한 종이라고 말하기 때문입니다. 그러나 형이상학이나 기하학에서는 그 자체로 설명 가능한 개념으로 구성되는 차이를 가지고 있으면 종적 차이가 있다고 말할 수 있습니다. 두 타원의 경우, 큰 축과 작은 축의 비율이 2 대 1인 것과 3 대 1인 것이 구별되는 것과 같습니다. 이와 반대로 축의 비율과 그 자체로 설명 가능한 차이가 아니라 단지 그것의 크기 혹은 상대적 비교에 의해서만 구별되는 두 타원 간에는 종적 차이가 없습니다. 그러므로 우리는 완전한 존재는 그것의 크기만으로 구별될 수 없다는 것을 알아야 합니다.

11. 아르노의 서신에 대한 라이프니츠의 소견[45]

1686년 6월 하노버

모든 개인의 개체적 개념은 언젠가 그에게 일어날 일을 한 번에 포함한다는 나의 명제에 관한 아르노 씨의 편지에 대한 소견.

[L1]

(a) 나는 이런 종류의 필연성은 운명적 필연성이라고 불리지 않는다고 생각했다. 운명적 필연성이라고 불리는 것은 오직 절대적 필연성뿐이기 때문이다.

(b) 형이상학적 필연성의 결과들에 단계들이 있다. 아르노 씨가 예를 든 것과 같이 기계론의 규칙에 의존하는 결과들이나 최선으로 보이는 것을 선택하려는 의지의 본성에 의존하는 모든 결과들처럼 연결 자체가 신의 자유로운 결정에 근거를 두고 있는 다른 필

---

45) A II, 2, 41~53; GP II, 37~47; Fin. 76~104; Mas. 39~52(L2). [L: 초고, LBr. 16, Bl. 59~60] L1은 라이프니츠가 먼저 썼다가 삭제한 부분으로 이 소견을 쓰기 전 구상을 간단하게 썼다가 지운 것이다. 영역본은 L2만 번역했다. 이 서신은 아르노의 서신 7과 8에 대한 두 번째 반응으로 아르노에게 실제로 보낸 서신 14의 초고라고 볼 수 있다. 아르노에게 보내려고 쓴 것이 아니라 라이프니츠 자신이 참고하기 위해 쓴 것이기에 번역 어투에 경어를 사용하지 않았다. 아르노에게 실제로 보낼 서신을 쓰기 전에 이런 준비를 했던 것을 보면 라이프니츠가 아르노와의 서신 교환에 얼마나 큰 의미를 두고 있었는지 짐작할 수 있다.

연성이 있다.

(c) 나는 현재 아르노 씨의 생각을 더 잘 이해한다. 운명적 필연성이라는 말이 나를 혼란스럽게 했고, 그가 절대적 필연성을 가리키는 것이라고 믿었다. 이제 그가 가설적 필연성에 대해서만 말하는 것이라고 해명했기 때문에, 논쟁은 국면을 달리한다. 그 이유는 신이 아담을 창조하려 했다는 단 하나의 가정으로부터 나머지 모든 것이 필연적으로 뒤따른다고 말하는 것이 크게 불합리하지는 않을 것이기 때문이다. 적어도 나의 견해에 따르면 모든 개체적 실체는 항상 어떤 특정한 관계에 따라 전 우주를 표현하기 때문이다. 그러나 이 결과가 근거를 두고 있는 자유 결정들을 가정하지 않아도, 나는 이 결과가 필연적 결과라기보다는 확실한 결과라고 부른다. 왜냐하면 이 가정이 최초의 가정과 연결되어 가설적 필연성을 완성하기 때문이다.

(d) 아르노 씨는 영원한 진리들 자체가 신의 의지에 의존한다고 주장하는 데카르트와 그의 후학들의 견해를 모르지 않는다.[46] 그러나 구의 종개념을 신의 지성에 표상된 것과 관련해서 고찰하는 것은 익숙하지 않다고 말할 때, 그것을 기억하지 못했다. 그럼에도 나는 아르노 씨 못지않게 데카르트의 견해에 동의하지 않기 때문에, 왜 내가 개체적 실체의 개념에 대한 철학적 탐구는 구의 종개

---

46) 데카르트가 메르센에게 보낸 서신 1630년 4월 15일: A.T. I, 145쪽.

념에 대한 것과는 달라야 한다고 생각하는지에 대해서만 말할 것이다. 하나의 종에 대한 개념은 영원한 진리 혹은 필연적 진리만을 포함한다. 하지만 개체에 대한 개념은 실제로 존재하는 것 혹은 사물의 현존과 관계된 것을 포함한다. 구 개념은 불완전하다. 그러나 아르키메데스가 자신의 묘 위에 놓았던 구 개념은 완전하고 다른 모든 것과 구별되는 모든 것을 포함해야 한다. 그래서 사실의 진리들과 현존들은 신의 결정에 의존한다.

[L2]

(1) 내 생각에, (아르노 씨는 다음과 같이 말한다.) "이로부터 다음을 추론할 수 있다. 신에게는 아담을 창조할 자유가 있었거나 창조하지 않을 자유가 있었다. 하지만 신이 아담을 창조하려 했다고 가정할 때, 그 이후 인류에게 일어났던 모든 일은 운명적 필연성에 의해서 일어났어야만 하고 또 일어나야만 한다. 혹은 신이 아담을 창조하려 했다고 가정할 때, 이 모든 일과 관련해서 어쨌든 신에게는 자유가 없는 것이다. 그리고 이것은 신이 나를 창조하려 했다고 가정할 때, 사유할 수 있는 존재를 창조하지 않을 자유가 있었다는 주장만큼이나 신에게서 자유를 빼앗는 것이다."

(2) 나는 먼저 절대적 필연성과 가설적 필연성을 구별할 필요가 있다고 답변했다. 그것에 대해 아르노 씨는 지금 **가설적 필연성**에 대해서만 말하는 것이라고 답했다. 이 해명 이후 논쟁은 국면을 달

리한다. 그가 사용했던, 그리고 통상적으로 절대적 필연성을 가리키는 것으로 이해되는 운명적 필연성이라는 용어는 지금은 하지 않는 이런 구별을 하게 했다. 더욱이 아르노 씨도 운명적 필연성을 고집하지 않기 때문에, 왜냐하면 그가 "운명적 필연성에 의해서 혹은……어쨌든……"이라고 하면서 양자택일 식으로 말하기 때문에, 용어에 대해서 논쟁하는 것은 무용할 것이다.

(3) 그러나 문제와 관련해서, 아르노 씨는 아직도 "모든 인간사는 신이 아담을 창조하려 했다는 단 하나의 가정으로부터 가설적 필연성에 의해서 일어난다."는 나의 주장을 기이하게 생각한다. 이에 대해 나는 두 가지 답변을 하겠다. **하나는** 나의 가정은 신이 단순하게 그것의 개념이 모호하고 불완전한 아담을 창조하기를 원했다는 것이 아니라 하나의 개체로 충분하게 결정된 특정한 아담을 창조하기를 원했다는 것이다. 그리고 내 견해에 따르면, 이 완전 개체개념 notion individuelle complete은 사물들의 모든 연쇄에 대한 관계를 함축한다enveropper. 이것은 아르노 씨가 이 부분에서 신의 결단들이 서로 연결되어 있다는 것에 동의한 것보다 더 합리적으로 보임에 틀림없다. 즉 신이 특정한 아담을 창조하기로 결단을 내렸을 때, 신은 우주의 모든 연쇄에 관해서 내리는 모든 결단들을 고려한다. 이것은 현명한 개인은 자신의 계획 중 일부에 대해서 결단을 내릴 때, 전체를 시야에 두고 있는 것과 거의 같은 방식이며, 모든 부분들을 동시에 결정할 수 있을 때, 그만큼 더 잘 결정하는 것과 다를 바 없다.

(4) 다른 답변은 결과의 도출에 힘입어 가설로부터 사건들이 따라 나오는 것은 항상 확실하다는 것이다. 하지만 (신이 나를 창조하기로 결정했을 때, 사고할 수 있는 존재를 창조하지 않을 수 없다는) 아르노 씨의 예에 나타나는 것처럼, 그 결과가 항상 **형이상학적 필연성에 의해서** 필연적인 것은 아니다. 종종 그 결과는 물리적으로 필연적일 뿐이고 신의 어떤 자유로운 결정을 가정하기도 한다. 이를테면 운동 법칙에 의존하는 결과들이나 모든 정신은 자기에게 최선으로 보이는 것을 따른다는 도덕 원리에 의존하는 결과들처럼 말이다. 사실상 결과를 산출하는 결정의 가정이 아담을 창조하는 신의 결단이라는 최초의 가정에 추가될 때, ―이 모든 가정들 또는 결단들 중에서 하나의 유일한 전제를 만들기 위해서 이 최초의 가정은 전제가 된다. ―말하자면 결과가 완성된다.

(5) 내가 영주님께 보낸 편지에서 어떻게 보면 이 두 답변에 대해서 이미 언급했기 때문에, 아르노 씨는 이 부분에서 고찰할 필요가 있는 답변을 한다. 그는 나의 견해를 다음과 같이 이해한다고 진심으로 실토한다. 내 견해에 따르면, 한 개체의 모든 사건이 그의 개체적 개념으로부터 도출되는 것은 구의 속성을 구의 종개념이나 정의로부터 도출하는 것과 같은 방식이고 또 같은 필연성으로 도출된다는 것이다. 그리고 그는 마치 내가 개체개념을 신의 지성이나 의지와 관련해서 고찰하지 않고, 그 자체로 고찰하는 것처럼 이해한다. (그가 말하길) "왜냐하면 사람들은 구의 종개념을 신의 지성 안

에 표상되어 있는 것이 아니라 보통 구 자체에 있는 것과 관련해서 고찰하는 것에 익숙해 보이기 때문이다. 그리고 나는 모든 개인의 개체적 개념도 이와 마찬가지라고 생각했다." 그러나 그는 "이것이 모든 어려움을 제거하는지 탐구하는 동안, 그를 나의 생각에 따르게 하려는 것이라는 것을 잘 안다."고 덧붙인다. 그는 아직 의심하고 있다. 신은 구의 속성에 관한 진리와 같은 영원한 진리들을 자신의 의지에 따라 정립한다고 주장하는 데카르트의 견해를 아르노 씨는 기억하지 못했거나 적어도 개의치 않는 것 같다. 하지만 나는 아르노 씨 못지 않게 데카르트의 견해에 동의하지 않기 때문에, 왜 내가 개체적 실체의 개념에 대한 철학적 탐구는 구의 종개념에 대한 것과는 달라야 한다고 생각하는지 말하고 싶을 뿐이다. 하나의 **종**에 대한 개념은 영원한 진리 혹은 필연적 진리만을 포함한다. 하지만 개체에 대한 개념은 **가능성의 관점에서**sub ratione possibilitatis 사실에 관한 것 혹은 사물의 현존과 시간에 관계된 것을 포함한다. 따라서 개체에 대한 개념은 가능한 것으로 간주되는, 신의 어떤 자유로운 결정에 의존한다. 사실의 진리 혹은 현존의 진리는 신의 결정에 의존하기 때문이다. 또한 구 일반에 대한 개념은 불완전하거나 추상적이다. 말하자면 사람들은 개별적인 상황들은 고찰하지 않은 채, 구의 본질을 단지 일반적으로 혹은 이론적으로만 고찰한다. 따라서 그런 개념은 하나의 특정한 구의 현존에 필요한 것은 아무것도 포함하지 않는다. 반면에 아르키메데스가 자신의 묘 위에 놓은 구의 개념은 완전하며 이 형상의 주체에 속하는 모든 것을 포함해야 한다. 이런 이유에서 우리가 이 개념이 포함하는 모든 것을 추적할 수 있을 때; **단일한 것에 관계되어 있는** quae versantur circa singularia, 개체적 혹은 실제적 고찰에서 구의 형상 외에 구를 구성하는 질료, 장소, 시간 그리고 연속적 연결을 통해서 결국 우주의 모든 연쇄를 함축하는 다른 상황들이 포함된다. 왜냐하면 이 구를 구성하는 물질 입자의 개념은 그 구가 받았던 변화와 언젠가 받을 변화를 모두 함축하기 때문이다. 그리고 내 견해에 따르면, 모든 개체적 실체는 항상 그에게 이전에 일어났던 것의 흔적과 언젠가 일어날 것의 표식을 포함하고 있다. 그러나 나의 이해 방식을 설명하는 데에는 내가 방금 말한 것으로 충분할 것이다.

아르노 씨는 한 개인의 개체적 개념을 신이 그를 창조하기로 결정했을 때 신이 가지고 있는 인식과 관련해서 이해한다면, 내가 이 개념에 대해서 말한 것은 매우 확실하다고 말한다. 그리고 그는 아담을 창조하는 의지가 그와 그의 후손에게 일어난 일에 대한 의지와 분리되지 않는다는 것도 인정한다. 하지만 그는 아담과 그 후손의 사건들 간의 연결이 신의 자유로운 결정에 의존하는지 아니면 독립적인지 묻는다. 그가 설명한 것처럼, "말하자면 이것이 아담과 그의 후손에게 일어날 모든 일을 규정한 신의 자유로운 결정의 결과일 뿐인가, 그래서 신은 아담과 그의 후손에게 일어날 모든 일을 알고 있었는가, 아니면 이 결정과 독립적으로 아담과 앞에서 말한 사건들 사이에 어떤 내적이고 필연적인 연결이 있는가 하는 문제이다." 내가 두 번째 부분을 선택한다는 것, 그리고 방금 설명한 방식으로는 사실상 내가 첫 번째를 선택할 수 없다는 것을 그는 의심하지 않는다. 하지만 어떤 중도milieu가 있을 것으로 보인다. 그럼에도 그는 내가 후자를 선택해야 한다고 주장한다. 왜냐하면 내가 무한히 많은 가능한 개념들 중에서 신이 특정한 아담의 개념을 선택했다고 가정하면서, 아담의 개체적 개념을 가능한 것으로 간주했기 때문이다. 하지만 가능한 개념들 그 자체는 신의 자유로운 결정에 의존하지 않는다.

하지만 여기가 내 생각을 좀 더 잘 설명해야 하는 부분이다. 그러니까 나는 아담과 인간사 간의 연결이 신의 모든 자유로운 결정에 독립적인 것은 아니라고 말한다. 그렇다고 이 연결이 신의 관점에서 만들어진, 특수한 근원적 결정에 의해서 모든 사건들이 일어나거나 예견되는 것과 같은 그런 방식에 전적으로 의존하는 것도 아니다. 그래서 나는 사물의 연쇄를 규정하는 우주의 법칙이라고 할 수 있는 근원적 자유 결정은 소수에 불과하다고 믿는다. 이것이 아담을 창조하는 자유 결정과 결합할 때, 결과가 완성된다. 현상들을 설명하기 위해서 단지 소수의 가설만 필요한 것처럼 말이다. 다음에 나는 이것을 더 자세하게 설명할 것이다. 그리고 가능한 것들이 신의 결정과 독립적이라는 반박과 관련해서, 나는 그것이 현실적 결정과 관련되는 한에서 동의한다. (비록 데카르트주의자들은 동의하지 않겠지만) 하지만 나는 가능한 개체적 개념은 어떤 가능한 자유 결정을 포함한다고 주장한다. 예를 들어 이 세계가 단지 가능한 세계라면, 특정한 운동을 가능한 것으로 포함하는, 이 세계에 있는 어떤 물체의 개체적 개념은 그 역시 오직 가능한 것이지만 (신의 자유 결정인) 우리의 운동 법칙 또한 포함한다. 왜냐하면 무한히 많은 가능 세계들이 있는 것처럼, 무한히 많은 법칙들이 있으며, 이 법칙은 이 가능 세계에, 저 법칙은 저 가능 세계에 고유한 것이고 어떤 세계의 모든 가능한 개체는 자신의 개념에 자기 세계의 법칙을 포함하기 때문이다.

우리는 기적이나 신의 예외적 활동에 대해서도 똑같이 말할 수 있다. 여전히 일반 질서 속에 있는 이것들은 신의 주요 계획과 일치하며, 따라서 이 계획의 결과인 이 우주의 개념에 포함된다. 이것은 한 건물에 대한 관념이 건축을 맡은 사람의 목적과 계획의 결과인 것과 마찬가지이며, 이 세계의 관념 혹은 개념이 가능한 것으로 간주된 신의 이 계획의 결과인 것과 다를 바 없다. 왜냐하면 모든 것은 그것의 원인을 통해서 설명되어야 하며, 우주의 원인은 신의 목적이기 때문이다. 그런데 내 견해에 따르면, 모든 개체적 실체는 어떤 특정한 관점에 따라 전 우주를 표현하고, 따라서 앞서 언급한 기적도 표현한다. 일반 질서와 신의 계획, 이 우주에서 사건의 연쇄, 개체적 실체와 기적에 대해서 이 모든 것은 우리가 그것들을 현실 상태에서 고찰하든 아니면 **가능성의 관점에서** 고찰하든, 인정되어야 한다. 왜냐하면 우리의 세계에 대한 계획이 우선이었다 하더라도, 다른 가능 세계도 이 모든 것을 자기 세계의 방식대로 가질 것이기 때문이다.

내가 방금 신의 계획과 근원 법칙에 대해서 말한 것을 통해서, 우리는 이 우주가 특정한 주요 개념이나 근원 개념을 가지고 있고, 자유와 우연을 제외하고 개별 사건들은 단지 이 개념으로부터 나온 결과일 뿐이라고 판단할 수 있다. 확실성은 자유와 우연을 훼손하지는 않는다. 사건의 확실성은 부분적으로 자유 행위에 근거하기 때문이다. 그런데 이 세계의 모든 개체적 실체는 자신의 개념으로 자신이 속해 있는 우주를 표현한다. 그리고 신이 이 아담을 창조하는 결단을 내렸다는 가정뿐만 아니라 어떤 실체든 다른 개체적 실체를 창조하는 결단에 대한 가정도 나머지 모든 실체에 대한 결단을 포함한다. 왜냐하면 그런 완전 개념을 소유하는 것, 그 완점 개념에서 그에게 귀속될 수 있는 모든 성질을 연역할 수 있고 심지어 사물들 간의 연결로 인해서 전 우주를 연역할 수 있는 것이 개체적 실체의 본성이기 때문이다. 그러나 정확하게 하기 위해서 다음과 같이 말해야 한다. 신이 나머지 모든 것을 창조하는 결단을 내린 것은 이 아담을 창조하기로 결단했기 때문이 아니다. 아담에 대한 결단뿐만 아니라 다른 개별적 사물들에 대해서 내린 결단도 신이 전 우주와 주요 계획에 대해서 내린 결단의 결과일 뿐이다. 이 주요 계획은 우주의 근원 개념을 결정하고, 거역할 수 없는 이 일반 질서를 정립한다. 모든 일은 이 일반 질서와 일치하며 기적도 예외가 될 수 없다. 사람들이 자연법칙이라고 부르는 개별 원칙들이 언제나 지켜지는 것은 아니지만, 기적은 의심할 여지없이 신의 주요 계획과 일치한다.

　나는 모든 인간사가 연역될 수 있는 가정은 단순히 모호한 아담을 창조하는 가정이 아니라, 무한히 많은 가능한 아담 중에서 이 모든 정황들로 결정된 특정한 아담을 창조하는 가정이라고 말했다. 이것이 아르노 씨에게 근거가 없지는 않은 반박을 할 기회를 주었다. 즉 다수의 나 자신을 생각할 수 없는 것처럼, 아담을 단일한 존재로 이해할 때, 다수의 아담을 생각하는 것은 불가능하다는 것이다. 동의한다. 하지만 다수의 아담에 대해서 말했을 때, 나는 아담을 결정된 개체로 이해하지 않았다. 따라서 나의 생각을 설명할 필요가 있다. 내가 이해한 것은 이것이다. 사람들이 아담에게서 그의 술어 중 일부를 고찰할 때, 예를 들어 그는 기쁨의 정원에 놓인 최초의 인간이고 그의 늑골로 신이 여자를 창조했다는 것, 그리고 **일반성의 관점에서**sub ratione generalitatis (말하자면, 그의 개체성을 완성하는 이브와 낙원 그리고 다른 정황들은 거명하지 않고) 생각한 유사한 것들 그리고 이 술어들이 귀속되는 개인을 아담이라고 부르는 것, 이 모든 것은 개체를 결정하기에 충분하지 않다. 왜냐하면 무한히 많은 아담이 있을 수 있기 때문이다. 즉 이 모든 예들이 들어맞는, 서로 구별되는 가능한 개인들이 있을 수 있기 때문이다. 그리고 나는 아르노 씨가 하나의 동일한 개체의 다수성을 반박한 것에 대해 동의하지 않는 것이 아니라, 개체의 본성은 완전해야 하고 결정되어 있어야 한다는 것을 더 잘 이해시키기 위해서 내 스스로 그 다수성을 이용했던 것이었다. 나도 성 토마스가 이미 지성적인 것에 대해서 가르쳤던 것을 매우 확신하고 있으며, **수에서만**solo numero 다를 뿐 전적으로 유사한 두 개체가 존재하는 것이 불가능하다는 것은 일반적으로 인정된다고 생각한다.[47] 따라서 모든 인간사가 아담의 가정으로부터 도출되는지 결정하는 것이 문제일 때, 우리는 모호한 아담, 즉 아담의 특정한 속성을 소유하고 있는 개인을 생각해서는 안 되지만 아담에게 귀속될 수 있는 모든 것이 연역될 수 있는 그런 완전 개념은 그에게 귀속시켜야 한다. 이제 신이 아담에 대해서 그런 개념을 형성할 수 있다는 것, 더욱이 신은 가능성들의 나라pays des possibles,[48] 즉 신의 지성에서 아담을 전적으로 이미 형성된 것으로 본다는 것을 의심할 이유는 없다.

　더욱이 아담에게 다른 사건들이 일어난다면, 그는 우리의 아담

---

47) St. Thomas Aquinas, 『이교도대전(*Summa contra gentiles*)』, II, 9장; 『신학대전(*Summa theologiae*)』, I, 50, 4항 참조.

48) 라이프니츠는 신의 지성을 '가능성들의 나라'라고 표현한다. 이와 유사하게 다른 저작에서는 '가능성들의 영역' 혹은 '가능성들의 뿌리'라고 표현한다. 그리고 신의 정신은 '관념의 영역'이며 '진리의 영역'이라고 한다. 신을 필연적 존재이자 모든 가능성의 근원으로 보는 것은 라이프니츠의 고유한 신 개념이다. *Specimen inventorum de admirandis naturae generalis arcanis*: A VI, 4, 1618 참조.

이 아니라 다른 아담일 것이다. 왜냐하면 그가 다른 아담일 것이라고 말하지 못할 아무런 이유도 없기 때문이다. 따라서 그는 다른 아담이다. 제네바에서 가져온 이 사각 대리석을 그곳에 두었다해도 완전히 같은 대리석이라는 것은 분명하다. 우리의 감각은 단지 피상적으로만 판단할 수 있기 때문이다. 그러나 근본적으로 사물들의 연결로 인해서 전 우주가 그것의 모든 부분들과 완전히 다르고, 가장 작은 부분이라도 원래와 다르다면, 태초부터 다른 우주가 될 것이다. 따라서 사건들이 필연적으로 일어나는 것이 아니라이 가능한 우주의 개념이 이런 사물의 연쇄를 포함하도록 신이 선택한 후에는 사건들이 확실하게 일어난다는 것이다. 방금 말한 것이 아르노 씨의 동의를 얻을 수 있기를 바란다. 어떤 특정한 시간을 나타내는 직선 ABC를 가정해보자. 그리고 이 시간 동안 지속하거나 존속하는 특정한 개체적 실체, 예를 들어 나를 가정해보자. 우선 내가 시간 AB 동안 존속하고 또 시간 BC 동안 존속한다고 가정해보자. 사람들은 지속적으로 존재하는 것은 동일한 개체적 실체라고 가정하거나 아니면 시간 AB 동안에 존속하고 그때에 파리에 있는 것이 나이고, 시간 BC 동안 존속하고 그때에 독일에 있는 것 또한 나라고 가정할 것이다. 그렇기 때문에, 우리가 지속한다는 것, 즉 파리에 있었던 내가 현재 독일에 있다는 것을 정당하게 말할 수 있는 이유가 필히 있어야 한다. 만약 이유가 없다면, 내가 다른 사람이라고 말하는 것도 정당하기 때문이다. 나의 내적 경

험이 후험적으로ₐ posteriori 이 동일성을 확신하게 하지만, 선험적
à priori 이유 또한 있어야 한다. 이제 이전 시간과 상태에서 나의 속
성들과 이후 시간과 상태에서 나의 속성들이 하나의 동일한 주어
의 술어들이라는 것이 아닌 어떤 다른 이유를 찾는 것은 불가능하
다. 즉 '**그것들은 동일한 주어에 내재한다**insunt eidem subjecto.' 술어
의 개념이 어떤 방식으로든 주어의 개념에 포함되어 있다는 것이
아니면 술어가 주어에 있다는 것이 의미하는 것이 무엇이겠는가?
그리고 내가 현존하기 시작하면서부터 사람들은 실제로 나에게 이
런저런 일이 일어날 것이라고 말할 수 있기 때문에, 이 술어들은
주어에 혹은 나의 완전 개념에 포함된 법칙이라는 것을 인정해야
한다. 이런 나의 완전 개념은 나 자신이라고 부르는 것을 구성하
고 나의 다른 모든 상태를 연결하는 토대이자 신이 전 영원성에서
완전하게 인식하는 것이다. 이렇게 설명하고 나면 모든 의심들이
사라져야 한다고 생각한다. 왜냐하면 아담의 개체적 개념이 그에
게 언젠가 일어날 모든 일을 포함한다고 말할 때, 내가 말하고자
한 것은, 모든 철학자들이 "**참인 명제에서 술어는 주어에 내재한다**
praedicatum inesse subjecto verae propositionis."고 말할 때, 이해하고 있는
것과 다르지 않기 때문이다. 매우 명백한 학설의 결과가 역설적이
라는 것은 사실이다. 하지만 가장 명확한 개념들을 구하려고 충분
히 애쓰지 않는 것은 철학자들의 과실이다.

아르노 씨 또한 통찰력 있고 공정하기 때문에, 이제 나는 그가

나에게 전적으로 동의할 수는 없을지라도, 나의 주장을 매우 기이하게 여기지는 않을 것이라고 생각한다. 그가 동의할 것이라고 기대하기는 하지만 말이다. 우리가 사물의 개념에 대해서 무엇을 생각해야 하는지 알기 위해서 신의 지식을 참고할 때 신중할 필요가 있다고 그가 정당하게 덧붙인 것에 동의한다. 그러나 내가 방금 말한 것을 정확하게 이해하려면, 신에 대해서 우리가 '신은 필연적이다.'라는 것 이상을 말하지 않을 때에도 적용해야 한다. 왜냐하면 신은 자신이 창조하기로 결단한 아담을 고찰할 때, 아담의 모든 사건을 본다고 말하지 않더라도, 이 모든 사건을 포함하는 아담의 완전 개념이 반드시 있어야 한다는 것을 항상 입증할 수 있는 것으로 충분하기 때문이다. 아담의 모든 술어들은 같은 아담의 다른 술어들에 의존하거나 의존하지 않기 때문에, 다른 술어들에 의존하고 있는 것을 제외하고, 아담에게 언젠가 일어나야 하는 모든 일과 그것을 설명할 수 있기 위해서 필요한 것을 연역하기에 충분한 아담의 완전 개념을 형성하기 위해서는 다만 모든 근원 술어들을 함께 고찰하기만 하면 된다. 신이 아담의 모든 현상을 설명하기에 충분한 그런 개념을 고안할 수 있고, 또 실제로 생각한다는 것은 명백하다. 하지만 그런 개념이 그 자체로 가능하다는 것도 마찬가지로 명백하다.

사실 신의 지식과 의지에 대한 탐구에는 큰 난제들이 있기 때문에, 필요하지 않으면 그에 대한 연구에 깊이 몰두할 필요는 없다.

아르노 씨가 언급한 문제들에 관여하지 않아도 우리는 우리의 문제를 위해 도출한 것을 설명할 수 있다. 그는 신의 단순성이 그 단순성과 구별되어야 하는 것과 어떻게 조화 가능한지 이해하는 문제를 언급했고, 또 신이 소유할 수 없었을 지식, 즉 관조지science de la vision를 어떻게 신이 소유하는지 완전하게 설명하는 것을 더 어려운 문제로 언급했다. 왜냐하면 미래 우연적 일들이 현존하지 않는다면, 신은 그것에 대한 관조를 갖지 않을 것이기 때문이다. 그럼에도 신이 자신의 의지를 더하면 관조지가 되는, 미래 우연적 일들에 대한 단순지science simple를 소유하지 않을 수 없다는 것은 사실이다. 따라서 이 어려움은 아마도 신의 의지에 대한 문제로 환원될 것이다. 즉 어떻게 신이 의지의 자유를 가질 수 있는지에 대한 문제로 환원된다. 이것은 의심할 여지없이 우리의 이해를 넘어서는 것이다. 그리고 우리의 문제를 해결하기 위해 이해할 필요도 없다.

　신이 다수의 가능한 것들 중에서 최선을 선택할 때, 신의 작용을 우리가 어떻게 파악할 수 있는지에 대해 아르노 씨가 불명료하다고 보는 것은 당연하다. 그럼에도 그는 우리가 경향적으로 다음과 같이 파악한다고 인정하는 것 같다. 즉 무한하게 많은 가능한 최초의 인간이 있고 그 각각은 매우 많은 사람들과 사건들에 잇달아 연결되어 있으며, 신은 그중에서 자기 마음에 드는 것을 그것의 연쇄와 함께 선택한다는 것이다. 따라서 이것은 처음 그가 생각했던 것처럼 매우 기이한 것은 아니다. 아르노 씨는 이 순수하게 가능한 실체들이 단지 망상에 불과하다고 강하게 믿는다고 증언한다. 이에 대해서는 논쟁하지 않을 것이다. 하지만 이와 관계없이 내가 요구하는 것에 대해서는 그가 나에게 동의해주기를 바란다. 순수하게 가능한 것들에는 그것이 신의 지성에서 갖는 실재성 외에 어떤 다른 실재성도 없다는 것은 동의한다. 그리고 전에 아르노 씨가 주장하고 싶어 했던 것은 가능한 것들은 가능한 것들 자체에서 찾아야 한다는 것이었던 데 반해, 이를 통해 우리는 아르노 씨 자신도 순수하게 가능한 것들을 설명하기 위해서 신의 지식으로 되돌아가야 할 것이라는 점을 본다. 아르노 씨가 확신하고 있는 것을 나 또한 동의한다 해도 그리고 우리는 신이 이미 창조한 사물들에서 실제로 발견되는 관념들을 통하지 않고는 가능한 것에 대해서 아무것도 생각할 수 없다는 것을 내가 부정하지 않는다 해도 내 견해가 부정되는 것은 아니다. 왜냐하면 가능성에 관해서 말할 때 우리가 그것에 대해서 참인 명제를 만들 수 있다면 나는 만족하기 때문이다. 예를 들어, 세상에 완전한 사각형이 존재하지 않을지라도, 그것이 모순을 함축하지 않는다는 것을 아는 것에는 전혀 문제가 없다. 그리고 만약 순수하게 가능한 것을 절대적으로 거부하려 한다면, 그것은 우연성을 파괴하는 것이다. 왜냐하면 신이 이미 창조한 것 외에 어떤 것도 가능하지 않다면, 신이 어떤 것을 창조하기로 결단했을 때 신이 창조한 것은 필연적인 것이기 때문이다.

끝으로 나는 구의 속성을 판단하기 위해서 구의 종개념을 참조해야 하는 것처럼, 한 개체적 실체의 개념을 판단하기 위해서 내가 나 자신에 대해서 갖는 개념을 참조하는 것이 좋다는 것에 동의한다. 나의 개념과 다른 모든 개체적 실체의 개념이 불완전한 구의 종개념 같은 개념보다 무한하게 확장되고 이해하기 더 어렵기 때문에, 그 둘 간에 큰 차이가 있겠지만 말이다. 내가 나를 사고하는 실체로 감지하는 것만으로는 충분하지 않다. 내가 다른 모든 정신들과 구별되는 점이 분명하게 파악되어야 한다. 하지만 나는 그에 대해서 단지 혼란스러운 경험만을 가지고 있다. 말하자면, 지름의 길이는 구 일반의 개념에 포함되지 않는다는 것을 판단하는 것은 쉽지만 내가 가려고 의도한 여행이 나의 개념에 포함되는지 판단하는 것은 쉽지 않다. 그렇지 않으면 우리가 예언자가 되는 것이 기하학자가 되는 것처럼 쉬울 것이다. 내가 여행을 할지는 불확실하다. 하지만 내가 여행을 하든지 하지 않든지 나는 언제나 나 자신이라는 것은 확실하다. 이것은 판명한 개념이나 인식과 혼동해서는 안 되는 선견prevention이다. 우리의 실체에서 발견되는 전조와 표식은 우리에게 알려지지 않기 때문에 이 선견은 우리에게 결정되지 않은 것처럼 보인다. 이런 혼동은 운동이 아무리 미세하더라도 물질이 연장되는 거리만큼 멀리 전달된다고 말하는 사람들을 감각에만 의지하는 사람들이 그런 운동을 경험을 통해서 확인할 수 없다는 이유로 우습게 여기는 것과 다를 바 없다. 그들이 운동과 물질의 본성을 고찰한다면 이 운동을 확신할 것이다. 이것은 다음에도 적용된다. 우리가 각각의 개체적 개념에서 얻은 혼란스러운 경험에 의지하면, 우리는 사건들의 이 연결을 알아차리지 못한다. 하지만 그것에 포함된 일반적이고 판명한 개념을 고찰한다면, 그 연결을 발견한다. 실제로 내가 모든 참인 명제에 대해서 가지고 있는 개념을 살펴보면 필연적이거나 우연적인 모든 술어, 모든 과거, 현재, 미래의 술어가 주어 개념에 포함되어 있다는 것을 발견한다. 그리고 나는 그 이상 묻지 않는다. 심지어 나는 이것이 우리에게 화해의 길을 열어줄 것이라고 믿는다. 내가 생각하기에, 내가 주장한 연결을 아르노 씨는 내적이고 또 동시에 필연적이라고 이해했기 때문에 이 주장에 동의하기를 꺼려했다. 하지만 나는 이 연결이 내적이기는 하지만 결코 필연적인 것은 아니라고 생각한다. 왜냐하면 내가 지금까지 충분히 설명한 것처럼, 이 연결은 자유로운 결정과 행동에 근거를 두고 있기 때문이다. 나는 가장 우연적인 것들의 진리에 주어와 술어의 연결이 아닌 다른 연결을 이해하고 있는 것이 아니다. 즉 주어에는 항상 파악되어야 할 어떤 것이 있고, 그것은 왜 이 술어 혹은 사건이 그 주어에 속하는지 또 왜 이런 일이 일어나지 않는 것이 아니라 일어나는지 이유를 제공하는 데 사용된다. 그러나 이 우연적 진리의 이유는 필연적이 아니라 경향적이다. 따라서 내가 이 여행을 할 수 없을 것이라는 점은 참이다. 그러나 내가 여행을 할 것이라는 점은 확실하다. 이 술어 혹은 사건이 불완전하게 혹은 **일반성의 관점에서** 파악된 나의 다른 술어들과 확실하게 연결된 것은 아니다. 하지만 이것은 나의 완전 개체 개념과는 확실하게 연결되어 있다. 왜냐하면 나는 이 개념이 나에게 일어나는 모든 것을 연역할 수 있도록 의도적으로 만들어진다고 가정하기 때문이다. 이 개념은 **사물의 측면에서**a parte rei[49] 확실하게 존재하며 여러 상이한 상태에서도 나를 발견하게 하는 것은 바로 나 자신에 대한 개념이다. 이 개념만이 그것들 모두를 포괄할 수 있기 때문이다.

나는 아르노 씨를 매우 존경하고, 그의 판단에서 좋은 견해를 많이 얻는다. 그래서 그가 비난하는 것을 본 이후부터 나는 나의 견해, 적어도 나의 표현을 쉽게 신뢰하지 않는다. 그가 제기한 문제들을 정확하게 추적하고, 진심으로 그것에 답하려고 애쓴 것도 이런 이유 때문이다. 내 견해는 그의 견해와 크게 다르지 않은 것으로 보인다.

문제의 명제는 매우 중요하며 잘 정립되는 장점을 가진다. 이로부터 다음이 따라 나오기 때문이다. 신을 제외하고 모든 영혼은 다

---

49) 'a parte rei'는 주로 둔스 스코투스의 'distinctio formalis a parte rei' 이론에서 사용된 말로 스코투스는 이 말로 심리적 구별과 실재적 구별의 중간을 표현하려고 했다. 'a parte rei'를 그대로 직역하면 '사물의 측면에서' 혹은 '사물의 관점에서'이다. 메이슨은 'objectively'로 영역했다. 사물을 인식 대상으로 보면 '객관적으로'라는 번역도 적절하다. 역자는 문맥에 따라 '사물의 측면에서' 혹은 '객관적으로'라고 번역했다.

른 모든 사물에 의존하지 않는 하나의 세계 자체와 같다. 이 영혼들은 불멸하고, 말하자면 외부의 영향을 받지 않을 뿐만 아니라 자신에게 일어나는 모든 것의 흔적을 자신의 실체에 보존한다. 또한 이것으로부터 실체들의 교류 그리고 특별히 영혼과 물체의 합일이 어떤 것인지도 따라 나온다. 이 교류는 한 실체가 다른 실체에 물리적으로 영향을 준다는 통상적 가설 l'hypothese ordinaire에 따라 일어나지 않는다. 왜냐하면 한 실체의 모든 현재 상태는 자발적으로 spontainement 발생하고 단지 자신의 이전 상태의 결과일 뿐이기 때문이다. 이것은 또한 기회원인의 가설 l'hypothese des causes occasionelles에 따라 일어나지도 않는다. 이 가설에 따르면 신은 보통 각 실체를 그 진행 상태에서 보존하는 것과 다른 방식으로 개입하고 물체에서 어떤 것이 발생할 때 영혼에서 진행 과정을 변경하는 사유를 야기한다. 하지만 영혼은 그런 개입 없이도 그 자신으로부터 그런 진행 과정을 받아들일 것이다. 이 교류는 나에게는 확실해 보이는 공존의 가설 l'hypothese de la concomitance에 따라 일어난다. 다시 말해 각각의 실체는 그것의 고유한 관점 혹은 관계에 따라 우주의 모든 연쇄를 표현한다. 또한 이로부터 각 실체들은 서로서로 완전하게 일치한다. 그리고 사람들이 한 실체가 다른 실체에 작용을 가한다고 말할 때, 이것은 곧 수동적으로 작용하는 것의 분명한 표현이 줄어들고, 작용을 가하는 실체의 개념이 함축하고 있는 사고들의 연쇄와 일치하게 능동적으로 작용하는 것에서 분명한 표현이 증가한다는 것을 의미한다. 왜냐하면 모든 실체가 모든 것을 표현한다 해도, 실제에서는 실체들의 관계에 따라 작용을 가하는 실체에게 가장 탁월한 표현을 귀속시키는 것이 합당하기 때문이다.

끝으로 나는 아르노 씨에게 보낸 요약문에 있는 명제들이 이후에는 처음에 판단했던 것보다 더 이해하기 쉬울 뿐만 아니라 더 확고하고 더 중요하게 보일 것이라고 믿는다.

12. 라이프니츠가 아르노에게[50]
1686년 6월 하노버

아르노 씨께,

당신의 비난으로 혹평을 받는다고 생각할 때에도 저는 항상 당신의 높은 재능을 존경했습니다. 그 때문에 당신에게 큰 존경과 경의를 표시하지 않는 말은 어떤 것도 하지 않겠다고 굳게 결심했습니다. 그런데 지금 이것이 어떻게 된 것인지, 당신은 제가 받은 것

---

50) A Ⅱ, 2, 54~60; Fin. 106~118. [L: 초고, LBr. 16, Bl. 68~69] 이 서신은 아르노의 서신 7과 8에 대한 세 번째 반응으로 서신 13의 초안이라고 볼 수 있다. 물론 아르노에게 보내지 않았다. 이 서신은 GP에 빠져 있고 메이슨(Mason)도 번역하지 않은 서신이다.

이상으로, 그것도 너그럽게 되돌려줄 정도로 관대합니다. 또한 당신이 저를 좋게 여긴다는 믿음으로부터 오는 만족감은 제가 매우 소중하게 여기는 선정입니다.

당신이 저의 주장이라고 보았던 견해를 변론하기 위해서 제가 강하게 말하지 않을 수 없었던 것은, 제가 그 견해를 극도로 반대하고, 그만큼 당신이 그 견해에 대한 책임을 저에게 전가하는 것에 민감했기 때문입니다. 왜냐하면 저는 당신의 동의를 매우 중요하게 여기기 때문입니다.

저는 제 견해가 참이라는 것만큼이나 당신이 무고하다는 것도 잘 정당화할 수 있기를 바랐습니다. 하지만 이것이 절대로 필요한 것도 아니고 또 오류 그 자체가 신앙과 우정을 해하지도 않기 때문에, 같은 강도로 변론하지는 않겠습니다. 그리고 당신은 당신의 호의적인 편지에서 저의 답변 어느 곳이 아직도 당신을 만족시키지 못했는지 매우 분명하게 표시했습니다. 저는 동봉한 글에서 당신의 호의적인 편지에 답하면서[51] 당신이 저의 근거들을 새로 검토할 시간을 할애하기를 바라지는 않습니다. 당신에게 더 중요한 일이 있고 이런 추상적인 문제들에는 여유가 있어야 한다는 것은 쉽게 판단할 수 있는 일입니다. 하지만 당신이 어느 날 기분 전환하기를 원할 경우에는 시간을 낼 수 있을 것이라고 생각했습니다. 지금도

---

51) 아마 동봉한 글은 서신 11을 의도한 것으로 보이고, 편지는 서신 8을 가리킨다.

물론 마찬가지지만, 제가 오래전 당신의 시간을 사용하는 것과 관련해서 저의 특별한 특권보다는 공적 이익을 우선시하는 것을 배우지 못했다면 저는 저의 이익을 위해서 당신의 시간을 사용하려고 했을 것입니다. 저는 이런 점에서 당신의 편지를 이미 시험해보았습니다. 그리고 저는 이 문제의 내부로 더 깊이 들어갈 수 있고 이해하기 어려운 주제를 더 밝힐 수 있는 사람이 세상에 없다는 것을 잘 알고 있습니다. 그럼에도 당신은 저의 답변 어느 곳이 아직도 당신을 만족시키지 못했는지 매우 분명하게 표시해주는 선정을 베풀었기 때문에 제가 계속해서 저의 생각을 설명하는 것을 언짢게 생각하지 않을 것이라고 믿습니다.

하지만 당신을 저의 생각으로 끌어들이기 위해서는 수준을 더 높여서 제일 원리 혹은 진리의 근본 원리부터 시작할 필요가 있다고 봅니다. 저는 모든 **참인 명제**는 직접적이거나 간접적이라고 생각합니다. **직접 명제**는 그 자체로 참인 것, 즉 술어가 주어 안에 명백하게 포함되어 있는 것입니다. 그리고 이런 종류의 진리를 저는 동일 진리라고 부릅니다. **간접 명제**는 다른 모든 명제들, 즉 술어가 주어 안에 잠재적으로virtuellement 포함되어 있을 경우입니다. 따라서 이 명제들은 주어의 분석을 통해서, 혹은 주어와 함께 술어의 분석을 통해서 최종적으로 동일 진리로 환원될 수 있습니다. 그리고 이것이 아리스토텔레스와 스콜라 철학자들이 "술어는 주어에 내재한다praedicatum inesse subjecto."고 말할 때 알리고자 했던 것입니다. 또한 "원인 없이는 아무것도 존재하지 않는다nihil est sine causa."는 공리, 또 "이유가 주어질 수 없는 것은 아무것도 없다nihil est cujus non possit reddi ratio."는 공리가 여기에 속합니다. 즉 모든 법률적 진리 verité de droit 혹은 사실의 진리는 주어와 술어의 연결을 알게 되면 선험적으로 증명될 수 있습니다. 특히 사실의 문제에서 이 연결을 분명하게 인식하는 것은 대부분 신에게만 속하고, 유한한 정신은 후험적으로, 경험을 통해서만 인식합니다.[52]

제가 방금 말한 것은 제 견해에 따르면 진리 일반의 본성입니다. 이것이 아니라면 저는 진리가 무엇인지 알지 못합니다. 왜냐하면 우리의 경험은 진리의 원인이 아니라 진리의 표식marques이고 진리는 우리와 관계없이 그 자체로 진리에 속하는 어떤 일반 본성을 가지고 있어야 하기 때문입니다. 저는 지금 이런 취지에 더 나은 것을 생각할 수 없으며, 제가 방금 설명한 것보다 사람들은 물론, 우리 모든 철학자들의 생각들에도 더 일치하는 것을 생각할 수 없습니다. 하지만 사람들은 이 문제에서 그들이 생각하는 것보다 더 멀리 잇달아 있는 연쇄에 대해서 충분히 고찰하지 않는 것 같습니다. 동일 진리가 아닌 모든 진리도 그것의 근거나 증거를 선험적으로 가지고 있기 때문에, 이 진리 일반의 본성은 영원한 진리에서뿐만 아니라 사실의 진리에서도 인정되어야 합니다. 차이는 단지 영

---

52) 라이프니츠, 『모나드론』 33~36항 참조.

원한 진리에서는 주어와 술어의 연결이 필연적이고 본질의 가능성 혹은 불가능성에 의존하거나 아니면 신의 지성에 의존한다는 것이고, 사실의 진리 또는 현존의 진리에서는 이 연결이 우연적이고 부분적으로 신의 의지에 의존하거나 혹은 어떤 다른 이성적 피조물에 의존한다는 것입니다. 영원한 진리들은 명사terme(名辭)의 정의 혹은 명사의 관념들에 의해서 증명되고, 우연적 진리들은 정확하게 말하자면 증명demonstration을 가지지 않습니다. 하지만 그것은 왜 사물이 다르게 발생하지 않고 그렇게 발생했는지 확실하게 알 수 있게 하는 선험적 증거나 근거를 가지고 있지 않으면 안 됩니다. 그리고 이 근거를 설명하기 위해서 결국 자유 원인의 의지 작용으로, 특히 신의 결정으로 거슬러 올라가야 합니다. 가장 일반적인 신의 결정은 피조물이 신의 지혜와 능력을 인식할 수 있는 만큼 인식하도록 하는 것입니다. 제 견해에 따르면, 이것이 모든 현존의 진리 혹은 사실 진리의 원리입니다. 왜냐하면 신은 무한하게 많은 가능한 것에서 최선을 선택하기 때문입니다. 자유와 원인 혹은 확실성의 조화는 여기에 있습니다. 신은 최고로 지혜롭기에 최선을 선택하는 데 부족함이 없기 때문입니다. 하지만 신은 자유롭게 선택하지 않을 수 없습니다. 그 이유는 신이 선택한 것은 필연적인 것이 아니며 그것의 본질 혹은 개념에 신의 결정과 독립적으로 현존을 포함하지 않기 때문입니다. 또한 신은 반대로도 선택할 수 있습니다. 그렇지 않다면 모순을 포함할 것이기 때문입니다.

따라서 사실 명제에서 술어가 주어 안에 포함되어 있다고 가정했을 때, 신의 자유로운 결정에 의존하는 연결을 통해서이기는 하지만 모든 개인 혹은 다른 개체적 실체의 개념이 언젠가 그에게 일어날 모든 일을 한 번에 포함한다는 것은 명백합니다. 이 개인은 주어로 사건은 술어로 간주할 수 있기 때문입니다. 이제 우리는 참인 명제의 모든 술어가 주어에 포함되어 있다는 것, 혹은 주어의 개념은 술어의 개념을 포함해야 한다는 것을 정립했습니다. 이로부터 다음이 따라 나옵니다. 철학자들이 보통 **외적 명명** denominationem extrinsecam이라고 부르는 것은 **주어의 개념으로부터** 증명 가능하다는 것, 하지만 그것은 평범한 사람들은 알 수 없는 모든 사물의 일반적 연결에 의해서 증명 가능하다는 것입니다. 왜냐하면 사람들은 우주의 가장 작은 입자의 가장 적은 움직임이 우주 전체와 관계하고 있다는 것을 이해하지 못하기 때문입니다. 크고 작음이 비율을 변화시키기 때문에 이 운동 관계가 비율로 보아 덜 감지되기는 하지만 말입니다. 결국 이 중요한 원리로부터 다음이 따라 나옵니다. 모든 개체적 실체 혹은 모든 완전한 존재는 각각이 하나의 세계와 같다는 것, 그리고 각각의 실체는 한 실체가 다른 실체에 직접적으로 작용하는 방식이 아니라 **사물의 공존을 통해서**ex concomitantia rerum 그리고 자신의 고유한 개념에 의해서 자신 안에 다른 모든 실체의 모든 사건을 포함한다는 것입니다. 신은 우선 나머지 모든 피조물들과의 완전한 관계에서 한 실체를 창조하고 보존하며 또 연속적으로 생산하기 때문입니다.

사실상 개체적 실체의 개념 혹은 완전한 존재의 개념이란 사람들이 그 주어에 귀속시킬 수 있는 모든 것을 그 개념으로부터 연역하기에 충분한 완전 개념 외에 다른 것이 아닙니다. 그리고 이것을 결여하고 있는 것은 불완전한 개념입니다. 예를 들어, '왕이다'라는 개념은 불완전합니다. 사람들이 임의의 어떤 주어에 대해서 말할 수 있는 것은 그 주어로부터 연역할 수 없어도 이 개념을 그 주어에 귀속시킬 수 있기 때문입니다. 예를 들어, 왕이기 위해서 '정복자이다'라는 것은 귀결되지 않습니다. 그러나 알렉산더 대왕의 개념은 완전합니다. 왜냐하면 이것은 사람들이 주어에게 (말하자면, 그에게) 귀속시킬 수 있는 모든 것과 그를 다른 모든 개체와 구별하는 모든 것을 포함하는 이 개인의 개체적 개념 자체이기 때문입니다. 이로부터 또한 다음이 따라 나옵니다. 모든 개체는 마치 **최하위의 종**species plane infima처럼 이해할 수 있고, **수에서만** 다를 뿐 완전하게 유사한 두 개체가 존재하는 것은 불가능하다는 것입니다. 이것은 또한 성 토마스가 이미 지성적인 것들에 관해서 주장했던 것이며 저 자신도 이것이 모든 개체적 실체에 필수적이라고 생각합니다. 하지만 우리는 종차difference specifique를 일반적 용법에 따라 이해해서는 안 됩니다. (일반적 용법에 따라 '두 인간은 종적으로 다르다.'라고 말하는 것은 불합리합니다.) 종적 차이는 수학자들의 용법에 따라서, 즉 유사하지 않은 두 삼각형 혹은 두 타원은 종적으로 다르다는 것에 따라서 이해해야 합니다. 비록 제가 불완전한 개념에 완전한 유사성이 존재한다는 것에 동의하더라도, ―예를 들어 우리는 완전하게 유사한 두 개의 도형을 생각할 수 있습니다―제가 주장하는 것은, 앞에서 말한 원리에서 명백하게 도출한 것처럼, 이것이 실체들에서는 있을 수 없다는 것입니다.

그러나 이 원리의 가장 주목할 만한 결과 중 하나는 실체들이 서로 교류하는 방식에 대한 설명입니다. 특히 영혼이 어떻게 물체에서 일어난 일을 알게 되는지 그리고 반대로 어떻게 물체가 영혼의 의지를 따르는지에 대한 설명입니다. 데카르트는 영혼이 물체의 특정한 운동에 따라 감정을 느끼고, 물체는 영혼의 특정한 감정에 따라 운동하는 방식으로 신이 원했다고 말하는 데 만족했을 뿐 그것을 해명하려고 시도하지 않았습니다. 그의 후학들은 보편적 원인에 의지했고, 신이 영혼에 물체의 운동에 상응하는 감정을 만든다고 주장했습니다. 이것은 기적에 호소한 것입니다. 하지만 지금 여기 있는 설명은 가설이 아니며 제 생각으로는 증명입니다. 왜냐하면 한 개체적 실체는 언젠가 그에게 일어날 모든 일을 포함하고 있기 때문에, 저의 다음 상태는 (우연적일지라도) 저의 이전 상태의 결과이며, 이 상태는 공존의 가설l'hypothese de la concomitance에 따라서 다른 창조된 존재들의 상태와 항상 조화를 이룰 것이기 때문입니다. 이 가설은 모든 것의 원인인 신이 실체들 간의 완전한 관계에 대한 결단을 통해서 작용한다는 것에 의해서 해명됩니다. 따라서 물리적 원인에 대한 통상적 가설l'hypothese vulgaire인 물체의 압력 작용에 호소할 필요도 없고, 신이 정립한 법칙에 따라 연속적으로 모든 사물을 보존하는 것과는 다른, 기회원인의 가설인 신의 개별적 작용에도 호소할 필요가 없습니다. 모든 것은 공존만으로 충분하기 때문입니다.

저의 고유한 생각들에 대한 애착으로 제가 오류에 빠진 것이 아니라면, 영혼의 불멸성을 완전히 반박할 수 없을 정도로 이보다 더 강하게 논증하는 것은 쉽지 않다고 생각합니다. 신이 영혼을 파괴하지 않는다면 신을 제외하고 영혼에게 영향을 주는 것은 없으므로 영혼을 파괴할 수 있는 것은 없을 것이기 때문입니다. 그리고 또 이로부터 다음이 따라 나옵니다. 비록 영혼이 자신에게 일어난 모든 일을 기억하는 기회를 항상 갖지 못하더라도, 그것의 흔적들을 영구히 보존할 것이라는 점 말입니다. 이 흔적들은 절대적으로 물체와 독립적이며, 영혼에 일어나는 나머지 모든 일은 사실상 우주의 거울과 마찬가지일 뿐만 아니라 신의 전지전능함에 대한 개별적 표현과 다를 바 없습니다. 한 영혼이 다른 영혼보다 더 분명하게 표현할지라도, 영혼은 모든 일을 표현하고, 비록 한 영혼이 다른 영혼보다 덜 왜곡되더라도, 모든 것은 영혼의 의지와 일치하기 때문입니다.

하지만 우리는 지성이나 영혼이 없는 개체적 실체들에 대해서 어떻게 말합니까? 동물 영혼의 문제와 마찬가지로 이 문제에 대해서도 저는 충분히 만족할 만한 답을 제시할 수 없다는 것을 인정합니다. 이것은 사실의 문제이며 해결하기 어렵습니다. 어쨌든 물체가 실체일 때 물체는 필연적으로 영혼에 상응하는 어떤 것 그리고 철학자들이 실체적 형상forme substantielle이라고 부르는 것을 그 안에 가지고 있습니다. 왜냐하면 제가 방금 제시한 실체 개념에 따르면, 연장과 그것의 변용은 실체를 구성할 수 없으며, 만약 물체에 단지 연장과 그것의 변용만 있다면, 사람들은 물체는 실체가 아니라 무지개와 같은 실제적 현상이라는 것을 증명할 수 있기 때문입니다. 그러므로 물체가 실체인 경우에는, 데카르트주의자들은 반대하겠지만, 반드시 실체적 형상을 복원해야 합니다. 일반 자연학에서 허용되어야 하는 이 형상은 사실상 현상들에 아무런 변화도 일으키지 않을 것입니다. 따라서 사람들은 신이나 어떤 다른 일반 원인에 의지할 필요가 없는 만큼 형상에 의지하지 않아도 언제나 현상들을 설명할 수 있습니다. 개별적인 경우에서는 개별적인 이유, 즉 신이 정립한 수학 법칙 혹은 기계 법칙을 적용해서 설명해야 하기 때문입니다.

이 엔텔레키Entelechie 혹은 물체에 있어 능동과 수동의 원리는 사람들이 형상이라고 부르는 것입니다. 이 형상이 기억 혹은 의식을 결여하고 있을 때, 처벌과 보상을 가능하게 하는 도덕에서 하나의 동일한 개인을 구성하는 것을 가질 수 없을 것입니다. 이것은 매우 큰 특권을 가지고 있는 이성적이고 지성적인 영혼에만 마련됩니다. 그리고 지성적 실체 혹은 개인은 우주보다는 신을 더 표현하고, 반대로 물체는 신보다는 우주를 더 표현한다고 말할 수 있습니다. 왜냐하면 신 자신이 다른 실체들보다는 개인과 더 개별적으로 소통하며 개인들과 함께 하나의 사회를 형성하는 하나의 지성적 실체이기 때문입니다. 이 사회는 우주 공화국이며 그곳의 군주는 신입니다. 이 공화국은 가능한 한 가장 완전하고 행복합니다. 이것은 신이 계획한 주요 작품이며, 사실상 다른 모든 피조물들은 주로 신이 정신에 드러나도록 하는 이 영광의 광채에 기여하기 위해서 만들어졌다고 말할 수 있습니다.

13. 라이프니츠가 아르노에게[53)
1686년 7월 14일 하노버

1686년 6월 초
아르노 씨께,

당신의 비난으로 혹평을 받는다고 생각할 때에도 저는 항상 당신의 높은 재능을 존경했습니다. 그 때문에 당신에게 큰 존경과 경의를 표시하지 않는 말은 어떤 것도 하지 않겠다고 굳게 결심했습니다. 그런데 지금 이것이 어떻게 된 것인지, 당신은 제가 받은 것이상으로, 그것도 너그럽게 되돌려줄 정도로 관대합니다. 이것은 제가 매우 소중하게 여기는 선정입니다.

당신이 저의 주장이라고 보았던 견해를 변론하기 위해서 제가 강하게 말하지 않을 수 없었던 것은, 제가 그 견해를 극도로 반대하고, 그만큼 당신이 그 견해에 대한 책임을 저에게 전가하는 것에 민감했기 때문입니다. 왜냐하면 저는 당신의 동의를 매우 중요하게 여기기 때문입니다. 저는 제 견해가 참이라는 것만큼이나 당신이 무고하다는 것도 잘 정당화할 수 있기를 바랐습니다. 하지만 이것이 절대로 필요한 것도 아니고 또 오류 그 자체가 신앙과 우정을 해하지도 않기 때문에, 같은 강도로 변론하지는 않겠습니다. 그리고 당신은 당신의 호의적인 편지에서 저의 답변 어느 곳이 아직도 당신을 만족시키지 못했는지 매우 분명하게 표시했습니다. 저는 동봉한 글에서 당신의 호의적인 편지에 답하면서 당신이 저의 근거들을 새로 검토할 시간을 할애하기를 바라지는 않습니다. 당신에게 더 중요한 일이 있고 이런 추상적인 문제들은 여유가 있어

---

53) A II, 2, 60~66; GP II, 59~63; Fin. 118~128; Mas. 67~72. [L: 초고, LBr. 16, Bl. 66~67] 이 서신은 아르노의 서신 7과 8에 대한 네 번째 반응이다. 앞의 서신 12를 다시 쓴 것으로 실제로 아르노에게 보내졌다. 또한 라이프니츠는 이 서신을 출판을 계획했던 서신집에 두 번째 서신으로 사용하려고 했다. 이 서신의 초고(L)에는 서신의 집필 날짜가 1686년 6월 초로 되어 있지만, 아카데미 판 편집자는 발송 사본에 있는 날짜, 1686년 7월 14일을 따랐다.

야 한다는 것은 쉽게 판단할 수 있기 때문입니다. 그러나 이 추상적 개념에서 도출될 수 있는 놀라운 결과로 인해서, 당신이 어느 날 기분 전환하기를 원할 경우에는 시간을 낼 수 있을 것이라고 생각했습니다. 저는 저의 이익을 위해서 그리고 저의 요약문에 있는 몇몇 중요한 진리들을 해명하기 위해서 이것을 바랐습니다. 당신의 판결을 통해서 그에 대한 동의를 얻거나 적어도 그것의 무결함이 인정되는 것은 저에게는 중요합니다. 말하자면 제가 오래전 저의 특별한 특권보다는 (당신의 시간을 사용하는 것에 전혀 다르게 관련되는) 공적 이익을 우선시하는 것을 배우지 못했다면, 물론 여기서도 마찬가지지만 저는 저의 이익을 위해서 당신의 시간을 사용했을 것입니다. 저는 이런 점에서 당신의 편지를 이미 시험해보았습니다. 그리고 저는 이 문제의 내부로 더 깊이 들어갈 수 있고 이해하기 어려운 주제를 더 밝힐 수 있는 사람이 세상에 없다는 것을 잘 알고 있습니다.

아르노 씨, 제가 당신께 친절을 베풀어주시기만을 부탁했을 때, 당신이 저를 정당하게 평가하려고 했던 방식에 대해서 저는 무거운 마음으로 말합니다. 그 방식은 저를 혼란으로 가득 차게 합니다. 그리고 제가 단지 이렇게 말하는 것은 저를 크게 깨우쳤던 이 관대함에 제가 얼마나 민감한지 보여드리기 위해서입니다. 저는 그 관대함이 적을수록 더 민감합니다. 그리고 보통 다른 이들의 판단뿐만 아니라 자신의 판단으로부터도 자신을 보호한다는 평판을 듣는 일급 정신의 사상가에게서 관대함이 적을수록 더 민감합니다. 당신은 저에게 용서를 구했습니다. 그리고 당신이 우선 동의한 것처럼 보이기 때문에, 저는 결과를 가치 있게 하기 위해서 그리고 당신의 우정에 대한 존경을 항상 유지하기 위해서 최대한 이 선정을 인정하려고 할 것입니다. 당신의 우정은 훨씬 더 소중한 것으로 평가되어야 합니다. 그것이 당신을 매우 그리스도적이고 매우 고상한 견해에 따라 행동하게 했기 때문입니다.

저는 당신을 만나는 영광을 얻은 후부터, 저의 몇몇 고찰들을 당신에게 말하지 않고 이 기회를 그냥 넘겨버릴 수 없었습니다. 다른 무엇보다 저는 법학에서 많은 성찰을 했습니다. 그리고 확고하고 유용한 것을 정립할 수 있을 것으로 보입니다. 이것은 (독일에 결여되어 있고 아마 프랑스에도 결여되어 있는) 확고한 법체계를 얻기 위해서이며 또 빠르고 좋은 재판 형식을 정립하기 위해서입니다. 이제 루이 법전Le Code Louis[54]을 편집했던 사람이 한 것과 같이 전문 용어들이나 날짜의 사전 확정, 그리고 다른 조건들에 엄격한 것으로 충분하지 않습니다. 유익한 소송을 종종 형식적인 문제 때문에 패하게 하는 것은 흔히 팔과 다리를 절단하는 외과의사의 치료 방법과 같은 법정의 치료책이기 때문입니다. 왕이 법정 분규에 대한 개혁에 다시 힘을 기울이라고 했다고 합니다.[55] 그리고 저는 어떤 중대

----

54) 루이 13세하에서 편찬된 법전.

한 조치가 있을 것이라고 믿습니다.

저는 영주의 명령으로 자주 갔던 우리나라의 광산 때문에 광산 분야에도 호기심이 있었습니다.[56] 그리고 저는 금속의 생성뿐만 아니라 금속의 현재 방식, 그리고 금속이 어떤 물체에 사용되는지에 관해서도 몇 가지 발견을 했다고 생각합니다.[57] 예를 들면, 저는 석판을 만드는 방법을 보여줄 수 있습니다. 그 외에 저는 브라운슈바이크 가문의 역사에 관한 기록들과 증서들을 모았고,[58] 최근에는 「성자로 알려진 하인리히 2세 황제에 의해 설립된 힐데스하임 교구의 경계에 관한」 공문서를 읽었습니다. 저는 여기서 "그의 부인과

---

55) 루이 14세가 내린 법 개혁에 관한 교지를 가리킨다.
56) 라이프니츠는 하르츠 은 광산에서 풍차를 이용해 지하수를 퍼냈다고 전해진다.
57) 라이프니츠의 이 발견은 먼저 "Protogaea"(*Acta Eruditorum*, 1693, 40~42)로 알려졌고, 이후 관련된 전체 원고는 사후에 출판되었다. *Protogaea sive de prima facie telluris ey antiquissimae historiae vestigiis in ipsis naturae monumentis dissertatio*, ed. Christian Ludwig Scheidt(Göttingen, 1749). 자연과학사 혹은 지질학사 연구에서 주목하는 이 저작은 이후 독일어, 프랑스어, 영어로 번역되었다. 독일어 번역은 *Protogaea*, Wolfgang von Engelhardt 편역(Stuttgart, 1949); 프랑스어 번역은 *Protogaea*, Jean-Marie-Barrande 편역(Toulouse, 1993); 영어 번역은 *Protogaea*, Claudine Cohen and Andrew Wakefield 편역(Chicago, 2008) 참조.
58) 1685년 라이프니츠는 에른스트 아우구스트 공작(Herzog Ernst August)에게서 브라운슈바이크-루네부르크(Braunschweig-Lüneburg) 가문의 역사를 집필하는 임무를 받았고, 이 임무는 1707~1711년에 하노버에서 발간된 세 권의 책 *Scriptores rerum Brunsvicensium*에 담겨 있다.

그의 왕족 후손의 보호를 위하여"라는 말에 주목하고 놀랐습니다. 이것은 그가 그의 부인, 성 쿠네군다(St. Cunigonde / Cunegunda)와 동정을 지켰다고 하는 일반적인 믿음에 상당히 배치되어 보입니다.

더욱이 저는 때때로 형이상학이나 기하학에 관한 추상적인 사유를 즐겼습니다. 저는 탄젠트 계산에 관한 새로운 방법을 발견했고 라이프치히의 저널에 출판했습니다.[59] 아르노 씨, 당신도 알다시피 후드 씨[60]가 이 주제를 매우 진척시켰고 그 이후 슬루시우스 씨[61]가 이 주제를 진척시켰습니다. 하지만 두 가지가 부족합니다. 하나는 분수와 무리수에 알려지지 않은 것 혹은 결정되지 않은 것이 포함될 때, 그들의 방법을 사용하기 위해서는 그것들을 제거해야 하고, 그래서 계산도 매우 불편하고 때로는 계산하기 어려울 정도로 장황하고 길어집니다. 반면에 저의 방법은 분수에서도 무리수에서도 전혀 문제가 없습니다. 이런 이유로 영국인들도 저의 계산법을 매우 높이 평가했습니다. 기존 탄젠트 계산법에서의

---

59) 이것은 1684년 10월 *Acta Eruditorum*이라는 학술지에서 출판한 "Nova Methodus pro maximis et minimis"(GM V, 220~226)를 가리킨다.

60) J. Hudde, *Epistola secunda de maximis et minimis*, in: R. Descartes, *Geometria*, F. von Schooten (ed.) (Amsterdam 1659), 507~516.

61) R. Fr. de Sluse, "Extract of a letter……concerning hiss short and easie Method of drawing Tangents to all Geometrical Curves without any labour of Calculation", in: *Philosophical Transaction*, N. 90, 1월, 1673, 5143~5147.

또 다른 결함은 이 방법이 데카르트 씨가 **역학적**Mechaniques[62] 선이라고 부르고 저는 **초월적**Transcendentes[63] 선이라고 부르는 선에서는 작동하지 않는다는 것입니다. 반면에 저의 방법은 그 부분에서도 똑같이 적용되며, 저는 그 계산법으로 사이클로이드곡선Cycloide의 탄젠트 또는 그런 종류의 다른 선의 탄젠트도 계산할 수 있습니다. 저도 이런 선들을 계산할 수 있는 방법을 일반에 제공하려고 합니다. 그리고 데카르트 씨도 말했지만, 저는 기하학에서 이런 계산 방법이 인정되어야 한다고 생각합니다. 제가 그렇게 생각하는 이유는 차수가 없거나 아니면 차수 자체를 물어야 하는 해석학적 문제들이 있기 때문입니다. 예를 들면, 직선에서 직선으로 공약불가능한incommensurable 비율로 각을 분할하는 것, 이 문제는 평면도 입체도 3차원 이상도 아닙니다. 그럼에도 이것은 문제이며, 저는 이것을 초월적이라고 부릅니다. 다음의 것이 이런 문제입니다. $\chi^{\chi} + \chi = 30$과 같이 알려지지 않은 것 χ가 지수로 있는 그리고 방정식의 차수 자체도 물어야 하는 방정식을 푸는 것입니다. 이 문제에서 χ가 3이라는 것은 쉽게 알 수 있습니다. 왜냐하면 $3^3 + 3$ 혹은 27 + 3은 30이기 때문이다. 그러나 이런 방정식을 푸는 것이 항상

---

62) R. Descartes, *Geometria*, II (A.T. VI, 388~396) 참조.

63) Leibniz, "De vera propositione circuli ad quadratum circumscriptum in numeris rationalibus expressa", in: *Acta Eruditorum*, 2월, 1682, 41~46 참조.

그렇게 쉬운 것은 아닙니다. 특히 지수가 유리수가 아닐 때는 말입니다. 그리고 사람들은 이것에 적합한 선과 장소에 의지해야 하며, 그에 따라서 기하학에서 반드시 인정되어야 합니다. 제가 보기에, 데카르트가 기하학에서 배제하려고 한 선들이 대수방정식에서는 모든 차수를 사실상 넘어서지만 해석학Analyse과 기하학Geometrie에서는 그렇지 않은 방정식에 의존하고 있습니다. 따라서 저는 데카르트가 인정한 선들을 **대수학적**Algebraicas 선이라고 부릅니다. 왜냐하면 이것은 대수방정식의 어떤 특정한 차수에 관한 것이기 때문입니다. 그리고 제가 계산하고 점을 통해서든 운동을 통해서든 그 구조 또한 보여준 다른 선들은 **초월적**Transcendentes 선입니다. 그리고 제가 그렇게 말할 수 있다면, 저는 이 계산법을 통해서 **헤라클레스의 기둥을 넘어**[64] 해석학을 발전시키려고 합니다.

그리고 형이상학과 관련해서 저는 두 개의 근원적 진리만을 가정한 채 기하학적인 증명을 하려고 합니다.[65] 첫째는 모순율입니다.

---

64) "ultra Herculis columnas." 그리스 신화에 따르면 헤라클레스는 유럽 대륙과 북아프리카 사이, 지중해와 대서양이 연결된 곳에 두 개의 기둥을 세우고 이 두 기둥 너머에는 머리가 셋이고 팔과 다리가 6개인 괴물이 있다고 이 기둥을 넘지 말라고 했다. 이 그리스 신화에 따라 '헤라클레스의 기둥'은 인간이 넘어서는 안 되는 한계를 의미하는 것으로 알려졌다. 베이컨은 근대 학문의 진보를 주장하면서 헤라클레스의 두 기둥을 넘어 항해하는 그림을 자신의 저작 『대개혁(*Instauratio magna*)』의 표지로 사용했다.

65) 라이프니츠가 이런 관점에서 쓴 중요 저작은 *Specimen inventorum de admirandis*

두 개의 서로 모순되는 것들이 동시에 참일 수 있다면 모든 추론은 쓸모없어질 것이기 때문입니다. 둘째는 근거 없이 아무것도 존재할 수 없다는 원리 혹은 모든 진리는 명사들의 개념notion des termes 에서 도출되는 **선험적** 증거를 갖는다는 것입니다. 비록 우리에게 항상 이런 분석에까지 도달하는 능력이 있는 것은 아니라도 말입니다. 저는 모든 기계론을 하나의 단일한 형이상학의 명제로 환원합니다. 그리고 저는 기하학적 형식으로 된 주목할 만한 다수의 명제들을 가지고 있습니다. 이 명제들은 원인과 결과에 관한 것이고 제가 정의한 유사성에 관한 것입니다. 이 정의를 이용하면 유클리드가 장황하게 증명한 많은 진리들이 쉽게 증명됩니다.[66]

더욱이 저는 증명의 끝에 이르렀을 때 항상 자신의 관념에 호소하는 이들과 모든 명석 판명한 개념은 좋다는 원리를 오용하는 이들의 방식을 그리 인정하지 않습니다. 저는 판명한 인식의 표식에 이르러야 한다고 주장합니다. 우리는 종종 관념 없이도 (문제가 되는 관념의 자리에) 기호caracteres를 사용하면서 사유하고 그 기호의 의미를 안다고 잘못 가정하고 우리 스스로가 불가능한 환영을 만

---

naturae generalis arcanis (A VI, 4, 1615~1630)이다.

66) 라이프니츠가 유사성 개념과 유클리드의 정리를 자세하게 다룬 것은 De analysi situs (GM V, 178~183)이다. 관련된 유클리드의 정리는 『원론(*Elementa*)』, VI, 19항 참조.

들어내기 때문에,[67] 저는 참된 관념의 표식은 가능성을 증명할 수 있는 것이라고 주장합니다. 우리가 그것의 원인 혹은 근거를 이해한다면 **선험적으로** 입증할 수 있는 것이고, 그것이 자연에서 실제로 발견된다는 것을 경험이 알려줄 때 **후험적으로** 입증할 수 있는 것입니다. 이런 이유에서 저에게 실재적 정의란 우리가 정의된 것이 가능하다는 것을 알 때입니다. 다른 경우 정의는 명목적일 뿐이며, 우리는 이것을 신뢰해서는 안 됩니다. 왜냐하면 정의된 것이 우연히 모순을 포함할 경우, 우리는 하나의 동일한 정의로부터 두 개의 서로 모순되는 것을 도출할 수 있기 때문입니다. 그러므로 당신이 말브랑슈 신부와 다른 이들에게 참인 관념들과 거짓 관념들을 구별해야 하고 명석 판명한 이해력intellection[68]을 구실로 상상력에 너무 큰 역할을 부여해서는 안 된다는 것을 알려준 것은 매우 합당한 것이었습니다.[69]

---

67) DM: 23항; NE III, 3, 15~18항 참조.

68) 사본에는 'intellection' 대신 'conception'으로 나타난다. 라이프니츠는 명석 판명한 개념을 형성하는 지성의 이해력이나 지성의 작용을 표현하려고 한 것으로 보인다.

69) 여기서 라이프니츠가 가리키는 것은 아르노의 책, *Des vrayes et des fausses idées, contre ce qu'enseigne l'auteur de la Recherche de la verité*(Köln, 1683), 1장이다. 이 논쟁과 관련해서 라이프니츠는 1684년 11월 *Acta eruditorum*에 「인식, 진리, 관념에 대한 성찰(Meditationes de cognitione, veritate, et ideis)」(A VI, 4, 585~592)을 발표했다.

그리고 저는 모든 종류의 사유, 특히 그 결론이 신학에까지 확장되는 사유를 당신보다 더 잘 검토할 수 있는 사람을 아직 알지 못합니다. 그리고 이런 취지에 요구되는 필수적 통찰력과 보편적 혜안을 가지고 있는 사람은 매우 귀하며, 당신이 지금 저에게 보여준 것 같은 그런 공정함을 가진 사람도 매우 드물기 때문에, 저는 신이 당신을 오랫동안 보호하기를 그리고 다시 얻기 쉽지 않은 구원을 우리에게서 너무 빨리 빼앗아 가지 않기를 기도합니다. 아르노 씨 진정 어린 열정과 함께……

14. 라이프니츠가 아르노에게[70]
1686년 7월 14일 하노버

아르노 씨께,

저는 당신의 판단을 매우 존중하기 때문에, 저에게는 중요하지만 당신에게는 기이하게 보였던 이 명제, 즉 "모든 개인의 개체적 개념은 언젠가 그에게 일어날 모든 일을 한 번에 포함한다."는 명제에 대한 저의 해명을 본 후 당신이 온건하게 비판하시는 것을 보니 기뻤습니다. 당신은 이 명제에서 먼저 다음 결론을 도출했습니다. 신이 아담을 창조하는 결단을 내렸다는 이 유일한 가정으로부터 아담과 그의 후손에게 일어나는 나머지 모든 인간사는 운명적 필연성에 따라 일어날 것이다. 그리고 신은 저를 창조하는 결단을 내린 후 사유할 수 있는 존재를 창조하지 않을 수 있는 것만큼이나 그 사건들을 정하는 자유도 갖지 않는다.

이에 대해서 저는 다음과 같이 답했습니다. 전 우주에 관한 신의 계획은 그의 최고의 지혜에 부합해 서로 연결되어 있기 때문에, 신이 아담과 연결되어 있는 모든 것에 대해 결단을 내리지 않은 채 아담에 대해 어떤 결단을 내릴 수는 없다고 말입니다. 따라서 신이 인간사 모든 것을 결정한다는 것은 아담에 대해 내린 결단 때문이 아니라 나머지 모든 것에 대해 동시에 내린 결단 때문입니다. (그 모든 것에 대한 결단과 더불어 아담에 대해 내린 결단은 완전한 관계를 함축합니다.) 제가 보기에 여기에는 운명적 필연성도 없고 신의 자유에 반하는 것도 없으며, 자신이 결단한 것을 행하는 신과 관련되어 있는, 일반적으로 인정되는 이 가설적 필연성에도 신의 자유에 반하는 것은 없습니다.

---

70) A II, 2, 67~84; GP II, 47~59; Fin. 130~154(L2와 L1후반부); Mas. 53~66.
[L1: 초고, LBr. 16, Bl. 62~63 / L2: 수정 정서본, LBr. 16, Bl. 64~65] 이 서신은 아르노의 서신 7과 8에 대한 다섯 번째이자 마지막 반응으로 서신 13과 함께 아르노에게 보내졌다. 내용상 서신 11을 기반으로 다시 쓴 것으로 보인다. 또한 출판하려고 했던 6개 서신 중 세 번째로 계획되었다. 이 서신의 원본은 초고(L1)와 수정 정서본(L2) 두 종류가 있으며 아카데미 판은 초고와 수정 정서본, 그리고 사본을 비교해 편집했다.

아르노 씨, 당신은 답신에서 제가 주장했던, 신의 결단들이 서로 연결되어 있다는 것에 동의하고, 처음에 저의 명제를 완전히 다르게 이해했다는 것을 진심으로 인정했습니다. 왜냐하면 "예를 들어 (이것은 당신의 말입니다.) 사람들은 구의 종개념을 신의 지성 안에 표상되어 있는 것이 아니라 보통 구 자체에 있는 것과 관련해서 고찰하는 것에 익숙하기 때문이다." 그리고 당신은 "이것이 모든 개인의 개체적 개념에 대해서도 마찬가지다."라고 생각했습니다.[71] (저는 충만plein하고 포괄적comprehensiv인 개념은 그것이 사물 자체에 있는 것과 같이 신의 지성에 표상된다고 생각했습니다.)[72] 하지만 이제 당신은 이것이 저의 생각이라는 것을 알고 있고, 이것이 충분히 따를 만한 생각인지, 그리고 이 생각이 당신의 어려움을 제거하는지 검토하기에 충분합니다. 따라서 아르노 씨, 당신은 이런 방식[73]으로 해명한 제 견해가 무해할 뿐 아니라 확실하다는 것을 인정한 것 같습니다. 왜냐하면 당신이 다음과 같이 말하기 때문입니다. "신이 아담을 창조하기로 결정했을 때, 아담에 대한 신의 인식이 아담에게 일어난 모든 일

---

71) 라이프니츠는 L2(수정 정서본)에 다음 문구를 썼다가 지웠다. "내가 인정하는 것은 이유 없이 존재하지 않는다는 것이다."

72) L1(초고)의 여백에 다음을 썼다가 지웠다. "나는 사물의 모든 술어들을 포괄하는 것을 충만 개념이라고 부르고, 우리가 그 사물이라고 말하는 주어의 모든 술어를 포괄하는 것을 완전 개념이라고 부른다."

73) L2(수정 정서본)에는 이 방식에 "신의 지성에 있는 그런 충만하고 포괄적인 개념"이라는 내용이 추가되어 있다.

과 아담의 후손에게 일어난 모든 일, 또 일어나야 할 모든 일에 대한 인식을 포함하고 있다는 것에 나는 동의한다. 그리고 아담의 개체적 개념을 이런 의미로 이해한다면, 당신이 말한 것은 매우 확실하다." 우리는 곧 당신에게 여전히 어려운 문제를 살펴볼 것입니다. 그렇지만 저는 종에 대한 개념과 개체적 실체에 대한 개념 간에 있는 차이의 근거에 대해서, 단순 지성보다는 신의 의지와 관련해서 한마디 하려고 합니다. 가장 추상적인 종개념은 신의 결정에 의존하지 않는 필연적 진리 혹은 영원한 진리만을 포함합니다. (데카르트주의자들은 이것에 대해 어떻게든 언급하겠지만,[74] 당신은 이 점에 대해 걱정하지 않는 것처럼 보입니다.) 하지만 개체적 실체 개념은 **완전**하고[75] 그것의 주어를 [다른 모든 주어로부터] 구별할 수 있으며, 따라서 우연적 진리들 혹은 사실의 진리들과 시간, 장소 등의 개체적 정황을 함축합니다. 개체적 실체는 가능한 것으로 간주되는 그것의 개념에 역시 가능한 것으로 간주되는 신의 자유 결정들을 함축해야 합니다. 왜냐하면 이 자유 결정들은 현존들 혹은 사실들의 주요 원천이기 때문입니다. 이에 반해 본질들은 의지의 고찰 전에 신의 지성에 있습니다.

---

74) 1630년 4월 1일 데카르트가 메르센 신부에게 보낸 서신: AT I, 145 참조.
75) L1(초고)과 사본의 여백에 라이프니츠는 충만 개념과 완전 개념의 구별에 관해서 라틴어로 다음과 같이 기록했다. "충만 개념은 열과 같은 사물의 모든 술어를 포함하고, 완전 개념은 뜨거운 불과 같은 주어의 모든 술어를 포함한다. 이것은 개체적 실체에서도 일치한다."

이것은 나머지 모든 것을 더 잘 이해하고 저의 해명에 아직 남아 있는 것으로 보이는 어려움들을 해결하는 데 도움을 줄 것입니다.

아르노 씨, 당신은 계속해서 다음과 같이 말합니다. "그러나 그 다음에도 문제가 남아 있는 것 같다. (그리고 이 문제가 나를 어렵게 만드는 것이다.) 즉 이 대상들 (이것은 아담과 인간사를 의미한다.) 간의 연관 관계가 신의 모든 자유로운 결정과 독립적으로 그 자체로 그런 것인가 아니면 신의 결정에 의존하고 있는가 하는 문제입니다. 즉 이것이 아담과 그의 후손에게 일어날 모든 일을 규정한 신의 자유로운 결정의 결과일 뿐인가, 그래서 신은 아담과 그의 후손에게 일어날 모든 일을 알고 있었는가, 아니면 (이 결정과 무관하게) 한편으로 아담에게, 다른 한편으로 아담과 그의 후손에게 일어난 일과 일어날 일 사이에 어떤 내적이고 필연적인 연결이 있는가 하는 문제이다."

당신에게는 제가 후자를 선택할 것으로 보였을 것입니다. 왜냐하면 제가 다음과 같이 말했기 때문입니다. "신은 가능한 것들 중에서 특정한 개체적 정황을 동반하는 아담을 발견했고, 그 정황에는 다른 술어들 중에서도 시간이 지남에 따라 특정한 후손을 갖는 것 또한 포함된다." 그리고 당신은 제가 가능한 것들은 신의 모든 자유로운 결정에 앞서 가능하다는 것에 동의할 것이라고 가정합니다. 그래서 제 견해에 대한 설명이 후자를 따르고 있다고 가정하고 제 견해에 극복될 수 없는 문제가 있다고 판단합니다. (당신은 매우 합당하게 다음과 같이 말합니다.) "신의 매우 특별한 질서에 따라 일어난 무한히 많은 인간사가 있기 때문이다. 예를 들면, 특히 유대교와 기독교, 그리고 무엇보다 신의 말씀의 성육화 같은 사건들 말이다. 그리고 나는 (신의 매우 자유로운 결정에 따라 일어난) 이 모든 사건들이 어떻게 가능한 아담의 개체적 개념에 포함되어 있다고 말할 수 있는지 모르겠다. 그러기 위해서는 가능한 것으로 간주된 것이 신의 결정과 독립적인 이 개념에 속해 있다고 생각되는 모든 것을 포함하고 있어야 하기 때문이다."

아르노 씨, 저는 당신의 어려움을 정확하게 언급하려고 했습니다. 그리고 이것으로 당신이 원하는 대로 문제가 온전히 해결되길 바랍니다. 그 문제는 꼭 해결될 수 있어야 합니다. 왜냐하면 우리는 아담의 모든 술어를 동반하는 아담에 대한 특정한 개념이 실제로 있다는 것을 부정할 수 없고, 당신이 동의한 것처럼 신은 아담을 창조할 결단을 내리기 전에 가능한 것으로 생각된 그 개념을 알고 있기 때문입니다. 그렇지 않으면 신은 충분히 알기도 전에 결단한 것입니다. 그래서 저는 당신이 제안한 이중 해명의 딜레마가 어떤 중도를 허용한다고 생각합니다. 그리고 제가 아담과 인간사 사이에서 생각한 연관 관계는 내적이기는 하지만 필연적이지 않으며 신의 자유 결정과 독립적이지 않습니다. 왜냐하면 가능한 것으로 간주된 신의 자유 결정은 가능한 아담의 개념 안에 포함되고, 바로 이 결정이 현실화될 때 현실적 아담의 원인이 되기 때문입니다. 데카르트주의자들과 달리 저도 당신과 같이 가능한 것은 신의 모든 현실적 결정에 앞서 가능하다는 것에 동의합니다. 그러나 때로는 같은 결정이 가능한 것으로 간주되기도 한다는 것을 가정하지 않는 것은 아닙니다. 왜냐하면 개체의 가능성 혹은 우연적 진리는 그것의 개념에 그것의 원인, 즉 신의 자유 결정의 가능성을 포함하기 때문입니다. 이것으로 개체의 가능성 혹은 우연적 진리는, 제가 이미 앞에서 설명했던 것처럼 신의 의지를 가정할 필요 없이 오로지 신의 지성에만 의존하는 종의 가능성 혹은 영원한 진리와 구별됩니다.

이것으로 충분할 수 있지만 더 잘 이해하기 위해서 저의 생각을 덧붙이겠습니다. 신이 할 수 있는 다른 계획에 따르면, 세계를 창조하는 방법은 무한하게 많이 있습니다. 그리고 각각의 가능 세계는 그 세계에 고유한 신의 주요 계획 혹은 목적에 의존합니다. 말하자면 (**가능성의 관점에서** 생각된) 어떤 근원적 자유 결정 혹은 가능한 우주의 **일반 질서의 법칙**에 의존하고 있다는 것입니다. 이 근원적 자유 결정은 이 가능한 우주에 적합하고, 바로 그 우주에 포함되어야 하는 모든 개체적 실체의 개념처럼 그 우주의 개념을 결정합니다. 모든 것은 **질서** 안에 있기 때문에 비록 기적이 어떤 하위 원칙들 혹은 자연법칙에 반할지라도 기적까지도 질서에 포함됩니다. 따라서 아담의 선택이 가정될 때 모든 인간사는 그것이 실제로 일어난 것처럼 일어나지 않을 수 없습니다. 하지만 이것은 비록 아담의 개체적 개념이 그 인간사를 포함할지라도, 아담의 개체적 개념 때문에 일어나는 것이 아니라 아담의 개체적 개념에도 포함되고 이 모든 우주의 개념을 결정하며, 따라서 아담의 개념뿐 아니라 이 우주의 다른 모든 개체적 실체의 개념도 결정하는 신의 계획들 때문에 일어납니다. 그 이유는 신의 결단들이나 계획들이 연결되어 있음으로 인해서 모든 사물들이 서로 연결되어 있기 때문에, 각각의 개체적 실체가 특정한 관계에 따라 자신이 일부인 전 우주를 표현하기 때문입니다.

아르노 씨, 당신은 또 다른 반박을 합니다. 그 반박은 제가 방금 해결한 반박처럼 외견상 자유에 반하는 결과에서 취한 것이 아니라 사안 자체에서 취한 것이며 우리가 개체적 실체에 대해서 가지고 있는 생각에서 취한 것입니다. 왜냐하면 저는 개체적 실체에 대한 관념, 즉 저에 대한 관념을 가지고 있기 때문에, 당신에게도 그렇듯이, 신이 개체를 이해하는 방식에 관해서가 아니라 우리가 개체개념에 관해서 무엇을 말할 수 있는가를 찾아야 하기 때문입니다. 그리고 지름의 크기가 구의 종개념에 의해서 결정되지 않는다는 것을 판단하기 위해서 제가 단지 그 개념을 고찰했던 것과 같이 (당신이 말한 것처럼) 저는 저에 대한 개체적 개념에서 제가 계획했던 여행을 하든 하지 않든 간에 제가 저일 것이라는 점을 명확하게 알고 있습니다.

이에 대해서 분명하게 답하기 위해서, 저는 사건들의 연결이 확실하기는 하지만 필연적이지 않다는 것 그리고 저는 이 여행을 하거나 하지 않을 자유가 있다는 것을 인정합니다. 왜냐하면 비록 제가 여행을 할 것이라는 것이 저의 개념에 포함되어도, 제가 그 여행을 자유롭게 할 것이라는 것 또한 저의 개념에 포함되어 있기 때문입니다. 그리고 **일반성의 관점이나 본질의 관점에서 또는 종개념이나 불완전한 개념의 관점에서** 이해할 수 있는 모든 것 중에서 제가 여행을 하리라는 것을 도출할 수 있는 것은 아무것도 없습니다. 반면에 제가 인간이라는 것에서 사람들은 제가 사고 능력이 있다는 것을 도출할 수 있습니다. 따라서 제가 이 여행을 하지 않을 때, 이것이 어떤 영원한 진리나 필연적 진리에 반하는 것은 아닙니다.

그렇지만 제가 여행을 할 것이라는 점은 확실하기 때문에 주어인 저와 술어인 여행의 실행 사이에 어떤 연결이 반드시 있어야 합니다. **참인 명제에서 술어 개념은 언제나 주어에 포함되어 있기 때문입니다.** 따라서 제가 만약 여행을 하지 않는다면, 저의 개체적 개념이나 완전 개념을 파괴하거나 신이 저의 창조를 결단하기 전에 저에 대해서 생각하거나 생각했던 것을 파괴하는 오류가 일어날 것입니다. 왜냐하면 이 개념은 현존 혹은 사실의 진리, 또는 그 사실들이 의존하고 있는 신의 결정을 **가능성의 관점에서** 함축하기 때문입니다. 하지만 멀리 갈 것 없이, A가 B라는 것이 확실하다면, B가 아닌 것은 더 이상 A도 아닙니다. 따라서 만약 A가 '**저**'를 가리키고, B가 '**이 여행을 할 것**'을 가리킨다면, 우리는 '이 여행을 하지 않을 것'은 '제'가 아니라는 결론을 내릴 수 있습니다. 그리고 이 결론은 단지 저의 미래 여행의 확실성으로부터만 도출될 수 있을 뿐 저의 명제를 탓해서는 안 됩니다.

구의 속성을 판단하기 위해서 구의 종개념을 고찰해야 하는 것처럼 개체적 실체의 개념을 판단하기 위해서 제가 제 자신에 대해서 가지고 있는 개념을 고찰하는 것이 좋다는 것에 저 또한 동의합니다. 비록 큰 차이는 있겠지만 말입니다. 특별히 저의 개념과 다른 모든 개체적 실체의 개념은 무한하게 더 확장되며, 특정한 구가 되기 위해서 실제로 필요한 모든 정황을 포함하지 않는, 불완전한 구의 개념과 같은 종개념보다 이해하기 더 어렵기 때문입니다. 제 자신이 무엇인지를 이해하기 위해서 단지 제가 사고하는 실체라는 것을 느끼는 것만으로는 충분하지 않습니다. 저를 다른 모든 가능한 정신들과 구별해주는 것을 분명하게 인식할 필요가 있습니다. 하지만 저는 그에 대해서 혼란스러운 경험만을 가지고 있습니다. 이것이 야기하는 것은, 비록 지름의 길이가 구 일반의 개념에 포함되지 않는다는 것은 쉽게 판단할 수 있겠지만, 제가 하려고 계획한 여행이 저의 개념 안에 포함되어 있는지 (개연적으로는 충분히 판단할 수 있겠지) 확실하게 판단하는 것은 그리 쉽지 않다는 것입니다. 그렇지 않다면 기하학자가 되는 것보다 예언가가 되는 것이 훨씬 더 쉬울 것입니다. 물체에서 감각할 수 없는 무한히 많은 것을 경험을 통해서 인식할 수 없는 것처럼, 물체에 대해서는 물체와 운동의 본성에 관한 일반적 고찰이 확신을 가지게 한다. 그렇게 저의 개념에 포함된 모든 것을 경험을 통해서 감각하지 못할지라도, 저는 보통 개체개념에 대한 일반적 고찰을 통해서 저에게 속한 모든 것이 저의 개념에 포함되어 있다는 것을 알 수 있습니다.

확실한 것은, 신은 저에게 일어나는 모든 현상을 설명할 수 있는 이 완전 개념을 형성할 수 있고 또 실제로 형성하기 때문에, 이 개념이 가능하다는 것입니다. 그리고 이것이 제가 **제 자신**이라고 부르는 것에 대한 진정한 완전 개념이며 이 개념에 의해서 저의 모든 술어들이 주어인 저에게 속합니다. 따라서 사람들은 신에 대한 저의 의존성을 표시하기 위해 필요한 만큼을 제외하고 신에 대해 언급하지 않고도 이것을 증명할 수 있습니다. 그러나 사람들은 관련된 개념을 그것의 원천인 신의 인식에서 도출할 때, 이 진리를 더 강하게 표현합니다. 저는 신의 지식에 우리가 이해할 수 없는 많은 것들이 있다는 것을 인정합니다. 하지만 우리의 문제를 해결하기 위해 신의 지식에 몰두할 필요는 없어 보입니다. 게다가 어떤 사람의 인생에서 그리고 이 모든 우주에서 어떤 일이 원래와 다르게 진행된다면, 우리는 이것이 신이 선택했을 다른 사람 혹은 다른 가능한 우주라고 말하지 않을 수 없습니다. 따라서 이것은 분명히 다른 개체일 것입니다. 파리에 있었던 것이 저이고, 현재 독일에 있는 것 또한 다른 사람이 아닌 저라는 것을 정당하게 말할 수 있게 하는 (저의 경험과 독립적인) **선험적** 근거가 있어야 합니다. 따라서 이 서로 다른 상태를 연결하거나 포괄하는 것은 저에 대한 개념이 틀림없습니다. 그렇지 않으면, 동일한 개체처럼 보이더라도, 동일한 개체가 아니라고 말할 수 있게 됩니다. 그리고 사실상 실체와 분할 불가능한 존재의 본성 혹은 **자기 자신에 의한** 존재 Estres per se의 본성에 관해서 충분히 알지 못하는 몇몇 철학자들은 동일성을 유지하는 것은 실제로 없다고 믿었습니다. 그리고 다른 이유들 중에서 이것이 제가 물체에 연장만 있다면, 물체는 실체가 아닐 것이라고 판단하는 이유입니다.

아르노 씨, 저는 지금 주요 명제와 관련된 문제들을 해결했다고 생각합니다. 하지만 당신이 또 제가 사용한 몇몇 부수적인 표현에 대해서 중요한 지적을 했기 때문에, 저는 그것에 대해서 설명하려고 합니다. 저는 모든 인간사를 도출시킬 수 있는 가정은 모호한 아담을 창조하는 가정이 아니라 무한하게 많은 가능한 아담 중에서 선택된, 이런 모든 정황으로 결정된 특정한 아담을 창조하는 가정이라고 말했습니다. 이것에 대해 당신은 두 가지 주목할 만한 지적을 했습니다. 그중 하나는 아담의 다수성에 대한 반박이고 다른 것은 단순 가능한 실체들의 실재성에 대한 반박입니다. 첫 번째 반박과 관련해서, 아담을 단일한 존재로 간주하는 한, 다수의 저를 생각할 수 없는 것처럼 다수의 가능한 아담을 생각하는 것도 불가능하다고 말하는 것은 매우 합당합니다. 저도 그것에 동의합니다. 하지만 제가 다수의 아담을 말할 때, 저는 아담을 하나의 규정된 개체로 간주한 것이 아니라 **일반성의 관점에서**, 아담을 하나의 개체로 결정하는 것처럼 보이지만 실제로는 결정하지 못하는 정황들에서 파악된 어떤 개인으로 간주했습니다. 신이 낙원에 살게 한 최초의 인간으로, 죄로 인해 그곳을 떠나고 그의 늑골로 신이 여자를 만들어내는 최초의 인간으로 아담을 이해할 때처럼 말입니다. 하지만 이 정황들이 모든 것을 충분하게 결정하지는 못하며, 따라서 이 모든 정황들에 일치하는 서로 구별되는 다수의 가능한 아담 혹은 다수의 개체가 있을 수 있습니다. 어떤 유한한 수의 술어들로 사람들이 가정하는 나머지 모든 것을 결정할 수는 없지만 특정한 한 아담을 결정하는 것은 절대적으로 그의 모든 술어들을 포함해야 합니다. 그리고 **일반성의 관점에서 개체로**rationem generalitatis ad individuum 결정하는 것이 이 완전 개념입니다. 게다가 저는 하나의 동일한 개체의 다수성과는 매우 거리가 멀지만 성 토마스가 지성적인 것들에 대해서 이미 가르쳤던 것에는 확신을 가지고 있습니다. 즉 **수에서만** 다를 뿐 전적으로 유사한 두 개체가 존재하는 것이 불가능하다는 것은 일반적으로 적용된다고 생각합니다.[76]

  "순수하게 가능한 실체, 즉 신이 결코 창조하지 않을 실체"의 실재성과 관련해서 아르노 씨, 당신은 "이것이 망상이라고 매우 강하게 믿는 편이다."고 말합니다. 만약 당신이 (제가 믿는 것처럼) 그것이 신

---

76) Thomas Aquinas, 『이교도대전(*Summa contra gentiles*)』, II, 9장; 『신학대전 (*Summa theologiae*)』, I, 50, 4항 참조.

의 지성과 신의 능동적 힘에 있을 때 갖는 실재성 외에 다른 실재성은 갖지 않는다고 이해한다면, 저는 그 말에 반대하지 않습니다. 그렇지만 아르노 씨, 우리가 그것을 잘 설명하기 위해서는 신의 지식과 능력에 호소해야 한다는 것을 당신은 잘 압니다. 저 또한 당신이 그 다음에 말한 것이 매우 확고하다고 생각합니다. 즉 "사람들은 신이 창조한 실체들 중에 어떤 한 실체에 대한 관념에서가 (혹은 어떤 한 실체에 포함된 관념을 통해서가) 아니면 결코 순수하게 가능한 실체를 생각할 수 없다." 당신은 또 말합니다. "우리는 신이 세계를 창조하려고 하기 전에 무한하게 많은 가능한 사물을 고찰했고, 그중 하나는 선택하고 다른 것은 버렸다고 상상한다. 다수의 가능한 아담(최초의 인간), 그들 각각은 자신들과 내적으로 연결되어 있는 많은 개인들과 사건들에 잇달아 연결되어 있다. 그리고 우리는 이 모든 다른 사물이 이 가능한 아담(최초의 인간) 중 하나와 맺고 있는 연결이 창조된 아담이 그의 모든 후손과 맺고 있다고 우리가 알고 있는 연결과 전적으로 유사하다고 가정한다. 이를 통해 우리는 신이 모든 가능한 아담 중에 이 아담을 선택했고 다른 모든 사람은 원하지 않았다고 생각한다." (사람들이 아담의 다수성과 가능성을 제가 제시한 해명에 따라 이해하고, 이 모든 것을 우리의 방식에 따라, 즉 우리가 어떤 특정한 질서를 신에게 귀속시키는 사유들이나 작용들에서 파악하는 방식에 따라 이해한다고 가정하면) 아르노 씨, 당신은 여기서 저의 이 생각들이 상당히 자연스럽게 이해된다는 것을 인정하는 것 같습니다. 또한 사람들이 조금만 이 주제에 대해서 생각한다면, 그 생각을 피할 수 없다는 것을 인정하는 것 같습니다. 그리고 이 생각들이 당신의 마음에 들지 않는다면, 그것은 아마도 당신이 이 내적인 연결과 신의 자유 결정이 조화될 수 없다고 가정했기 때문일 것입니다. 현실적인 모든 것은 가능한 것으로 생각할 수 있을 것이고, 현실적 아담이 시간이 지남에 따라 특정한 후손을 가지게 될 때, 사람들은 가능한 것으로 생각된 이 아담에게서 이 술어를 부인할 수 없을 것입니다. 더욱이 당신은 신이 아담을 창조하기로 결정할 때, 그에게서 이 모든 술어를 고찰한다는 것에 동의하니 말입니다. 그러므로 그 술어들은 아담에게 속합니다. 그리고 저는 당신이 가능한 것의 실재성에 관해서 말한 것이 이것에 반대된다고 보지 않습니다. 어떤 것을 가능하다고 하기 위해서는 그것이 신의 지성, 말하자면 가능한 실재성의 나라le pays des realités possibles에만 있더라도, 그것에 대한 개념을 만들 수 있다면 충분합니다. 그래서 가능한 것들에 대해서 말할 때, 저는 그것에 대한 참된 명제를 만들 수 있는 것으로 만족합니다. 예를 들면, 완전한 사각형이 이 세계에 존재하지 않을지라도, 그것이 모순을 함축하지 않는다고 판단할 수 있는 것에 만족하는 것과 같습니다. 그리고 사람들이 순수하게 가능한 것들을 절대적으로 거부하려 한다면, 그들은 우연성과 자유를 파괴하는 것입니다. 왜냐하면 만약 신이 실제로 창조한 것 외에 가능한 것이 아무것도 없다면, 신이 창조한 것은 필연적인 것이고, 신이 어떤 것을 창조하려할 때, 신은 선택의 자유 없이 그저 그것만을 창조할 수 있기 때문입니다.

(당신의 반박을 면하기 위해서 지어낸 변명이 아니라고 확신하게 하기 위해서 제가 항상 근거를 제시한 해명을 한 후에) 이 모든 해명으로 저는 당신의 생각이 처음 보았던 것만큼 저의 생각과 다르지 않을 것이라고 기대합니다. 아르노 씨, 당신은 신의 결단들이 연결되어 있다는 것에 동의하고, 제가 답변에서 설명했던 의미에서 저의 주요 명제가 확실하다고 인정합니다. 당신은 제가 그 연결을 신의 결정과 독립적인 것으로 만들려는 것인지만 의심했습니다. 그리고 이것 때문에 당신이 어려움을 갖는 것은 합당한 일입니다. 하지만 제 견해에 따르면, 그 연결이 신의 결정에 의존한다는 것과 그 연결이 비록 내적이기는 하지만 필연적이지는 않다는 것이 드러났습니다. 당신은 제가 해야만 하는 여행을 하지 않는다면, 저는 제가 아닐 것이라고 말하는 것은 문제가 있을 것이라고 주의를 주었습니다. 그리고 저는 사람들이 어떤 경우에 이렇게 말할 수 있고 어떤 경우에 그렇게 말할 수 없는지 해명했습니다. 끝으로 저는 증명의 역할을 하는 결정적 근거를 제시했다고 생각합니다. 즉 모든 참인 긍정 명제에서, 그것이 필연 명제든 우연 명제든, 전칭 명제든 특칭 명제든, 술어 개념은 항상 어떤 방식으로 주어 개념에 포함되어 있다는 것입니다. **술어는 주어에 내재한다**praedicatum inest subjecto. 그렇지 않다면, 저는 진리가 무엇인지 모르겠습니다.

이제 저는 여기서 참인 명제의 명사들termes 간에 **객관적으로**

a parte rei 발견되는 것 외에 어떤 연결도 요구하지 않습니다. 그리고 저는 단지 이런 의미에서 개체적 실체의 개념은 그의 모든 사건들과 모든 명명들denominations, 심지어 사람들이 보통 외적extrinsic 명명이라 부르는 것까지도 (즉 사물의 일반적 연결에 의해서만 그리고 개체적 실체가 자신의 방식대로 전 우주를 표현한다는 사실에 의해서 그것에 속하는 것까지도) 포함한다고 말합니다. 왜냐하면 **명제의 명사들** termes **간의 연결은 항상 어떤 토대를 가지고 있어야 하고 그것은 명사의 개념들**notions**에서 발견되어야 하기 때문입니다.**[77] 이것은 제가 모든 철학자들이 동의해야 한다고 생각하는 저의 중대한 원리입니다. 그리고 그것의 논리적 귀결 중 하나는 이유 없이 아무것도 일어나지 않는다는 일반 공리입니다. 사람들은 항상 왜 이것이 다르게 일어나지 않고 이렇게 일어나는지 이유를 설명할 수 있습

---

77) 'terme/terminus'는 현대어로 번역하기 매우 어려운 말이다. 'notion/notio', 'concept/conceptus'와 매우 흔하게 혼용되기 때문이다. 이 문장에서 'terme' 은 개념을 언어로 나타낸 것, 명제의 구성요소인 주어나 술어 등을 가리킨다. 그래서 '명사(名辭)'로 번역했다. 이것과 비교되는 'notion'은 '개념'으로 번역했다. 라이프니츠가 명제의 구성요소를 가리키는 말로 'terme/terminus'를 사용한 경우, 오캄의 용법을 따른 것으로 보인다. 오캄은 『논리학 대전(*Summa Logicae*)』, I, 2. 에서 'terminus'를 다음과 같이 정의했다. "vocatur terminus omne illud quod potest esse copula vel extremum propositionis categoriae, subjectum delicet vel praedicatum, vel etiam determinatio extremi vel verbi[정언 명제의 계사나 양 끝, 즉 주어나 술어 혹은 양 끝을 경계 짓는 어떤 것이나 동사가 될 수 있는 모든 것을 명사(名辭)라 부른다]."

니다. 비록 그 이유가 때로는 필연적인 이유가 아니라 경향적 이유일지라도 말입니다. 왜냐하면 완전한 무구별une parfaite indifference은 사람들을 미혹시키는 불완전한 가정이기 때문입니다.[78] 사람들은 제가 앞에서 언급한 원리에서 놀라운 결론을 도출한다고 생각합니다. 하지만 그것은 그들이 가장 명확한 지식을 충분하게 추적하는 데 익숙하지 않기 때문일 뿐입니다.

게다가 이 모든 논쟁을 야기한 명제는 매우 중요하며 적절하게 근거 지어져 있다는 장점이 있습니다. 왜냐하면 그 명제로부터 다음이 따라 나오기 때문입니다. 모든 개체적 실체는 자신의 방식대로 그리고 특정한 관계하에서, 말하자면 각 실체가 관찰하는 관점에 따라서 전 우주를 표현한다는 것입니다. 그리고 마치 세상에 신과 개체적 실체만이 있는 것처럼, 각 실체의 다음 상태는 (비록 자유롭고 또 우연적이지만,) 그것의 이전 상태의 결과라는 것입니다. 그래서 모든 개체적 실체 혹은 완전한 존재는 각각이 하나의 세계와 같으며, 신을 제외하고 다른 모든 것에 독립적입니다. 우리 영혼이 파괴 불가능하다는 것뿐 아니라 영혼은 항상 자신의 모든 이전 상태의 흔적을 언제든지 깨어날 수 있는 잠재적 기억과 함께 자

---

78) 라이프니츠는 자신의 충족이유율을 근거로 이 세계에 완전한 무구별의 상태는 실제로 존재하지 않으며, 따라서 완전하게 무구별적 개체도 존재하지 않는다고 주장한다. 아퀴나스의 견해를 언급하며 주장한 것처럼, 수에서만 구별되고 완전히 유사한, 즉 서로 구별될 수 없는 두 개체는 존재하지 않는다.

신의 본성에 보존한다는 것을 이렇게 확고하게 증명할 수 있는 것은 없습니다. 영혼은 의식을 가지고 있고, 모든 사람들이 '나 자신moy'이라고 부르는 것을 그 자신 안에서 인식할 수 있기 때문입니다. 이것이 영혼에게 도덕적 자격을 갖게 만들고 이 생 이후에라도 보상받고 처벌되도록 하는 것입니다. 왜냐하면 기억 없는 불멸성은 아무 소용이 없기 때문입니다. 그러나 이 독립성이 실체들 상호 간의 교류를 막는 것은 아닙니다. 모든 창조된 실체는 동일한 최고 존재로부터 동일한 계획에 따라 연속적으로 생산된 것이고 동일한 우주 혹은 동일한 현상을 표현하므로 실체들은 서로 정확하게 조화되어 있기 때문입니다. 그리고 우리는 이런 조화로 인해 한 실체가 다른 실체에게 작용을 가한다고 말하게 됩니다. 이것은 어떤 한 실체가 다른 실체보다 변화의 원인 혹은 근거를 더 분명하게 표현하기 때문입니다. 우리가 바다 전체가 움직인다고 말하기보다는 흔히 배가 움직인다고 말하는 것처럼 말입니다. 그리고 추상적으로 말해서 운동에 대한 다른 가설을 세울 수 있더라도 이것은 합당합니다. 운동이라는 것 자체가 그것의 원인을 제외하고 보면 항상 상대적인 어떤 것이기 때문입니다. 따라서 창조된 실체들 상호 간의 교류는 결코 분명하게 이해될 수 없는 실제 물리적인 영향이나 의존성이 아니라 저의 견해에 따라 이해되어야 합니다.

이런 이유에서 영혼과 물체의 합일, 그리고 다른 피조물에 대한 정신의 능동 작용action과 수동 작용passion에 관한 문제에서, 사람들은 그것들의 직접적 교류는 이해 불가능하다는 것을 인정하지 않을 수 없습니다. 제가 보기에, 기회원인의 가설은 철학자를 만족시키지 못합니다. 왜냐하면 그 가설은 일종의 연속적 기적을 도입하기 때문입니다. 이 가설에 따르면, 신은 마치 매 순간 정신의 사유를 원인으로 물체의 법칙을 변화시키거나 물체의 운동을 원인으로 다른 사유를 불러일으키면서 영혼이 갖는 규칙적인 사유 과정을 변화시키는 것과 같습니다. 일반적으로 말해서 이 가설은 신이 각 실체를 각 실체의 진행 상태에 있는 대로 보존하고 실체를 위해 정립한 법칙에 따르게 보존하는 것과는 달리 실체들 간의 상호작용에 개입하는 것과 같습니다. 따라서 모든 것을 이해 가능한 방식으로, 신의 존엄에 맞게 설명할 수 있는 것은 **공존**concomitance**의 가설 또는 실체들 상호 간의 일치에 관한 가설**뿐입니다. 그리고 제 견해에 따라 우리가 방금 정립한 명제에 따르면, 이 가설은 설득력 있고 불가피합니다. 또한 이 가설은 **작용의 가설이나 기회원인의 가설**보다 이성적 피조물의 자유에 더 잘 조화되어 보입니다. 신은 처음부터 영혼이 보통 이런 변화를 필요로 하지 않도록 창조했습니다. 그래서 영혼에게 일어나는 일은 결과에서 물체에 맞출 필요 없이 자기 자신의 근거로부터 생겨납니다. 물체 또한 마찬가지로 영혼에 맞출 필요가 없으며, 각각은 자신의 법칙을 따릅니다. 영혼은 자유롭게, 물체는 선택 없이 작용하지만 그 각각은 동일한 현상에서 서로 일치합니다. 그럼에도 영혼은 자기 물체의 형상이 아닐 수 없습니다. 영혼은 자기 물체와의 관계에 따라서 다른 모든 물체의 현상을 표현하기 때문입니다.

사람들은 아마 매우 명백해 보이는, 한 물체적 실체의 다른 물체적 실체에 대한 (물리적·직접적) 작용을 제가 부정하는 것에 더 놀랄 것입니다.[79] 그러나 다른 사람들이 이 작용을 이미 명백한 것으로 본다는 것과 관계없이, 그것이 분명한 개념이 아니라 단지 상상의 유희일 뿐이라는 것을 주시해야 합니다. 물체가 무지개와 같은 단순 현상이 아니고 또한 돌무더기와 같이 우연적으로par accident 또는 집적에 의해서par aggregation 하나 된 존재가 아니라 하나의 실체라면, 물체는 연장으로 구성될 수 없고, 필연적으로 사람들이 실체적 형상이라고 부르는 어떤 것 그리고 어떤 식으로든 영혼에 상응하는 어떤 것을 물체에서 가정해야 합니다. 예전에 저는 제 의지와 달리 이 견해와 매우 멀리 떨어져 있었지만, 그 후에 저는 결국 이것을 확신하게 되었습니다. 물체의 원리에 대한 이 일반적 설명, 말하자면 형이상학적 설명에서 제가 어느 정도 스콜라철학을 찬성하는 사람이기는 하지만, 개별 현상의 설명에서는 입자론 철학자들만큼이나 입자론을 지지합니다. 그리고 개별 현상의 설명에서 형상이나 성질에 근거를 둘 필요는 전혀 없습니다. 자연은 항상 수학적으로 그리고 기계론적으로 설명되어야 합니다. 하지만 이것은

---

79) 라이프니츠는 이 문장에서 '물리적', '직접적'이라는 표현을 썼다가 지웠다.

기계론의 원리들 자체나 법칙들 또는 힘의 원리들 자체나 법칙들이 단지 수학적 연장에 의존한 것이 아니라 어떤 형이상학적 근거에 의존하고 있다는 것을 사람들이 안다는 전제하에서입니다.

이 모든 것을 살펴보고 나면, 아르노 씨, 당신에게 동봉해 보낸 요약문에 담겨 있던 명제들이 처음 판단했을 때보다 지금 더 잘 이해될 뿐만 아니라 아마도 더 확고하고 더 중요해 보일 것이라고 저는 믿습니다.

라이프니츠는 아르노에게 전달한 서신에 다음 문단을 추가했다.

이 요약문 17항에서 힘과 운동량의 차이가 언급됩니다. 이 둘은 데카르트 씨와 다른 이들이 신은 항상 동일한 운동량을 보존하고 힘은 물체와 속도의 합에 비례한다고 주장하면서, 등가물로 간주했던 것입니다. 하지만 제 생각에, 이것은 오류입니다. 아르노 씨, 당신도 라이프치히 사람들이 그들의 『지식인 논집(*Acta Eruditorum*)』에 발간한, 여기 동봉한 작은 인쇄물[80]을 통해서 판단할 수 있습니다.

이 소견은 이론에서뿐만 아니라 실제에서도 중요합니다. 사람

---

80) 여기서 작은 인쇄물은 "Brevis demonstratio erroris memorabilis Cartesii", in: *Acta Eruditorum*, 1686, 161~163(A VI, 4, N. 369)을 가리킨다. DM 17절에도 같은 그림과 내용이 있다.

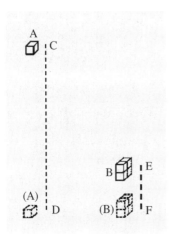

들은 일반적으로 하나의 동일한 물체가 갖는 속도의 두 배는 4배의 결과를 가져오거나 1의 무게를 갖는 물체를 4배의 높이로 들어 올릴 수 있다고 이해할 것입니다. 따라서 힘은 결과의 양을 통해서 측정해야 합니다. 그리고 우리가 신이 물체 A가 D로 하강하면서 얻은 모든 힘을 물체 B에 전달한다고 가정할 때, 도형이 포함되어 있는 인쇄물에 설명된 구조로 물체 A는 물체 B에게 F에서 E까지 올라갈 힘을 줄 것입니다. 그러나 그것을 통해서 운동량은 두 배가 될 것이고 결과적으로 신이 보존하는 것은 힘입니다. 그 때문에 신은 이 경우에 동일한 운동량을 보존하는 것이 아니라 운동량을 두 배까지 증가시킬 것입니다. 하지만 이미 상당히 길어진 이 편지를 중단할 때가 되었습니다. 끝으로 당신이 아무리 작은 호의를 보이더라도 저는 언제나 무한한 영광으로 생각할 것입니다. 그리고 저는 매우 강한 열정을 가지고 있고 매우 크게 인정받는다는 것을 진심으로 증언합니다.

  아르노 씨,

라이프니츠 배상

15. 라이프니츠가 에른스트 영주에게[81]
1686년 8월 12일

영주님께,

전하께서 책을 받으셨기를 바랍니다. 전하께서는 그 책을 돌려 받는 데 너무 오래 걸리셨습니다. 전하께서 저를 원망하셨기에 그 책을 전하께 돌려드리기 위해서 제가 볼펜뷔텔에 직접 찾으러 갔었는데도 말입니다.

실례를 무릅쓰고 아르노 씨에게 보내는 편지 한 통과 몇몇 문건을 추가했습니다.[82] 그리고 저는 그가 그것들을 읽었을 때, 그의 통찰력과 진실성이 처음에 기이하게 보였던 것을 전적으로 인정하게 만들기를 희망하고 있습니다. 그는 저의 첫 번째 해명을 보고 난 후 진정되었기 때문에, 그가 아직도 어려워하는 문제들을 제 생각에 깨끗하게 해결하는 최근 해명을 보고 나면 아마 동의에도 이를 수 있을 것이기 때문입니다. 어쨌든, 아무리 이 견해가 잘못되었다 하더라도, 적어도 이 견해가 교회의 규정들에 직접적으로 반대

---

81) A II, 2, 84~85; GP II, 103; Fin. 156~158; Mas. 75~76. [l: 수정 정서본, LBr. F20, Bl. 423~424]

82) 라이프니츠가 추가한 것은 "Brevis demonstratio erroris memorabilis Cartesii" 와 서신 13, 14이다.

되는 것을 포함하지 않고, 따라서 로마가톨릭교회에서도 허용된다고 그가 판단한다면 저는 만족할 것입니다. 왜냐하면 전하께서 더 잘 아시다시피, 저는 용인할 만한 오류가 있다고 말할 수 없는 입장이기 때문입니다. 그리고 설사 오류가 있고 사람들이 그 결과가 신앙의 조항들을 파괴한다고 믿더라도, 그들은 이 오류와 이 오류를 도출한 사람을 비난하지 않습니다. 왜냐하면 그들은 이 결과들을 인정하지 않기 때문입니다. 예를 들어, 토마스주의자들은 몰리나주의자들의 가설이 신의 완전성을 파괴한다고 주장합니다.[83] 그리고 그들과 반대로 몰리나주의자들은 토마스주의자들의 예정설이 인간의 자유를 파괴한다고 생각합니다. 그럼에도 교회는 이 문제에 대해서 아무것도 결정하지 않았습니다. 따라서 전자도 후자도 이교도라고 볼 수 없으며, 그들의 견해들 또한 이교설이라고 볼 수 없습니다. 저는 사람들이 저의 명제들에 대해서도 이와 같이 말할 수 있다고 생각합니다. 그리고 저는 여러 가지 이유에서 아르노 씨가 지금도 저의 명제들을 인정하지 않고 있는지 알고 싶습니다.

---

83) 몰리나주의자의 가설은 Luis de Molina, *Concordia liberii arbitrii cum gratiae donis, divina praescientia, providentia, praedestinatione et reprobatione, ad nonnullos primae partis D. Thomae articulos*, 2 Vols.(Lissabon, 1588~1589), 참조. 몰리나는 신의 예지와 인간의 자유가 조화 가능하다는 것을 주장하기 위해서 신의 지식에 미래 우연적인 일에 대한 지식, 즉 중간지가 있다고 주장한다.

그는 매우 바쁩니다. 그리고 제 견해의 참과 거짓을 다루는 문제를 논의하는 데에 그의 시간을 써달라고 요청하기에는 그의 시간이 매우 귀합니다. 하지만 그는 저의 명제들이 용인 가능한지 아닌지 쉽게 판단할 수 있을 것입니다. 저는 단지 저의 명제들이 교회의 어떤 규정들에 반대되는지 알고 싶을 뿐이기 때문입니다.

16. 아르노가 라이프니츠에게[84]
1686년 9월 28일

라이프니츠 씨, 저는 당신의 예의 바른 편지에 서둘러 답하지 않아도 된다는, 당신이 제게 준 자유를 이용할 수 있다고 생각했습니다. 그래서 이미 시작한 작품을 완성할 때까지 답변을 미루었습니다. 저는 당신을 정당하게 평가하면서 많은 것을 얻었습니다. 당신이 저의 사과를 받아주었던 태도보다 더 정중하고 호의적인 태도

---

84) A II, 2, 93~99; GP II, 63~68; Fin. 160~170; Mas. 77~82. [K: 발송, LBr. 16, Bl. 70~73] 아르노는 이 서신을 1686년 10월 21일 에른스트 영주에게 보냈고, 영주는 다시 10월 31일 라이프니츠에게 보냈다. 아카데미 판과 다른 주요 판본이 대본으로 삼은 것은 라이프니츠가 받은 서신이고 라이프니츠는 그 서신 여백에 자신의 코멘트를 적기도 했다. 라이프니츠의 여백 노트는 중요하다고 판단되는 경우 주에 번역했다.

는 없기 때문입니다. 개체적 본성에 대한 개념과 관련해서, 처음에 저와 충돌했던 것을 당신이 해명하는 방식에 제가 만족하고 있다고 진심으로 당신을 인정하는 데 부족함이 없었습니다. 정직한 사람은 사람들이 진리를 알려주면 애쓰지 않아도 그것을 바로 받아들이기 때문입니다. 무엇보다 저는 이 설명이 인상적이었습니다. "필연 명제든 우연 명제든, 전칭 명제든 특칭 명제든, 모든 참인 긍정 명제에서 술어 개념은 어떤 방식으로든 주어 개념에 포함되어 있다. 술어는 주어에 내재한다."

제게 사물의 가능성에 관한 어려움과 신이 동시에 관찰했지만 창조하지 않으려고 한, 무한하게 많은 다른 가능한 우주 중에서 어떻게 그가 창조한 우주를 선택했는지에 대해서 신을 이해하는 방식에 관한 어려움이 남아 있습니다. 그러나 이것은 본래 개체적 본성에 대한 개념과 아무런 관계도 없기 때문에, 그리고 이 어려움에 대한 저의 생각을 잘 이해시키고 더욱이 다른 사람들의 생각에서 신에게 적합해 보이지 않는다는 이유로 논쟁할 것을 찾아 그것을 잘 이해시키기 위해서는 제가 많은 숙고를 해야 하기 때문에, 당신은 제가 이 어려움에 대해서 말하지 않는 것이 좋겠다고 판단할 것입니다.

그보다 저는 당신의 지난 편지에서 본 두 가지 사안에 대해서 설명해주실 것을 부탁드리고 싶습니다. 저는 그것이 중요하다고 보는데 잘 이해하지 못하고 있습니다.

첫째는 공존의 가설과 실체들 상호 간의 일치에 관한 가설로 당신이 이해하는 것이 무엇인가 하는 것입니다. 당신은 이 가설을 통해서 영혼과 물체의 합일에서 일어나는 것 그리고 다른 피조물에 대한 정신의 능동 작용과 수동 작용에서 일어나는 것을 설명해야 한다고 주장합니다. 당신의 생각은 영혼이 물체에 물리적으로 작용하고 물체도 영혼에 물리적으로 작용한다고 생각하는 사람들과 일치하지 않으며, 신만이 이 결과의 물리적 원인이고 영혼과 물체는 단지 기회원인일 뿐이라고 생각하는 사람들과도 일치하지 않습니다. 저는 당신이 이 생각을 설명하기 위해 한 말을 이해하지 못하기에 설명을 부탁드립니다. 당신은 말합니다. "신은 영혼이 보통 이런 변화를 필요로 하지 않도록 창조했다. 그래서 영혼에게 일어나는 일은 결과에서 물체에 맞출 필요 없이 자기 자신의 근거로부터 생겨난다. 물체 또한 마찬가지로 영혼에 맞출 필요가 없으며, 각각은 자신의 법칙을 따른다. 영혼은 자유롭게, 물체는 선택 없이 작용하지만 그 각각은 동일한 현상에서 서로 일치한다."

당신의 생각을 더 잘 이해하기 위해서 예를 들어 보겠습니다. 어떤 사람이 저의 팔에 상처를 냅니다. 제 신체의 측면에서 이것은 단지 물체적 운동이지만 저의 영혼도 바로 고통을 느낍니다. 그리고 이 느낌은 저의 팔에 상처가 생기지 않으면 느낄 수 없는 것입니다. 사람들은 이 고통의 원인이 무엇이냐고 묻습니다. 당신은 저의 신체가 저의 영혼에 작용했다는 주장도, 저의 팔에 일어난 일이 기회일 때, 저의 영혼에 직접적으로 이 고통을 느끼게 했던 것이 신이라는 주장도 허용하지 않을 것입니다. **따라서 당신은 이 고통을 느끼게 한 것이 영혼이라고 믿어야 합니다. 그리고 신체가 기회일 때, 영혼에 일어나는 것은 영혼 자신의 근거로부터 생겨난다고 말할 때, 당신이 이해한 것은 이것입니다. 성 아우구스티누스도 이런 견해였습니다.**[85] 왜냐하면 그는 신체적 고통이 단지 신체 상태가 나쁘기 때문에, 영혼이 느끼는 슬픔 이외에 다른 것이 아니라고 생각했기 때문입니다. 그러나 영혼은 슬퍼지기 전에 자신의 신체 상태가 나쁘다는 것을 알아야 한다고 반박하는 사람들, 반대로 자신의 신체 상태가 나쁘다는 것을 경고하는 것이 고통일 것이라고 반박하는 사람들에게 어떻게 답할 수 있겠습니까?[86]

저의 영혼이 기회일 때, 신체가 운동하는 다른 예를 살펴봅시다. 모자를 벗으려 할 때, 저는 팔을 위로 올립니다. 밑에서 위로 움직이는 제 팔의 운동은 운동의 일반 규칙을 따르지 않습니다. 그렇다면 그 원인은 무엇입니까? 그것은 정신이 어떤 특정한 신경조직으로 들어가서 그 신경조직을 자극했기 때문에 일어납니다. 그러나 이 정신은 자기 스스로 그 신경조직에 들어가도록 결정하지 않습

---

85) Augustinus, 『신국론(De civitate Dei)』, 14부, 15.
86) 라이프니츠의 여백 노트: "영혼은 그것을 단지 혼란스럽게 알 뿐이다. 영혼의 고통과 신체의 나쁜 상태는 공존에 의해서 동시에 생겨난다."

니다. 혹은 이 정신은 그 신경조직에 들어가는 운동을 정신 자신에게 부여하지 않습니다. 그렇다면 이 정신에게 운동을 부여한 것은 무엇입니까?[87] 제가 팔을 올리려고 했던 기회에는 신이 원인입니까? 이것은 당신이 인정하지 않는 것으로 보이는 기회원인을 지지하는 이들의 주장입니다. 그렇다면 원인은 분명히 우리의 영혼이어야 할 것 같습니다. 하지만 이것 또한 당신이 원하지 않는 것 같습니다. 왜냐하면 이것은 신체에 물리적으로 작용하는 것이기 때문입니다. 그리고 제가 보기에, 당신은 한 실체가 다른 실체에 물리적으로 작용하지 않는다고 생각하는 것 같습니다.

두 번째로 제가 해명되기를 원하는 것은 당신이 다음과 같이 말한 것입니다. "물체 혹은 물질이 무지개와 같은 단순 현상이 아니기 위해서는 또한 돌무더기와 같이 우연적으로 또는 집적에 의해서 하나 된 존재가 아니기 위해서는 그것은 연장으로 구성될 수 없고, 필연적으로 사람들이 실체적 형상이라고 부르는 어떤 것 그리고 사람들이 영혼이라고 부르는 것에 어떤 식으로든 상응하는 어떤 것이 있어야 한다." 이것에 관해 물어볼 것이 많이 있습니다.

1. 우리의 신체와 우리의 영혼은 실제적으로 상이한 두 실체입니다.[88] 그런데 물체에 연장 외에 실체적 형상[89]을 놓는다면, 사람

---

87) 라이프니츠의 여백 노트: "이것은 정신의 성향disposition과 신경조직 자체에 연결된 대상들이다."

들은 이것이 상이한 두 실체라고 생각할 수 없을 것입니다. 따라서 사람들은 이 실체적 형상이 우리가 우리의 영혼이라고 부르는 것과 어떤 관계를 가질 것이라고 보지 않습니다.

2. 물체의 이 실체적 형상은 연장적이고 분할 가능하거나 아니면 비연장적이고 분할 불가능하거나 해야 합니다. 후자로 말하면, 그것은 우리의 영혼과 마찬가지로 **파괴 불가능**할 것으로 보입니다.[90] 그리고 전자로 말하면,[91] 물체들이 연장으로 구성될 때보다 물체를 **자기 자신에 의한 일체**unum per se로 만드는 데에 그것을 통해서 얻을 것이 전혀 없어 보입니다. 왜냐하면 사람들이 물체에서 일체성 unité[92]을 생각하기 어려운 것은 바로 연장적인 것이 무한하게 많은 부분들로 분할 가능하기 때문입니다. 이제 이 실체적 형상이 연장

---

88) 라이프니츠의 여백 노트: "나는 이것을 기계나 집적에 의한 다른 존재가 잘못하여 하나의 실체로 불리는 것과 같은 정도로만 인정한다."

89) 라이프니츠의 여백 노트: "영혼 자체가 이런 실체적 형상이다."

90) 라이프니츠의 여백 노트: "그것(비연장적이고 분할 불가능한 것)이 그런 것(파괴 불가능한 것)이라는 것, 그리고 어떤 실체도 단지 창조와 소멸에 의해서만 시작되거나 끝날 수 있다는 것을 인정해야 한다."

91) 원문에 아르노의 전자, 후자 표기는 잘못되었다. 핀스터(Finster) 판과 메이슨(Mason)의 번역에서 전자, 후자 표기는 아르노의 실수가 그대로 나타나지만, 아카데미 판 편집자는 이것을 수정했고, 이 번역도 수정해 표기했다.

92) 'unité/unum'은 일체(一體) 혹은 단일, 일체성 혹은 단일성으로 번역했다. 라이프니츠 철학에서 이것은 실체가 되기 위한 조건, 즉 실체의 본성을 의미하기도 하면서 실체 자체, 즉 이런 실체의 본성을 갖춘 것을 의미하기도 한다. 전자의 경우 단일성 혹은 일체성이 어울리고 후자의 경우 일체가 어울린다.

적인 것과 마찬가지로 분할 가능하다고 한다면, 이 문제에 어떤 도움도 주지 못할 것입니다.

3. 대리석 조각을 하나이게 하는 것이 그것의 실체적 형상입니까? 만약 그렇다면, 사람들이 대리석을 둘로 나누었을 때, 그래서 그것이 더 이상 하나가 아닐 때, 이 실체적 형상은 어떻게 됩니까? 실체적 형상이 파괴됩니까 아니면 둘이 됩니까? 이 실체적 형상이 하나의 존재 방식une maniere d'estre이 아니라 실체라면, 전자는 이해 불가능합니다. 그리고 이것은 하나의 존재 방식이나 양태modalité라고 할 수 없습니다. 왜냐하면 이 형상이 양태가 될 실체는 연장적인 것이어야 하기 때문입니다. 이것은 분명 당신의 생각이 아닐 것입니다. 그리고 만약 하나였던 이 실체적 형상이 둘이 된다면, 사람들은 이 실체적 형상 없이 단지 연장적인 것에게도 마찬가지로 그렇게 말하지 않겠습니까?

4. 당신은 연장적인 것에 몇몇 스콜라 철학자들이 **물체성의 형상**formam corporeitatis이라고 불렀던, 그들이 인정한 것과 같은 그런 일반적인 실체적 형상을 부여한 것입니까? 아니면 상이한 물체들이 있는 것처럼 상이한 실체적 형상들이 존재한다고 주장하는 것입니까? 그리고 물체들이 종적으로 다를 때, 실체적 형상도 종적으로 다릅니까?

5. 우리가 거주하는 단 하나의 지구가 있고, 우리를 비춰주는 단하나의 태양이 있고, 그렇게 많은 날 동안 지구 주변을 도는 단 하

나의 달이 있다고 말할 때, 사람들이 지구, 태양, 달에 부여하는 일체성을 당신은 어디에 위치 시킵니까?[93] 예를 들어 그렇게 많은 이질적인 부분들로 구성된 지구가 지구에게 고유하고 이런 일체성을 지구에게 주는 하나의 실체적 형상을 갖는 것이 필연적이라고 생각하십니까? 당신이 그렇게 생각할 아무런 근거도 없습니다. 저는 하나의 나무, 하나의 말에 대해서도 똑같이 말할 것입니다. 그리고 거기에서 모든 혼합물로 넘어갈 것입니다. 예를 들어 우유는 유액, 유지 그리고 응고된 부분으로 구성됩니다. 이 우유에 세 실체적 형상들이 있습니까 아니면 하나의 실체적 형상만 있습니까?

6. 끝으로 사람들은 그들이 어떤 명석 판명한 관념도 갖지 않는 존재를 인정하는 것은 철학자답지 못한 것이라고 말할 것입니다. 그리고 이 실체적 형상에 대해서 그런 어떤 관념도 가지고 있지 않다고 말할 것입니다. 게다가 당신에 따르면, 사람들은 이 실체적 형상을 그것의 효과를 통해서 입증할 수 없습니다. 왜냐하면 당신도 인정하듯이, 자연의 모든 개별적 현상은 입자론 철학에 의해서 설명되어야 하며, 이 형상을 근거로 말할 것은 없기 때문입니다.

7. 물체에서 일체성을 찾기 위해 물질이 무한하게 분할 가능할 것이라는 점과 분할 불가능한 원자를 인정해야 한다는 것을 부인

---

93) 라이프니츠의 여백 노트: "대리석 조각, 지구, 태양과 같은 이 모든 것은 돌무더기와 마찬가지로 실체일 수 없다."

하는 데카르트주의자들[94]이 있습니다. 그러나 저는 당신이 그들과 같은 견해를 가지고 있다고 생각하지 않습니다.[95]

저는 당신의 소논문[96]을 살펴보았습니다. 그리고 그것이 매우 정교하다고 생각했습니다. 그러나 조심하십시오. 데카르트주의자들이 우리의 견해와 반대되는 것은 없다고 답할 수는 없을 것입니다. 왜냐하면 당신은 데카르트주의자들이 거짓이라고 생각하는 것을 가정하고 있는 것으로 보이기 때문입니다.[97] 즉 낙하하는 돌은 자신이 낙하할 때 얻은 만큼 많은 속도velocité를 자신에게 준다는 것입니다. 그들은 이것이 그 돌이 상승할 때 상승 과정에서 얻은 모든 것을 떨어뜨리게 하고 운동에서 얻은 것의 일부를 그 돌에게 전달하는 입자들로부터 비롯되었다고 말할 것입니다.[98] 따라서 물체 A의 4배인 물체 B가 1피트 낙하할 때, 물체 A가 4피트 낙하할 때보다 더 많은 운동을 가진다는 것은 결코 놀라운 것이 아닙니다.

---

94) 라이프니츠의 여백 노트: "내 생각에 이 사람은 코르드무아(G. de Cordemoy) 씨다."

95) 라이프니츠의 여백 노트: "나는 그렇지 않다."

96) 소논문이란 라이프니츠가 서신 14와 함께 아르노에게 보낸 "Brevis Demonstratio erroris memorabilis Cartesii", in: *Acta Eruditorum*, 1686, 161~163 (A VI, 4, N. 369)이다.

97) 라이프니츠의 여백 노트: "나는 그런 것을 가정하지 않는다."

98) 라이프니츠의 여백 노트: "이것 모두 좋다. 하지만 이런 속도를 가진 이 물체가 어떻게 그런 속도를 갖게 되었는지에 대해서는 고민하지 않는, 지금 가정된 것 모두가 만족스럽지 않다. 나는 그 물체들의 힘이 동일한지 아닌지를 물었다."

왜냐하면 B를 밀었던 입자들은 자신의 질량에 비례해서 운동을 전달할 것이고, A를 밀었던 입자들도 자신의 질량에 비례해서 운동을 전달할 것이기 때문입니다. 저는 이 답변이 좋다고 확신하지 않습니다. 하지만 적어도 당신은 이것이 아무런 도움도 안 되는지 검토해볼 필요는 있다고 생각합니다. 그리고 데카르트주의자들이 당신의 글에 대해 어떻게 말하는지 알 수 있다면 매우 기쁠 것입니다.

데카르트가 그의 기계론의 일반 원리에 관해서 쓴 편지에서 말한 것을 당신이 검토했는지 모르겠습니다.[99] 제가 보기에, 그가 같은 힘이 기계의 도움을 받아서 올릴 때, 왜 기계 없이 올리는 것 보다 두 배, 네 배를 더 올릴 수 있는지를 보여주려 했을 때, **그는 속도는 고려하지 않는다고 단언합니다.** 그러나 그에 대한 저의 기억은 혼란스러울 뿐입니다. 왜냐하면 저는 어쩌다가 한가한 시간에만 이 사안에 열중했고, 이런 책들을 읽어본 지도 20년이 넘었기 때문입니다.

제가 제안한 두 가지 의심을 해결하기 위해서, 아무리 중요하지 않은 일이라도 당신의 일들을 미루지 않기를 바랍니다. 이 일은 당신이 원하는 때에 여유가 있을 때 하시면 됩니다.

---

99) 1637년 10월 5일 데카르트가 콘스탄틴 하위헌스에게 쓴 편지의 부록: *Explication des engins par l'ayde desquels on peut avec une petite force lever un fardeau fort pesant*, A. T. I, 431~448 참조.

당신이 파리에 있었을 때, 발명한 두 기계가 마무리되었는지 알고 싶습니다. 그 하나는 파스칼의 것보다 훨씬 더 완전해 보이는 계산기이고,[100] 다른 하나는 완벽하게 정확한 시계입니다.[101]

저는 전적으로 당신의 편입니다.

17. 라이프니츠가 아르노에게[102]
1686년 12월 8일 하노버

공존의 가설은 저의 실체 개념에서 나온 결과입니다. 제 견해에 따르면, 한 실체의 개체적 개념은 언젠가 그에게 일어나야 하는 모

---

100) 라이프니츠는 1675년 1월 9일 파리에 있는 학술원에서 자신의 계산기를 소개했다. 파스칼의 계산기가 덧셈과 뺄셈만 가능했던 것에 비해 라이프니츠의 계산기는 사칙연산을 모두 실행할 수 있었다.

101) 이와 관련한 라이프니츠의 논문 "Le principe de justisse des horologes potatives", in: *Journal des sçavans,*, 1675년 3월, 93~96 참조. 이 논문은 2개월 뒤 영국 학술원의 올덴버그(Henry Oldenburg)에 의해서 영어로 번역되어 *Philosophical transaction*(1675년 Nr. 113, 285~288)에 발표되었다. 이 두 텍스트는 아카데미 판(A III, 1, N. 45)에서 볼 수 있다.

102) A II, 2, 111~116; GP II, 68~73; Fin. 178-188; Mas. 84~90. [L: 초고, LBr. 16, Bl. 76~77] 이 서신은 아르노의 서신 16에 대한 반응으로 서신 18의 예비 작업으로 볼 수 있다. 물론 아르노에게 보내지 않았다.

든 일을 함축하고_{envelopper}[103], 완전한 존재를 그렇지 않은 존재로부터 구별해주는 것도 이것이기 때문입니다. 그런데 영혼은 하나의 개체적 실체이기 때문에, 그것의 개념, 관념, 본질 혹은 본성은 영혼에게 일어나야 하는 모든 것을 함축해야 합니다. 영혼을 완전하게 보고 있는 신은 그 영혼에서 그것이 언젠가 작용을 가하고 당할 모든 것과 그 영혼이 갖게 될 모든 사고를 봅니다. 그러므로 우리의 사고는 단지 우리 영혼이 갖는 본성의 결과일 뿐이고, 영혼의 개념에 의해서 생겨나기 때문에, 다른 특별한 실체의 영향을 요구하는 것은 불필요합니다. 이런 영향이 절대적으로 해명될 수 없다는 것을 별개로 하더라도 말입니다. 어떤 특정한 물체 운동이 있을 때, 우리에게 어떤 특정한 사고가 일어나고 우리가 어떤 특정한 사고를 가지고 있을 때, 우리에게 어떤 특정한 물체 운동이 일어난다는 것은 사실입니다. 하지만 이것은 단지 각각의 실체가 각자의 방

---

103) 'envelopper'는 앞의 서신 11에서부터 등장하는 표현으로 '함축하다'로 번역했는데, 이 표현은 'développer'와 대비해서 이해하는 것이 정확하다. 즉 'développer'가 '펼쳐져 드러나다', '개현하다'의 의미라면 'envelopper'는 접혀 있어서 드러나지 않지만 가능성의 상태로 포함되어 있는 것을 의미한다고 볼 수 있다. 라이프니츠와 아르노 간의 논쟁의 시작점이었던 명제, '모든 개인의 개체적 개념은 언젠가 그에게 일어날 일을 포함한다.'고 말할 때, 'enfermer'를 사용하고 또 보통 포함 관계를 나타내는 말로 'contenir'를 사용한 것과 구별해 이해할 필요가 있다. 라이프니츠는 이 'envelopper'라는 표현으로 개체의 완전 개념에 사물의 연쇄와 개체적 정황, 우연적 진리들이 주름과 같이 접힌 상태로 함축되어 있다는 것을 나타내려 했다고 볼 수 있다.

식대로 전 우주를 표현하기 때문이며, 신체에서 운동을 만들어내는 이 우주의 표현은 영혼의 관점에서는 아마도 고통일 것입니다.

하지만 사람들은 표현이 더 분명한 실체에게 능동성action을 귀속시키고, 그것을 원인이라고 부릅니다. 이것은 마치 한 물체가 물에 떠 있을 때, 이 물체가 지나간 자리를 항상 가장 짧은 경로로 다시 채우려면 반드시 그래야 하는 것처럼, 물의 부분들에 무한히 많은 운동이 있는 것과 마찬가지입니다. 이런 이유에서 우리는 이 물체가 그 운동에 대한 원인이라고 말합니다. 왜냐하면 우리는 그 물체를 통해서 무엇이 일어났는지 분명하게 설명할 수 있기 때문입니다. 하지만 우리가 그 운동에 물리적이고 실재적인 것이 있었는지 검토해보면, 우리는 이 물체는 정지해 있고 나머지 모든 것이 이 가설과 일치하면서 운동한다는 것도 가정할 수 있습니다. 모든 운동은 그 자체로 상대적인 것, 즉 장소 변화일 뿐인데, 사람들은 이 장소 변화를 수학적으로 정확하게 어디에 귀속시킬지 모르면서 모든 것을 분명하게 설명하는 방식으로 하나의 물체에 귀속시키기 때문입니다. 그리고 사실상 크고 작은 모든 현상을 고려하면, 전체를 분명하게 설명할 수 있는 가설은 오직 하나뿐입니다. 또한 이 물체가 이 결과들의 물리적 작용인은 아니겠지만, 적어도 그것의 관념은 신의 지성에 있는, 말하자면 목적인이라거나 당신이 원한다면 표본적exemplaire 원인이라고 말할 수 있을 것입니다. 왜냐하면 사람들은 운동에 어떤 실재적인 것이 있는지 찾으려고 할 때, 마치 배가 물 위를 항해할 때 장소 변화가 일어나는 것처럼 신이 분명히 우주에 모든 장소 변화를 만들려고 했다고 상상하기 때문입니다. 실제로 이런 일이 정확하게 일어나는 것은 사실 아닙니까? 왜냐하면 어떤 실재적 차이를 지정하는 것이 불가능하기 때문입니다. 그러므로 형이상학적으로 정확하게 말해서 배가 지나간 자리를 다시 채우는 데 필요한 이 많은 원들을 만들기 위해서 배가 물을 민다고 말하는 것이 물이 이 모든 원들을 만들기 위해 밀쳐진다고 말하는 것보다 그리고 배가 따라서 움직이도록 물이 배를 민다고 말하는 것보다 더 근거가 있는 것은 아닙니다. 하지만 신이 분명히 그렇게 많은 양의 운동을 그렇게 같이 협력하도록 만들려고 했다고 말하지 않으면 우리는 그런 운동의 원인을 설명할 수가 없습니다. 그리고 세세한 경우에 신에게서 원인을 찾는 것은 합리적이지 않기 때문에 사람들은 배에서 원인을 찾는 것입니다. 실제로 최후의 분석에서는 상이한 실체들 간에 있는 모든 현상의 일치가 그 실체들이 하나의 동일한 원인의 산물이라는 것, 즉 각각의 개체적 실체가 신이 전 우주에 대해서 내린 결단을 표현하게 하는 신의 산물이라는 것에서 기인하겠지만 말입니다. 이와 같은 이유로 사람들은 고통을 신체의 운동에 귀속시킵니다. 그렇게 함으로써 어떤 분명한 것에 이를 수 있기 때문입니다. 그리고 이것은 우리에게 현상을 마련해주거나 막는 구실을 합니다. 그럼에도 필요 없이 앞서 나아가지 않으면, 우리가 하는 것은 단지 사고하는 것뿐이고 우리가 마련해주는 것도 단지 사고들뿐이며, 우리의 현상들은 단지 사고들에 불과합니다. 하지만 우리의 모든 사고가 효과 있는 것이 아니고 특정한 성질의 다른 사고를 우리에게 마련해 주는 것도 아니기 때문에, 그리고 현상들 간의 보편적 연결의 신비를 푼다는 것도 우리에게 불가능하기 때문에, 우리는 경험을 근거로 다른 기회에 우리에게 제공되는 것들을 주목해야 합니다. 여기에 감각의 유용성이 있으며 사람들이 우리 외부에 있는 능동성이라고 부르는 것이 여기에 사용됩니다.

공존의 가설 혹은 실체들 상호 간의 일치에 관한 가설은 제가 말했던 다음으로부터 도출됩니다. 즉 모든 개체적 실체는 항상 그에게 일어날 모든 사건을 함축하고, 자신의 방식에 따라 전 우주를 표현한다는 것, 따라서 물체에서 운동 혹은 장소 변화를 통해서 표현되는 것이 영혼에서는 고통으로 표현될 수 있다는 것 말입니다. 고통은 단지 사고에 불과하기 때문에, 고통이 사고하는 것이 본성인 실체의 결과라는 것은 결코 놀라운 것이 아닙니다. 그리고 특정한 사고와 특정한 운동의 연결이 지속적으로 일어난다면, 이것은 신이 처음부터 모든 실체를 그렇게 창조했기 때문입니다. 그래서 해명할 수 없어 보이는, 상호 간의 물리적 영향도 필요 없이, 결과적으로 그 모든 현상이 서로 상응하도록 창조되었기 때문입니다. 제가 아는 한, 데카르트는 이 점에 대해서 해명하지 않았는데, 아마도 그는 기회원인의 가설보다는 이 공존의 가설을 더 지지했을 것입니다.

아르노 씨, 저는 당신이 성 아우구스티누스가 이미 이런 견해를 가지고 있었다고 말하는 것에 감탄합니다. 성 아우구스티누스는 고통은 신체가 불편하기 때문에 갖게 되는 영혼의 슬픔 이외에 다른 것이 아니라고 주장했습니다.[104] 이 위대한 인물은 확실히 이 문제들에 대해 매우 깊이 통찰하고 있었습니다. 그렇지만 영혼이 자신의 신체가 불편하다는 것을 느끼는 것은 신체가 영혼에 영향을 주어서도 아니고, 이것을 예고하는 신의 특별한 작용 때문도 아닙니다. 이것은 신체에 일어나는 일을 표현하는 것이 영혼의 본성이기 때문이며, 태초에 사고의 연쇄가 운동의 연쇄와 일치하도록 창조되었기 때문입니다. 우리는 밑에서 위로 움직이는 저의 팔운동에도 똑같이 말할 수 있습니다. 사람들은 무엇이 정신을 특정한 방식으로 신경조직에 들어가도록 결정하는가 하고 묻습니다. 저는 그것이 운동의 일반적 법칙에 근거해서 대상에 대한 인상impression 뿐만 아니라 정신의 성향disposition 그리고 신경조직 자체 때문이라고 답합니다. 그러나 이 모든 규정은 우리가 흔히 활동을 귀속시키는 의지가 영혼에 동시에 있을 때에만 사물의 일반적 일치를 통해서 일어납니다. 그러므로 영혼은 물체의 질서에서 아무것도 변화시키지 않으며, 물체도 영혼의 질서에서 아무것도 변화시키지 않습니다. (그리고 자연현상을 설명하는 데 형상이 사용될 필요가 없다는

---

104) Augustinus, 『신국론(*De civitate Dei*)』, 14부, 15. 앞의 주.

것은 이런 이유에서입니다.) 그리고 한 영혼은 다른 영혼의 사고 과정에 어떤 것도 변화시키지 않으며, 일반적으로 한 개별 실체는 다른 실체에 어떤 물리적 영향도 주지 않습니다. 더욱이 이런 물리적 영향은 무용합니다. 왜냐하면 모든 실체는 그에게 일어나야 하는 모든 일을 자신의 본성에 의해서 스스로 결정하기에 충분한 완전한 존재이기 때문입니다. 그럼에도 불구하고 사람들은 자신의 의지가 이 팔운동의 원인이라고, 또 자기 신체의 물질에서 **연속의 분해**solutio continui가 고통의 원인이라고 말하기에 적당한 근거를 가지고 있습니다.[105] 왜냐하면 어떤 한 실체는 다른 실체가 더 혼란스럽게 표현하는 것을 분명하게 표현하고, 사람들은 표현이 더 분명한 실체에게 능동성을 부여해야 하기 때문입니다. 또한 이것은 실질적으로 현상을 얻기 위해서 사용되기도 합니다. 자신의 의지가 물리적 원인이 아니라면, 우리는 그것을 목적인 혹은 더 잘 표현해서 표본적 원인이라고 말할 수 있을 것입니다. 즉 사물들의 보편적 연결을 결정하는 것이 문제일 때, 신의 지성에 있는 자신의 관념이 이 개별성에 관한 신의 결단에 기여했다고 말할 수 있을 것입니다.

다른 어려움, 즉 실체적 형상과 물체의 영혼에 관한 문제는 비교할 수 없을 정도로 큽니다. 그리고 저는 이것을 만족스럽게 해결하지 못했다는 것을 인정합니다. 우선 우리는 물체가 실체라는

---

105) Leibniz, 『변신론(*Théodicée*)』, §342~343 참조.

것, 그리고 단지 무지개와 같은 참된 현상이 아니라는 것을 확실히 해야 할 것입니다. 하지만 이것은 사람들이 물체적 실체substance corporelle가 연장이나 분할 가능성으로 구성되지 않는다는 것을 추론할 수 있다는 생각을 전제합니다. 왜냐하면 사람들은 두 개의 서로 떨어져 있는 물체가, 예를 들면 두 개의 삼각형이, 실제로 하나의 실체가 아니라는 것을 인정할 것이기 때문입니다. 이제 이 두 삼각형이 하나의 사각형을 만들기 위해 서로 근접한다고 가정해 보십시오. 이런 근접만으로 그것들이 하나의 실체가 될 수 있겠습니까? 저는 그렇게 생각하지 않습니다. 각각의 연장된 물질덩어리 masse는 다른 둘 혹은 수천의 물질덩어리가 합성된 것으로 간주할 수 있습니다. 그러나 근접을 통해서는 연장만 있을 뿐입니다. 따라서 사람들은 이것이 진정 하나의 실체라고 말할 수 있는 하나의 물체는 결코 찾을 수 없을 것입니다. 그것은 언제나 여러 실체들의 집적aggregé일 것입니다. 더욱이 그것은 실재 존재estre reel가 될 수 없을 것입니다. 왜냐하면 그것을 구성하는 부분들은 같은 어려움에 처하기 때문이고, 집적에 의한 존재들은 그것의 구성 부분이 가지는 실재성만큼만 실재성을 가질 것이기 때문에, 사람들은 결코 하나의 실재 존재에 이를 수 없기 때문입니다. 이로부터 다음이 따라 나옵니다. 물체가 하나의 실체를 가지고 있다면, 물체의 실체 substance d'un corps는 분할 불가능해야 합니다. 사람들이 그것을 영혼이라 부르든 형상이라 부르든 제게는 다르지 않습니다. 그리고 아르노 씨, 당신이 충분히 높이 평가한 것으로 보이는 개체적 실체의 일반 개념도 같은 것을 증명하고 있습니다. 연장은 완전한 존재를 구성할 수 없는 속성입니다. 연장으로부터 어떤 능동 작용도 변화도 도출할 수 없습니다. 연장은 단지 현재의 상태를 표현할 뿐 실체의 개념이 해야 하는 미래와 과거를 결코 표현할 수 없습니다. 두 개의 삼각형이 연결되어 있을 때, 우리는 어떻게 이것들이 연결되었는지 추론할 수 없습니다. 이런 연결은 여러 방식으로 일어날 수 있습니다. 하지만 여러 원인을 가질 수 있는 모든 것은 결코 완전한 존재가 아니기 때문입니다.

물론 당신이 제기한 여러 의문들을 해결하는 것이 매우 어렵다는 것을 저는 인정합니다. 제가 생각하기에, 물체가 실체적 형상을 가지고 있다면, 예를 들어 동물이 영혼을 가지고 있다면, 사람들은 이 영혼은 분할 불가능하다고 말해야 합니다. 또한 이것은 성 토마스 아퀴나스의 견해이기도 합니다.[106] 따라서 이 영혼은 파괴될 수 없습니까? 저는 그렇다고 인정합니다. 그리고 레이우엔훅 씨[107]의

---

106) St. Thomas Aquinas, 『이교도대전(*Summa contra gentiles*)』, II, 65장, 4; 82장, 9 참조.

107) Antonie van Leeuwenhoek(1632~1723). 네덜란드의 생물학자. 최초의 미생물학자로 미생물학의 아버지로 알려져 있다. 자신이 직접 만든 현미경으로 실험과 관찰을 수행했고, 현미경을 이용해 세균과 원생동물을 최초로 관찰했다. 우물물, 빗물 등을 관찰하고 나서 극미동물의 존재를 세상에 알렸고, 유충이나 개미의 알 등을 관찰하고 하등 동물의 자연발생설에 반대했다. 미생

견해들에 따라 모든 동물의 생성은 기존에 살아 있는 동물의 변형 transformation일 뿐이라는 주장이 가능한 것처럼 죽음은 단지 또 다른 하나의 변형이라는 것도 믿을 만한 근거가 있습니다. 하지만 인간의 영혼은 더 신적인 어떤 것입니다. 그것은 파괴 불가능할 뿐만 아니라 항상 자기 자신을 인식하고 자기의식conscia sui을 유지합니다. 그리고 인간 영혼의 기원과 관련해서, 우리는 정자semence 속에 있는 이 영혼 있는 물체corps animé가 인간의 형상을 받아들이도록 결정될 때에만 신이 인간의 영혼을 창조했다고 말할 수 있습니다. 변형 전에 먼저 이 물체에 영혼을 불어넣은 이 동물적 영혼ame brute은 이성적 영혼이 그 자리를 차지할 때, 혹은 신이 예외적으로 영향을 주어서 한 영혼에게 새로운 완전성을 주면서 다른 영혼으로 변화시킬 때 사라지게 됩니다. 이것은 저 또한 충분히 밝히지 못하는 독특한 점입니다.

저는 영혼이나 실체적 형상이 제외되고 나면, 물체를 실체라고 부를 수 있을지 모르겠습니다. 그것이 기계와 같은 여러 실체들의 집적일 수는 있을 것입니다. 따라서 사람들이 저에게 **시신의 형상**

물microorganism이라 불리는 단세포 동물을 최초로 발견했고(레이우엔훅 자신은 이것을 아니마쿨레스animalcules라고 불렀다), 박테리아, 정자운동, 모세혈관에서 혈액 순환 등을 관찰했다. 라이프니츠가 언급한 부분과 관련해서, "Observationes de natis e semine genitali animalculis", in: *Philosophical Transactions*, Nr. 142, 1677년 12월~1678년 2월 참조.

forma cadaveris이나 대리석 조각의 형상에 대해서 말할 것을 요구한다면, 저는 그것들은 돌무더기처럼 **집적에 의해서**per aggregation 하나가 될 수 있을 뿐 실체는 아니라고 말할 것입니다. 우리는 태양, 지구, 기계에 대해서도 그렇게 말할 수 있습니다. 제가 확신할 수 있는 것은, 인간을 제외하면 다수의 집적이나 현상이 아니라 하나의 실체라고 확신할 수 있는 물체는 없다는 것입니다. 그럼에도 제게 확실해 보이는 것은, 만약 물체적 실체가 존재한다면, 인간만이 유일한 것은 아니라는 것입니다. 비록 의식은 결여하고 있지만, 동물도 영혼을 가지고 있다는 것이 개연적인 것으로 보입니다.

끝으로, 형상이나 영혼에 대한 고찰이 개별 현상을 다루는 물리학에서 소용없다는 것에 동의하지만 형이상학에서는 중요합니다. 이것은 기하학자들이 **연속 합성에 관해서**de compositione continui 관심을 갖지 않는 것과 물리학자들이 어떤 한 공이 다른 공을 미는지, 혹은 그렇게 한 것이 신인지 아닌지에 관해서 걱정하지 않는 것과 거의 유사합니다.[108] 이 영혼이나 형상을 근거 없이 인정하는 것은 철학자답지 못한 일일 것입니다. 하지만 이 영혼이나 형상 없이 물체가 실체라는 것은 이해할 수 없습니다.

---

108) DM: §18; GP IV, 334 참조.

18. 라이프니츠가 아르노에게[109]
1686년 11월 28일/12월 8일 하노버

아르노 씨께

제가 사용한 몇몇 논거들에 대해서 당신이 솔직하고 정직하게 경의를 표해준 것에서 어떤 특별함을 발견했기 때문에, 저는 그것을 인정하지 않을 수 없고 또 경탄하지 않을 수 없습니다. 명제의 일반 본성에서 가져온 논증이 당신에게 어떤 인상을 줄 수 있을지 꽤 의심했었습니다. 하지만 그러면서도 매우 추상적인 진리를 인정할 수 있는 사람이 드물고, 당신 외에 어느 누구도 그런 진리의 힘을 그렇게 쉽게 인지할 수 없다는 것을 저는 인정합니다.

저는 사물의 가능성에 관한 당신의 성찰로부터 배우기를 원했습니다. 이 가능성을 신에 적합한 방식으로 말하는 것이 문제이니 당신의 성찰은 깊이 있고 중요하지 않을 수 없습니다. 그러니 당신의 편의에 따를 것입니다. 당신은 저의 편지에서 두 가지 문제를 발견

---

109) A II, 2, 116~127; GP II, 73~81; Fin. 188~208; Mas. 91~101. [L: 초고, LBr. 16, Bl. 74~75] 이 서신은 아르노가 라이프니츠에게 보낸 서신 16에 대한 답신이다. 라이프니츠는 에른스트 영주에게 보낸 서신 19에 이 서신이 아르노에게 전달되도록 요청했다. 그리고 이 서신은 라이프니츠가 출판을 계획했던 여섯 서신 중 네 번째 서신이었다.

합니다. 그 첫째는 공존의 가설 혹은 실체들 상호 간의 일치의 가설이고, 둘째는 물체적 실체가 지닌 형상의 본성입니다. 저는 이것이 고찰할 만한 가치가 있다고 생각합니다. 그리고 제가 이 문제를 완전히 해결할 수 있다면, 전 자연의 가장 큰 비밀을 해독할 수 있는 것이라고 생각합니다. 하지만 **어떤 특정한 지점까지 진전시키는 것도 가치 있는 일일 것입니다.**[110] 첫 번째 문제와 관련해서, 저는 당신이 공존의 가설에 관한 저의 생각에서 불명료하다고 본 것을 당신 스스로 충분히 설명했다고 생각합니다. 왜냐하면 팔이 상처 입음과 동시에 영혼이 고통을 느낄 때, 아르노 씨가 말했듯이, 저는 사실상 영혼 스스로 이 고통을 만든다고 생각하기 때문입니다. 말하자면 이 고통은 영혼의 상태 혹은 영혼의 개념에서 나온 자연적 결과인 것입니다. 그리고 제가 감탄하는 것은, 당신도 언급했듯이, 성 아우구스티누스가 이렇게 상처를 입을 때 영혼이 갖는 고통은 신체의 불편함을 동반하는 슬픔 이외에 다른 것이 아니라고 말할 때, 같은 것을 인정했던 것으로 보인다는 것입니다. 정말로 이 위대한 인간은 매우 확고하고 깊이 있는 생각을 가지고 있었습니다. 그러나 (사람들은 물을 것입니다) 어떻게 영혼이 신체의 이

---

110) "est aliquid prodire tenus." 이 표현은 호라즈(Horaz)의 표현을 변형한 것으로 보인다. *Epistolae*, I, 1, 32: "est quodam prodire tenus, si non datur ultra. (더 이상 갈 수 없을 때까지 갈 수 있다.)"

불편함을 알 수 있습니까? 저의 답변은, 이것은 신체가 영혼에게 어떤 인상을 주거나 작용을 가해서가 아니라, 모든 실체의 본성이 전 우주에 대한 일반적 표현을 지니고 있고, 영혼의 본성은 더 특별하게 자신의 신체에 지금 일어나는 일에 대해서 더 분명한 표현을 지니기 때문이라는 것입니다. 그러므로 자기 신체에서 일어나는 일을 신체의 고유한 것을 통해서 표시하고 인식하는 것은 신체에게 자연스러운 일입니다. 신체가 영혼의 사고에 맞출 때, 신체에 대해서도 이것은 마찬가지입니다. 그리고 제가 팔을 올리려고 할 때는 신체에서 모든 것이 이 작용을 위해서 준비되는 바로 그 순간입니다. 따라서 이런 일이 사물들 간의 이 놀랄 만한 일치, 그러나 피할 수 없는 일치를 통해서 일어나기는 하지만, 신체는 자기 자신의 법칙에 따라서 운동합니다. 이 법칙은 의지가 그 작용으로 기울어지는 순간 정확하게 사물들 간의 일치에 협력합니다. 그 이유는 신이 우주 만물의 이 연쇄에 대해서 결단을 내렸을 때, 이런 일치를 사전에 고려했기 때문입니다. 이 모든 것은 개체적 실체의 개념에서 나온 결과일 뿐입니다. 이 개념은 자신의 모든 현상을 함축합니다. 그래서 자신의 고유한 근거로부터 생겨나지 않은 것은 어떤 것도 실체에 일어날 수 없습니다. 어떤 한 실체는 자유롭게 활동하고 다른 실체는 선택 없이 활동하기는 하지만, 다른 실체에 일어나는 현상과 일치되게 일어납니다. 그리고 이런 일치는 모든 사물의 원인인 최고 실체의 필연성에 대해서 우리가 제공할 수 있는 가장 좋은 증거들 가운데 하나입니다.

　저는 제가 실체적 형상과 관련된 두 번째 문제에 대해서 매우 분명하고 결정적으로 설명할 수 있기를 바랍니다. 아르노 씨, 당신이 지적한 첫 번째 문제는 우리 영혼 그리고 우리 신체는 실재적으로 상이한 두 실체라는 것, 따라서 하나가 다른 것의 실체적 형상일 수 없다는 것입니다. 저는 다음과 같이 답합니다. 제 견해에 따르면, 영혼을 떼어놓은 우리의 신체 자체나 시신이 하나의 실체라고 불리는 것은 오류입니다. 이것은 마치 집적에 의한 존재에 불과한 돌무더기나 기계를 하나의 실체라고 부르는 것이 오류인 것과 마찬가지입니다. 왜냐하면 규칙적이거나 불규칙적인 배열은 실체적 일체성에 어떤 영향도 미치지 않기 때문입니다. 게다가 지난 라테란 공의회Concile de Lateran는 영혼이 진정으로 우리 신체의 실체적 형상이라고 선언합니다.[111]

　두 번째 문제와 관련해서, 저는 물체의 실체적 형상이 분할 불가능하다는 것에 동의합니다. 그리고 이것은 성 토마스 아퀴나스의 견해이기도 한 것으로 보입니다.[112] 그리고 저는 모든 실체적 형상

---

111) 1513년 12월 19일에 열린 제5회 라테란 공의회의 8차 회의에서 의결된 내용. "illa(anima intellectiva)……vere per se et essentialiter humani corporis forma exsistat(지성적 영혼은 실제로 자기 자신에 의해서 현존하고 본질적으로 로 인간 신체의 형상이다.)"

112) Thomas Aquinas, 『신학 대전(*Summa Theologiae*)』, I, 76, 4항 참조.

뿐만 아니라 모든 실체가 파괴 불가능하고 심지어 생성 불가능하다는 것에도 동의합니다. 이것은 또 알베르투스 마그누스[113]의 견해이기도 합니다. 그리고 고대인들 중에서는 사람들이 『식이요법에 관하여(De diaeta)』라는 책의 저자라고 여기는 히포크라테스[114]의 견해이기도 합니다. 따라서 이것들은 단지 창조에 의해서만 생겨날 수 있습니다. 그리고 저는 새로운 창조를 필요로 하지 않는, 이성을 결여한 동물들의 생성은 모두 이미 생명이 있는, 하지만 경우에 따라 지각할 수 없는 다른 동물의 변형에 불과하다고 강하게 믿는 편입니다. 누에나 다른 유사한 것에서 일어나는 변화를 예로 들 수 있습니다. 자연은 어떤 사례에서는 자신의 비밀을 드러내는 습관이 있지만, 다른 사례에서는 감추기도 하기 때문입니다. 그러므로 동물적 영혼은 창세기에서 언급된, 정자의 저 생식력에 맞게 태초부터 모두 창조되었을 것입니다.[115] 그러나 이성적 영혼은 단지 자신의 신체가 형성될 때에 창조됩니다. 이 이성적 영혼은 반성 능력이 있고 소규모로 신의 본성을 모방하기 때문에, 우리가 알고

---

113) Abertus Magnus(1206~1280). 스콜라 철학자, 과학자, 신학자. 이 견해와 관련해서 *Metaphysica*, 2권, 16장; 11권 3장 참조.

114) Hippocrates(BC 460~370?). 고대 그리스 페리클레스 시대의 자연학자, 의사. 서양 의학의 아버지라 불리며, 서양 학문으로서 의학을 기초했다. 많은 의학 저작을 남겨 의학에서 학파를 형성하며 후대 의학 발전에 가장 크게 기여한 인물이다. 여기서 언급된 저작은 *De diaeta*, I, 4.

115) 『창세기』, 1장 11~12절 참조.

있는 다른 영혼과 전적으로 다르기 때문입니다.

세 번째, 저는 대리석 조각은 돌무더기와 같은 것에 불과하다고 생각합니다. 따라서 이것은 하나의 유일한 실체라고 볼 수 없고 여러 실체의 결합체assemblage에 불과합니다. 두 개의 돌, 예를 들어 대공grand Duc의 다이아몬드와 무굴 황제grand Mogol의 다이아몬드가 있다고 가정해봅시다. 우리는 이 둘 모두를 고려의 대상으로 지시하는데 하나의 동일한 집합명사를 사용할 수 있으며, 그것들이 서로 멀리 떨어져 있더라도, 한 쌍의 다이아몬드라고 말할 수 있을 것입니다. 그러나 우리는 이 두 개의 다이아몬드가 하나의 실체를 이룬다고 말하지 않을 것입니다. 크고 작음은 여기에서 아무런 영향도 없습니다. 따라서 우리가 그것들을 서로 근접시켜도, 그리고 서로 접촉시켜도, 그것들은 더 이상 실체적으로 하나가 되지 못할 것입니다. 그리고 근접시키고 나서 그것들의 분리를 막는데 적절한 어떤 다른 물체를 끼워 넣는다고 해도, 예를 들어 그것들을 단 하나의 고리에 끼워 넣는다고 해도, 이 모든 것은 단지 **우연에 의한 일체**unum per accidens라고 불리는 것을 만들 뿐입니다. 왜냐하면 그것들이 하나의 동일한 운동에 강제되는 것은 우연에 의한 것과 같기 때문입니다. 따라서 제가 주장하는 것은, 가득 차 있는 연못의 물이, 아무리 그 모든 물과 물고기가 얼어 있다고 해도 완전한 하나의 유일 실체가 아닌 것과 마찬가지로 대리석 한 조각은 완전한 하나의 유일 실체가 아니라는 것입니다. 이것은 또한 한 무리의 양떼가, 이 양들이 서로 연결되어 있어서 같은 보폭으로만 걸을 수 있고, 다른 모든 양들을 울게 하지 않으면 한 마리 양을 잡을 수 없다고 해도, 완전한 하나의 유일 실체가 될 수 없는 것과 마찬가지입니다. 한 인간과 민족, 군대, 사회 혹은 동업집단과 같은 하나의 공동체 간에 차이가 있는 것만큼 하나의 실체와 이런 존재자 간에도 큰 차이가 있습니다. 이런 공동체들은 상상적인 어떤 것이 존재하는 도덕적 존재이며 우리 정신의 허구에 의존합니다. 실체적 일체성은 완전한 존재, 분할 불가능하고 자연적으로 파괴 불가능한 존재를 요구합니다. 왜냐하면 그것의 개념은 그에게 일어나야 하는 모든 일을 함축하기 때문입니다. 그것의 모든 사건은 형태에서도 운동에서도 발견할 수 없는 것입니다. (제가 증명했던 것처럼, 이둘 모두는 그 자체로 어떤 상상적인 것을 함축하고 있습니다) 그러나 사람들이 자아라고 부르는 것의 예에 따라서 영혼이나 실체적 형상에서는 발견할 수 있습니다. 고대인들이 인정했던 것처럼, 이것은 진정으로 완전한 유일한 존재입니다. 그리고 특히 플라톤은 물질만으로는 하나의 실체를 형성하기에 충분하지 않다고 매우 분명하게 보여주었습니다.[116] 이제, 위에서 말한 자기 자신이나 각각의 개체적 실체에서 그에 상응하는 것은 그 부분들을 근접시키거나 떨어뜨림으로써 만들어지거나 파괴되거나 할 수 없습니다. 이렇게

116) Platon, *De Legibus*, XII, 959a~b; *Timaios*, 30a~92b, 69~72 참조.

하는 것은 하나의 실체를 만드는 데에 순전히 외적인 것입니다. 저는 영혼이 있는 것 외에 어떤 다른 참된 물체적 실체가 있는지 정확하게 말할 수 없습니다. 하지만 적어도 영혼은 유비를 통해서 다른 영혼에 관한 지식을 우리에게 제공하는 데 유용합니다.

이 모든 것들이 **네 번째** 문제를 설명하는 데 기여할 수 있습니다. 왜냐하면 스콜라 철학자들이 **물체성의 형상**이라고 불렀던 것에 대해서 염려할 필요 없이 저는 기계적으로 하나된 것 이상인 모든 물체적 실체들에게 실체적 형상을 부여하기 때문입니다.

그러나 **다섯 번째**로, 사람들이 특별히 태양, 지구, 달, 나무 그리고 이와 유사한 물체들 그리고 또 동물들에 대한 저의 견해를 요구한다면, 저는 그것들이 영혼을 가지고 있는지 혹은 적어도 그것들이 실체인지, 아니면 단순히 기계나 여러 실체들의 집적인지 절대적으로 확신할 수 없습니다. 그러나 적어도 제가 말할 수 있는 것은, 제가 주장하는 그런 물체적 실체가 전혀 존재하지 않는다면, 결과적으로 물체는 무지개와 같은 참된 현상일 뿐이라는 것입니다. 왜냐하면 연속은 무한하게 분할 가능할 뿐만 아니라 물질의 모든 부분은 위에서 말한 두 다이아몬드처럼 서로 다른 부분들로 현실적으로 분할되어 있기 때문입니다. 그리고 이 분할은 그렇게 계속되기 때문에, 근접에 의한 외적인 합일에 의존하지 않은 채 영혼 혹은 실체적 형상이 실체적 일체를 만드는 영혼이 있는 기계 machines animées를 발견하지 않는 한, 우리는 여기 정말로 하나의 존재가 있다고 말할 수 있는 어떤 것에 결코 도달하지 못할 것입니다. 그리고 그런 것이 존재하지 않는다면, 결과적으로 인간 이외에 어떤 실체적인 것도 가시 세계에 존재하지 않는 것이 됩니다.

여섯 번째, 제가 제안한 개체적 실체 일반에 대한 개념은 진리의 개념처럼 명확하기 때문에 물체적 실체에 대한 개념 또한 마찬가지로 명확할 것이며, 따라서 실체적 형상에 대한 개념 또한 그럴 것입니다. 그러나 만약 그렇지 않다면, 우리가 어떤 것에 대해서 충분히 명석판명하지 않은 지식을 가지고 있다는 것을 인정해야만 합니다. 연속 합성에 관한 기이한 문제들이 입증하듯이, 저는 연장 개념이 그리 명석판명하지 않다고 생각합니다. 그리고 심지어 우리는 **부분들의 현실적 하위 분할 때문에 물체에는 고정되고 정확한 형태가 없다고** 말할 수 있습니다. 따라서 **만약 물체에 물질과 그것의 변용만 있다면, 물체는 의심할 여지없이 단지 현상적이고 상상적인 어떤 것일 것입니다.**

그렇지만 자연의 개별적 현상을 설명하는 것이 문제일 때, 물체의 일체성, 물체의 개념 혹은 물체의 실체적 형상을 언급하는 것은 쓸모없는 일입니다. 이것은 기하학자가 어떤 문제들을 해결하려고 할 때, **연속 합성에 관한** 문제를 검토하는 것이 그들에게 쓸모없는 것과 마찬가지입니다. 그렇지만 이 문제들은 그것들의 자리에서 중요하고 고찰할 만한 가치가 있는 것입니다. 물체의 모든 현상은 영혼이 있는지 없는지 고민할 필요 없이, 기계적으로 혹은 입자 철학philosophie corpusculaire을 통해서, 기계론에서 가정한 어떤 원리에 따라서 설명될 수 있습니다. 그러나 자연학과 기계론의 원리 자체에 대한 최후의 분석에서는 단지 연장의 변용만으로는 이 원리를 설명할 수 없다는 것, 그리고 힘의 본성은 이미 어떤 다른 것을 요구한다는 것이 나타납니다.

끝으로 **일곱 번째**, 제가 기억하기로, 코르드무아 씨는 물체에서 실체적 일체성을 지키기 위해서 쓴 자신의 **영혼과 물체의 구별에 관한 논고**[117]에서 단순한 존재를 만들기 위해서 어떤 견고한 것을 찾으려 한다면, 원자 혹은 분할 불가능한 연장된 물체를 인정하지 않을 수 없다고 생각했습니다. 하지만 아르노 씨, 당신은 저의 견해가 이것이 아니라는 것을 잘 판단하셨습니다. 코르드무아 씨는 어느 정도 진리를 알고 있는 것으로 보입니다. 하지만 그는 실체의 참된 개념이 무엇으로 구성되는지 알지 못했습니다. 여기 가장 중요한 지식의 열쇠가 놓여 있습니다. 무한하게 단단한 형태를 갖춘 물질덩어리만을 포함하는 원자는 (이것은 제가 빈 공간과 마찬가지로 신적인 지혜와 일치하지 않는다고 생각하는 것입니다.) 자신 안에 자신의 모든 과거와 미래 상태를 포함할 수 없으며 더군다나 전 우주의 상태는 더 말할 것도 없습니다.

---

117) G. de Cordemoy, *Le discernement du corps et de l'ame en six discours pour servir à l'éclaircissment de la physique*(Paris, 1670).

이제 운동량에 관한 데카르트의 원리에 반대하는 저의 반박에 대해서 당신이 고찰한 것을 살펴보겠습니다. 아르노 씨, 저는 무게가 있는 물체의 속도가 증가하는 것은 보이지 않는 어떤 액체의 충격 때문이라는 것에 동의합니다. 그리고 이것은 바람이 배를 처음에는 매우 느리게 가게 하다가 다음에는 더 빠르게 가게 하는 것과 같습니다. 그러나 저의 증명은 어느 가설에도 의존하지 않습니다. 물체가 어떻게 자신의 속력vistesse을 얻었는지 지금 고민하지 않고 물체가 가진 속력을 그대로 받아들이면서, 저는 다음과 같이 말합니다. 2등급의 속력을 가지고 있고 1파운드의 무게가 나가는 물체는 1등급의 속력을 가지고 있고 2파운드의 무게가 나가는 물체보다 두 배 더 많은 힘을 갖는다. 왜냐하면 앞의 물체가 같은 무게를 두 배 더 높이 올릴 수 있기 때문입니다. 그리고 저는 서로 충돌하는 물체들 간에 운동을 분배할 때, 데카르트가 그의 규칙에서 한 것처럼[118] 운동량을 고려할 것이 아니라 힘의 양을 고려해야 한다고 주장합니다. 그렇지 않으면 사람들은 영구적 기계 운동을 얻을 수 있게 됩니다.

---

118) Descartes, 『철학의 원리(*Principia philosophiae*)』, 2부, 45~52절. 이와 관련된 라이프니츠의 논의는 다음을 참조. DM §17; *Brevis demonstratio* ; *Essay de dynamique sur les loix du mouvement* : GM VI, 215~231; *Animadversiones in partem generalem principiorum Cartesiorum* : GP IV, 350~392 참조.

예를 들어 정사각형 LM에서 대각선 1A 2A를 가로지르는 물체 A가 자기와 무게가 같은 두 물체 B, C와 동시에 충돌한다고 가정해 봅시다. 그래서 충돌 순간에 이 세 구의 세 중심이 직각 이등변 삼각형에 놓인다고 가정해 봅시다. 이 모든 것은 수평

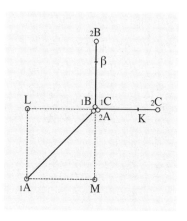

면에 놓여 있습니다. 이제 물체 A가 충돌 후에 2A 자리에 정지해 있고 자신의 모든 힘을 물체 B와 C에 분산했다고 가정해봅시다. 이 경우에 B는 1B에서 2B까지만큼의 속도velocité를 가지고 1B에서 2B로 향하는 방향으로 갈 것이고, C는 1C에서 2C까지만큼의 속도를 가지고 1C에서 2C로 향하는 방향으로 갈 것입니다. 즉 A가 충돌 전에 1A에서 2A로 등속도로 오는 데 1초가 걸렸다면, 충돌 후에 B가 2B로 또 C가 2C로 가는 데도 1초가 걸릴 것입니다. 문제는 속력을 나타내는 길이 1B에서 2B까지 또는 1C에서 2C까지가 얼마인가 하는 것입니다. 저는 이것이 정사각형 LM의 변 AL, AM과 같아야 한다고 말합니다. 이 물체들의 무게가 같다고 가정했기 때문에, 힘은 이 속력을 얻기 위해 내려가야 하는 높이, 즉 속력의 제곱과 같기 때문입니다. 이제 1B에서 2B까지의 제곱과 1C에서 2C까지의 제

곱을 합하면 1A에서 2A까지의 제곱과 같습니다. 따라서 충돌 전이나 충돌 후나 힘은 동일합니다. 그러나 우리는 운동량은 증가한다는 것을 봅니다. 물체들의 무게는 같기 때문에, 운동량은 그것들의 속력으로 측정될 수 있기 때문입니다. 따라서 충돌 전 운동량은 1A에서 2A까지의 속력이지만, 충돌 후에는 1B에서 2B까지의 속력에 1C에서 2C까지의 속력을 더한 것입니다. 즉 1B 2B + 1C 2C는 1A 2A보다 큽니다. 따라서 데카르트의 견해에 따라 동일한 운동량이 보존되기 위해서는 물체 B는 1B에서 β까지만 가고 [물체 C는] 1C에서 χ까지만 가야 합니다. 그래서 1B에서 β까지와 1C에서 χ까지 각각은 1A에서 2A까지의 절반과 같을 것입니다. 그러나 이런 방식으로 1B에서 β까지의 제곱과 1C에서 χ까지의 제곱의 합이 1A에서 2A까지의 제곱보다 작은 만큼 힘도 그만큼 손실이 있을 것입니다. 그래서 저는 이 대신에 다른 방식으로 충돌을 통해서 힘이 늘어나는 것을 보일 것입니다. 데카르트에 따르면, 1A에서 2A까지의 속력과 방향을 가진 물체 A는 가정에 의해서 정지한 물체 B, C에게 자기 자신이 그것들의 자리에 정지하기 위해서 1B에서 β까지와 1C에서 χ까지의 속력과 방향을 전달하기 때문에, 그 반대는 다음 경우가 되어야 합니다. 이 물체들은[B, C] 되돌아오거나 β에서 1B까지와 χ에서 1C까지의 속력과 방향을 가지고 2A에 정지해 있는 물체 A로 가서 충돌 후에 정지하고, A는 1A에서 2A까지의 속력과 방향으로 움직이게 하는 경우 말입니다. 그러나 이렇게 되면 영속 운동이 일

어나는 것은 틀림없습니다. 왜냐하면 β에서 1B까지 속력과 1파운
드의 무게를 가진 물체 B가 1피트의 높이를 올라갈 수 있고, C도
마찬가지라고 가정했을 때, 충돌 전에는 2파운드를 1피트 올리거
나 1파운드를 2피트 올릴 수 있는 힘이 있기 때문입니다. 하지만
1B와 1C가 2A와 충돌한 후에 1파운드의 물체 A는 두 배의 속력를
가질 것이기 때문에 (즉 2A에서 1A의 속력은 β에서 1B까지 또는 χ에서
1C의 속력의 두 배이기 때문에) 1파운드를 4피트 올릴 수 있을 것입
니다. 물체들이 자신의 속력으로 올라갈 수 있는 높이는 앞에서 말
한 속력의 제곱과 같기 때문입니다. 이제 이렇게 힘이 두 배로 늘
어날 수 있다면 완전하게 영구 운동이 나타납니다. 그렇지 않으면
힘이 무에서 늘어나거나 줄어드는 것은 불가능합니다. 이러한 결
과를 도출하는 규칙들은 잘못 구상한 것입니다.

저는 데카르트의 서신에서 당신이 언급한 부분을 찾았습니다.
즉 그가 일반적인 운동력의 근거를 고찰할 때, 분명히 속도는 고려
하지 않으려고 했고 단지 높이만을 고려했다고 말했다는 것 말입
니다. 그가 자연학에 관한 자신의 원리를 쓸 때, 이것을 기억했다
면, 아마도 그는 자연법칙에 관해서 오류에 빠지지 않을 수 있었을
것입니다. 하지만 그에게 일어난 일은 속도를 고려할 수 있었던 곳
에서 그렇게 하지 않은 것이고 오류가 발생하는 경우를 고수한 것
입니다. 왜냐하면 (물체가 움직이려는 충동이 없는 상태에 운동의 연속
성에 의해서 최초로 낙하하려고 할 때처럼,) 또한 두 물체가 서로 균형

을 이루고 있는 상태에 있을 때처럼, (한 물체가 다른 물체에게 가하는 최초의 압력은 항상 죽은 것이기 때문에) 제가 죽은 힘이라고 부르는 힘의 관점에서 보면 속도는 거리와 같다는 것을 알 수 있기 때문입니다. 그러나 (운동 법칙을 정립하기 위해서는 필수적으로 해야 하는 것, 즉) 어떤 특정한 충동을 가진 물체의 절대적 힘을 고찰할 때, 측정은 원인과 결과를 통해서 이루어집니다. 즉 이 속력으로 올라갈 수 있는 높이 혹은 이 속력을 얻기 위해 낙하해야 하는 높이를 통해서 측정됩니다. 그리고 거기서 속도를 사용하려고 하면 사람들은 아무런 이유 없이 많은 힘을 잃거나 얻을 것입니다. 높이 대신에 우리는 탄성ressort이나 어떤 다른 원인 혹은 결과를 가정할 수 있습니다. 하지만 항상 같은 결론, 즉 속력의 제곱에 이르게 됩니다.

올해 9월 판『문단소식』에서 제가 잘 알지 못하는, 파리의 D. C. 라는 이름을 가진 신부가 저의 반박[119]에 답변한 것을 보았습니다.[120]

---

119) '저의 반박'이란 라이프니츠의 다음 논문을 가리킨다. "Demonstration courte d'un erreur considérable de M. Descartes et de quelques autres touchant une loi de la nature suivant laquelle ils soutiennent que Dieu conserve toujours dans la matière la même quantité de mouvement, de quoy ils abusent même dans la méchaniqu", in: *Nouvelles da la République des lettres*, September 1686, 996~999.

120) 라이프니츠가 본 것은 다음 논문을 가리킨다. F. Catelan, "Courte remarque de M. l'Abbé D. C. oè l'on montre à Mr. G. G. Leibnits le paralogisme contenu dans l'objection precedente", in: *Nouvelles da la République des lettres*, September 1686, 999~1003.

그는 문제를 충분히 고찰하지 않은 것 같습니다. 저에게 반대하기 위해 큰 소동을 부리면서 그는 제가 원했던 것보다 더 많이 저에게 동의합니다. 그리고 그는 데카르트의 원리를 자신이 등시적 힘 puissances isochrones이라고 부르는 경우로만 제한합니다. 다섯 개의 일반적 기계의 경우도 마찬가지인데, 이것은 데카르트의 의도에 전적으로 반대되는 것입니다. 그 외에도 그는 제가 제안한 경우에서 두 물체 중 하나가 적은 운동량을 가지고 있는데도 다른 물체만큼 강한 이유가 이 물체가 더 높은 곳에서 떨어져 더 오랜 시간 낙하하기 때문이라고 믿습니다. 그의 반박이 효과가 있다면, 그가 변론하려고 한 데카르트주의자들의 원리는 바로 그의 반박에 의해서 상당히 손상될 것입니다. 하지만 이 이유는 타당하지 않습니다. 이 두 물체는 그것들이 낙하해야 하는 평면에서 주어진 경사에 따라 동시에 다른 높이에서 낙하할 수 있기 때문입니다. 그래서 저의 반박은 전적으로 유효합니다. 저는 저의 반박이 기하학자이면서 이 문제에 정통하고, 진실하고 정직하게 말하는 데카르트주의자에게서 검토되기를 바랍니다. C 신부는 너무 자유분방한 표현을 사용합니다. 저는 이런 대수롭지 않은 일에 시간을 헛되이 보내는 것이 적절하지 않다고 생각합니다. 하지만 이것이 조심스럽게 그를 망상에서 깨어나게 하려는 저의 노력에 해가 되지는 않을 것입니다. 그러나 그가 저번처럼 답한다면, 저는 그 노력을 그만두고 더 적합한 사람이 논쟁에 들어오길 기대할 것입니다. 가장 재능 있는 데카르트주의자는 당신의 동료들 중에 있고, 아르노 씨 당신은 그들에게 저와 같이 대중에 책임이 있다고 생각하기 때문에, 그들 중 어떤 이가 당신의 부추김에 이 문제를 깊이 연구하려고 한다면, 그는 제가 제 생각을 정직하게 제시하는 것처럼 다른 이의 생각도 유연하게 이해한다고 볼 것입니다.

이 나라의 기술자는 게으르고 호기심이 적습니다. 그렇지 않다면 저의 계산기는 오래 전에 만들어졌을 것입니다. 저는 저에게 적합해 보였던 어떤 사람과 계약한 상태였습니다. 하지만 그는 죽어 저를 떠났습니다. 그렇지만 그냥 놔두는 것은 손해이기 때문에, 특별히 적합한 기술자를 들일 계획입니다. 그래야 시계를 완성할 수 있을 것입니다.

끝으로, 아르노 씨 당신을 한없이 존경하고 당신이 관여하는 일에 많은 부분 함께하고 있기 때문에, 종종 당신의 건강 상태에 관해 듣는다면 기쁠 것입니다. 그리고 당신이 소장하고 있는 작품의 가치를 아는 것은 저에게 영광스러운 일입니다.

열정적인 열의와 함께, 아르노 씨께

170

19. 라이프니츠가 에른스트 영주에게[121]
1686년 12월 8일 하노버

[122]영주님, 무례를 무릅쓰고 전하께 다시 한 번 간청드립니다. 동봉한 편지가 아르노 씨에게 전달될 수 있도록 지시해주시기를 부탁드립니다. 이것은 외적인 감각과는 거리가 멀고 순수 지성에 의존하는 주제를 다루고 있기 때문에, 그리고 세상사에 가장 열렬하고 탁월한 사람들에게 유쾌한 주제도 아니며 또 가장 흔하게 멸시되는 주제이기 때문에, 저는 여기서 이 성찰에 대해서 어느 정도 호의적으로 말할 것입니다. 전하께서 이 성찰에 시간을 허비하기를 바라는 것은 매우 어리석은 일입니다. 이것은 비록 대수학이 수

---

121) A II, 2, 127~130; GP II, 81~83; Fin. 172~176; Mas. 102~104. [L2: 초고, LBr. 16, Bl. 82] 이 서신은 아르노에게 보내는 앞의 서신 18을 동봉한 채 에른스트 영주에게 보낸 서신이다. 라이프니츠의 초고에는 서신의 날짜가 나타나지 않는다. 하지만 에른스트 영주가 받은 사본에는 서신 18과 같이 "1686년 11월 28일/12월 8일"로 되어 있고, 아카데미 판 편집자는 이 사본의 날짜에 따라 1686년 12월 8일 자로 표기했다. 이 서신은 아르노에게 보내는 서신을 전달하는 목적도 있지만, 내용에서 라이프니츠의 철학과 삶 그리고 신에 관한 견해를 확인할 수 있는 좋은 글이다.

122) 초고 원본 위 여백에 라이프니츠의 수기로 "1686년 11월 나의 편지로부터"라고 쓰여 있다. 이것은 라이프니츠가 이 서신을 쓰기 위해서 앞서 첫 번째 초고(L1)를 쓰다 중지했고, 아카데미 판 편집자는 두 번째 초고(L2)를 바탕으로 편집 출판했는데, 라이프니츠가 L2 시작 부분에 L1에 이어 쓴 것을 표기한 것으로 보인다. L1은 L2의 앞부분에 해당하는 내용만 담고 있는 짧은 미완성 글이다.

학과 관련된 모든 것에 매우 유용하기는 하지만, 군대의 장군이 대수학에 열중하기를 원하는 것과 마찬가지로 매우 합리적이지 않은 일입니다. 제가 이 성찰에 대해서 호의적으로 말하는 것은 매 순간이 소중해야 하는 분이신 전하께서 외견상 시간을 투자할 가치가 없어 보일 수 있는 그런 생각들의 목적과 용도를 조금이라도 더 잘 판단할 수 있게 하기 위해서입니다. 사실상 스콜라 철학자들이 보통 이 문제를 다루는 방식은 논쟁하고, 구별하고 언어유희를 하는 것뿐입니다. 그러나 황금 맥은 이런 불모의 돌밭에 있습니다. 저는 사고가 우리 영혼의 영구적이고 주된 기능이라는 것을 사실로 간주합니다. 우리는 언제나 사고할 것입니다. 하지만 우리가 언제나 이 세상에 사는 것은 아닙니다. 따라서 우리를 가장 완전한 대상에 대해서 가장 완전한 방식으로 사고할 수 있게 하는 것, 이것이 우리를 자연적으로 완전하게 하는 것입니다.

그렇지만 현재 우리 삶은 우리를 더 완전하게 하지 않는 많은 혼란스러운 사고들에 구속된 상태입니다. 관습, 계보, 언어에 대한 지식, 그리고 사회적 사실뿐만 아니라 자연적 사실에 대한 모든 역사적 지식이 그러합니다. 이런 지식은 위험을 모면하고 우리를 둘러싼 사물들과 사람들을 다루는 데 유용합니다. 그러나 정신을 밝혀주지는 못합니다. 길을 아는 것은 여행 중에 있는 여행자에게 유용합니다. 하지만 그가 그의 조국에서 맡게 될 역할에 더 많이 관계되어 있다는 것이 그에게 더 중요합니다. 지금 우리는 어느 날

정신적인 삶을 살도록 운명 지어져 있으며, 그곳에서는 물체보다
는 물질로부터 분리된 실체가 우리를 더 많이 지배합니다. 정신을
밝혀주는 것과 정신을 단지 암흑으로 이끄는 것을 더 잘 구별하기
위해서, 여기서 기술art에 관한 예를 들겠습니다. 만약 어떤 기술자
가 지름이 7피트인 원의 원주가 22피트보다 작다는 것을 경험이나
관례를 통해서 알 수 있다면, 한 포수가 다른 사람의 말을 듣거나
자주 측정해보았기 때문에, 45도 각도에서 포탄을 가장 멀리 쏠 수
있다는 것을 안다면, 이것은 생계를 유지하고 다른 이들에게 기술
을 제공하기에 매우 유용하지만, 혼란스러운 장인의 지식입니다.
우리의 정신을 밝혀주는 지식들은 판명한 것, 즉 원인이나 이유를
포함하는 것입니다. 아르키메데스가 첫째 규칙을 증명하고 갈릴레
이가 둘째 규칙을 증명한 것처럼 말입니다.[123] 한마디로, 이것은 오
직 이유 그 자체에 대한 지식이며, 필연적이고 영원한 진리에 대
한 지식입니다. 무엇보다 이것은 가장 포괄적인 지식이고 대부분
우리를 완전하게 할 수 있는 최고의 존재와 관계 맺고 있는 것들
에 관한 지식입니다. 오직 이 지식만이 그 자체로 선합니다. 나머
지 모든 것은 돈을 목적으로 하고, 이 삶에 필요하기 때문에 알아
야 하는 것이며, 그러고 나서 생계를 해결했을 때, 더 좋은 상태에

---

123) Archimedes, *De dimensine circuli*, 2부; G. Galilei, *Discorsi e dimostrazioni matematiche*(eiden 1638), 대화 4, 명제 7 coroll.

서 정신의 완전성에 전념하기 위해서 알아야 하는 것입니다. 그럼에도 인간의 방탕함과 흔히 **빵을 구할** 걱정이라고 부르는 것, 그리고 종종 거만함이 시종을 위해 주인을 잊게 하고 수단을 위해 목적을 잊게 합니다. "**삶 때문에 삶의 이유를 잊어버린다.**"는 시인의 말이 이것을 정확히 표현합니다.[124] 금이란 삶의 편리함을 위해서 사용되는 것일 뿐인데도 구두쇠가 자신의 건강보다 금을 더 좋아하는 것처럼 말입니다. 이제 (은총의 빛과는 별개로) 우리의 정신을 완전하게 하는 것은 원인이나 이유를 통해서 가장 위대한 진리에 대한 증명된 인식을 갖는 것이기 때문에, 비물질적 실체, 특히 신과 영혼을 다루는 형이상학 혹은 자연신학이 모든 것 중에서 가장 중요하다는 것을 인정해야 합니다. 그리고 제가 아르노 씨에게 보낸 지난 편지에서 설명한 방식으로 실체에 대한 참된 개념을 알지 못하면 사람들은 형이상학과 자연신학에서 충분히 진전할 수 없습니다. 매우 정확한 아르노 씨도 처음에는 충격을 받았지만 이것을 인정했습니다. 끝으로 이 성찰은 우리에게 놀라운 결과를 가져다 줍니다. 이것은 신과 피조물의 공조concours, 신의 예지prescience와 예정preordination, 영혼과 신체의 합일, 악의 기원, 그리고 이런 종

---

124) "propter vitam vivendi perdere causas": Decimus Junius Juvenalis, *Saturae*, VIII, 84. 유베날리스는 1세기 후반에서 2세기 초에 활동했던 고대 로마의 풍자 시인으로, 16편의 풍자시Satire를 남긴 것으로 유명하다.

류의 다른 문제들과 관련된 가장 심각한 의심에서 벗어나는 데 매우 유용합니다. 저는 여기서 이 원리들이 인간학에서 갖는 큰 유용성은 말하지 않겠습니다. 하지만 적어도, 자연이 이렇게 우리를 돕고 있는 한, 우리의 정신을 신에 대한 인식과 사랑으로 더 고양시킬 수 있는 원리는 없다고 말할 수 있습니다. 저는 이 모든 것이 은총 없이 무용하다는 것 그리고 신은 이런 성찰을 결코 해보지 않은 사람들에게도 자신의 은총을 준다는 것을 인정합니다. 그러나 신은 우리가 우리의 일부 중 어떤 부분에도 소홀히 하지 않고 기회가 있을 때마다 각자의 소명에 따라 신이 인간 본성에 부여한 완전성을 사용하기를 원하기도 합니다. 그리고 신은 오직 자신을 인식하고 사랑하게끔 우리를 창조했기 때문에, 우리가 다른 곳에서 일반인들을 위해 일하지 않고 다른 사람들의 안녕을 위한 일에 전념하지 않는다면, 우리는 신을 인식하고 사랑하는 것을 충분히 행할 수 없으며, 우리의 시간과 힘을 더 잘 사용할 수도 없습니다.

20. 아르노가 라이프니츠에게[125]
1687년 3월 4일

라이프니츠 씨, 당신의 편지를 받은 것이 이미 오래전입니다만 그때부터 너무 일이 많아서 더 빨리 답할 수가 없었습니다.

라이프니츠 씨, 당신이 말한 이 "자기 신체에서 지금 일어나는 일에 대해서 우리의 영혼이 더 분명한 표현을 지닌다는 것"이 무엇을 의미하는지 저는 잘 이해가 안 됩니다. 그리고 이것이 어떻게 작용하기에 제 손가락이 찔렸을 때, 제 영혼이 고통을 느끼기 전에 이 찔림을 알 수 있는지 저는 잘 이해가 안 됩니다. 이 같은 더 분명한 표현이 그렇게 제 신체에서 일어나는 무한히 많은 다른 일들을 영혼에게 알게 해준다 하더라도, 소화와 영양 섭취에서 어떻게 이 모든 일들이 일어나는지는 알지 못할 것입니다.

당신은 다음과 같이 말했습니다. 제가 제 팔을 올리려고 할 때, 제 팔이 올라간다 하더라도, 이것은 저의 영혼이 제 팔에 이 운동을 야기한 것이 아니라, "제가 팔을 올리려고 할 때는 신체에서 모든 것이 이 작용을 위해서 준비되는 바로 그 순간이다. 따라서 이런 일이 사물들 간의 이 놀랄 만한 일치, 그러나 피할 수 없는 일치를 통해서 일어나기는 하지만, 신체는 자기 자신의 법칙에 따라서 운동한다. 이 법칙은 의지가 그 작용으로 기울어지는 순간 정확하게 사물들 간의 일치에 협력한다. 그 이유는 신이 우주 만물의 이 연쇄에 대해서 결단을 내렸을

---

125) A II, 2, 150~156; GP II, 84~90; Fin. 210~222; Mas. 105~112. [K: 발송, LBr. 16, Bl. 83~87] 아르노의 이 서신은 에른스트 영주가 1687년 4월 11일 라이프니츠에게 보낸 서신(이 번역서에서는 포함되어 있지 않음, A I, 4, N. 353 참조)에 동봉되었다. 라이프니츠는 자신이 계획한 서신집 편집을 위해서 자신이 받은 아르노의 서신에 몇 가지 표시와 메모를 덧붙였다.

때, 이런 일치를 사전에 고려했기 때문이다." 제가 보기에 이것은 저의 의지가 제 팔운동의 기회원인이고 신은 이 운동의 실재적 원인이라고 주장하는 사람들이 말하는 것을 다르게 말한 것에 불과합니다. 왜냐하면 그들은 제가 팔을 올리려고 할 때마다 신이 실행하는 새로운 의지에 의해서 그때마다 이것을 행한다고 주장하는 것이 아니라 신이 우주는 어떠해야 한다고 판단한 대로 우주가 그렇게 되도록 하기 위해서 신이 필연적 행위라고 예견했던 모든 것을 행하도록 하는 영원한 의지에서 나온 단일한 이 행위에 의해서 이것을 행한다고 주장하기 때문입니다. 그런데 당신은 결국 제가 팔을 올리려고 할 때, 제 팔운동의 원인이 "사물들 간의 놀랄 만한 일치, 그러나 피할 수 없는 일치"라고 말하지 않습니까? 그리고 이것이 "신이 우주 만물의 이 연쇄에 대해서 결단을 내렸을 때, 이런 일치를 사전에 고려했기 때문이라는" 것 아닙니까? 이런 **신의 고려**는 실재적 원인 없이 일어나는 것에는 작용할 수 없었기 때문에, 우리는 제 팔운동의 실재적 원인을 찾아야 합니다. 당신은 이것이 저의 의지라는 것에 동의하지 않을 것입니다. 저 또한 당신이 물체가 스스로 운동할 수 있다거나 다른 물체가 실재적 원인처럼 그리고 작용인처럼 운동한다는 것을 믿는다고는 생각하지 않습니다. 이제 남은 것은 제 팔운동의 실재적 원인이자 작용인은 이 신의 고려라는 것입니다. 당신은 이런 **신의 고려**를 **신의 결단**이라고 부르고 결단과 의지가 같은 것이라고 부릅니다. 따라서 당신에 따르면, 제가 팔을 올리려고 할 때마다 신의 의지는 이 운동의 실재적 원인이며 작용인입니다.

두 번째 문제와 관련해서 저는 지금 당신의 견해가 제가 생각했던 것과 전혀 다르다는 것을 알았습니다. 왜냐하면 저는 당신이 다음과 같이 생각한다고 가정했기 때문입니다. 즉 물체는 참된 실체여야 한다. 그런데 물체는 참된 일체성을 갖지 않으면 참된 실체일 수 없고, 실체적 형상을 갖지 않으면 참된 일체성을 가질 수 없다. 따라서 물체의 본질은 연장일 수 없고, 모든 물체는 연장 외에 실체적 형상을 가져야 한다고 말입니다. 이것에 대해서 저는 다음과 같이 반박했습니다. 분할 가능한 실체적 형상은—실체적 형상을 지지하는 자들의 판단이 거의 모두 그런 것처럼—이 실체적 형상 없이는 가질 수 없는 일체성을 물체에 줄 수 없다고 말입니다.

당신은 여기에 동의합니다. 하지만 당신은 모든 실체적 형상은 오직 진정한 창조를 통해서만 산출될 수 있기 때문에, 분할 불가능하고 파괴 불가능하며 생성 불가능하다고 주장합니다.

이로부터 다음이 따라 나옵니다. 1. 금속, 돌, 나무, 공기, 물 그리고 다른 액체들과 같이 분할될 수 있고 각 부분이 전체와 동일한 본성을 갖는 모든 물체는 실체적 형상을 갖지 않습니다.

2. 식물 또한 실체적 형상을 갖지 않습니다. 왜냐하면 나무의 일부가 땅에 뿌리내리고 있든지 다른 나무에 접목해 있든지 그 나무는 이전과 같은 종류의 나무이기 때문입니다.

3. 따라서 동물만이 실체적 형상을 가질 것입니다. 그러므로 당신의 견해에 따르면, 동물만이 참된 실체입니다.

4. 하지만 당신은 이 점에 있어서 그리 확신하지 못하고 있습니다. 왜냐하면 당신은 실체적 일체성은 분할 불가능하고 자연적으로 파괴 불가능한 완전한 존재를 요구하고, 이런 존재를 사람들이 **자아**라고 부르는 것의 예에 따라서 영혼 혹은 실체적 형상에서 발견할 수 있다고 주장하기 때문에, 동물이 영혼이나 실체적 형상을 갖지 않는다면, 이로부터 가시 세계에서 인간 이외에 실체적인 것은 없다는 결론이 나온다고 말하기 때문입니다.

5. 이 모든 것은 다음 주장에 이릅니다. 부분들이 기계적으로 하나 된 모든 물체는 실체가 아니라 단지 기계이거나 여러 실체들의 집적일 뿐이다.

저는 이 마지막 주장에서 시작하려 합니다. 그리고 당신에게 솔직히 말합니다. 여기에는 단지 말 논쟁만 있습니다. 성 아우구스티누스는, 일체란 분할 불가능해야 하는데 어떤 물체도 분할 불가능하지 않기 때문에, 물체가 참된 일체성을 갖지 않는다는 것을 인정하는 데 아무런 어려움이 없었기 때문입니다.[126] 따라서 참된 자아가 정신에만 있는 것처럼 참된 일체성도 정신에만 있습니다. 하지만 당신은 이로부터 다음 결론을 도출합니다. "영혼이나 실체적 형

---

126) Augustinus, *Soliloquia*, 2부, 18~19장; *De trinitate libri XV*, 10부, 10장 참조.

상을 갖지 않는 물체에는 어떤 실체적인 것도 없다." 이 결론이 타당하기 위해서는 먼저 '**실체**'와 '**실체적**'을 다음과 같이 정의했어야 합니다. 나는 '**실체**'와 '**실체적**'을 참된 일체성을 갖는 것이라고 부른다. 그러나 이 정의는 아직 일반적으로 받아들여지지 않았고, "나는 양태나 존재 방식이 아닌 것을 실체라고 부른다. 따라서 대리석 덩어리에는 어떤 실체적인 것도 없다고 말하는 것은 역설이라고 주장할 수 있다. 왜냐하면 이 대리석 덩어리는 다른 실체의 존재 방식이 아니기 때문이다."라고 말할 권리가 없는 철학자도 없습니다. 결국 사람들이 말할 수 있는 것은 이것이 하나의 단일한 실체가 아니라 기계적으로 조합된 다수의 실체라는 것뿐입니다. 그런데 이 철학자는 다수의 실체들인 것에 어떤 실체적인 것도 없다는 것은 역설이라고 말할 것 같습니다. 그는 당신이 말한 것, 즉 "만약 물체에 물질과 그것의 변용만 있다면, 물체는 의심할 여지없이 현상적이고 상상적인 어떤 것일 뿐이다."라는 말을 여전히 이해하지 못한다고 덧붙일 것입니다. 당신은 분할 불가능하고 파괴 불가능하며 생성 불가능한 영혼이나 실체적 형상을 갖지 않는 모든 것에 물질과 그것의 변용만을 부여하기 때문입니다. 그리고 당신은 동물들에게서만 이런 종류의 **형상**을 인정합니다. 따라서 당신은 어쩔 수 없이 자연의 나머지 모든 것은 **단지 현상적이고 상상적인 어떤 것**이라고 말해야 할 것입니다. 그리고 말할 것도 없이 인간의 모든 작품에도 이렇게 말해야 합니다.

저는 이 마지막 명제에 대해서 동의할 수 없습니다. 하지만 전 물체계에 단지 **기계와 실체들의 집적**[127]만 있다는 것을 믿는 데 불합리한 점은 없어 보입니다. 왜냐하면 정확하게 말해서 그 어떤 부분에도 이것이 하나의 유일한 실체라고 말할 수 있는 것은 없기 때문입니다. 이것으로 드러나는 것은, 성 아우구스티누스가 했던 것처럼, 이런 점에서 사유 실체나 정신적 실체가 연장 실체나 물체적 실체보다 더 탁월하다는 것 그리고 오직 정신적 실체만이 물체적 실체가 가지고 있지 않은 참된 일체성과 참된 자아를 가지고 있다고 말하는 것이 매우 적절하다는 것입니다. 이로부터 다음이 따라 나옵니다. 물체가 연장을 자신의 본질로 가진다면, 참된 일체성을 가지지 않을 것이라는 이유로, 연장이 물체의 본질이 아니라는 것을 증명하기 위해서 이것을 내세울 수 없다는 것입니다. 왜냐하면 영혼이나 실체적 형상과 연결되지 않은 모든 물체에 대해서 당신이 인정한 것처럼, 참된 일체성을 갖지 않는 것이 물체의 본질에 속할 수 있을 것이기 때문입니다.

하지만 라이프니츠 씨, 저는 무엇이 당신을 동물들에게 영혼이나 실체적 형상과 같은, 당신에 따르면 **분할 불가능**해야 하고 **파괴 불**

---

127) 라이프니츠는 여기에 다음을 덧붙였다. "만약 실체들의 집적이 존재한다면, 모든 집적을 구성하는 참된 실체도 존재해야 한다." 여기서 아르노가 사용한 '실체들의 집적'이라는 표현은 라이프니츠에게 영향을 주었다. 이 서신 교환 이후에도 라이프니츠는 이 표현을 물체를 설명하는 데 사용한다.

가능해야 하며 **생성 불가능**해야 하는 것이 있다고 믿게 만들었는지 모르겠습니다. 당신은 영혼이나 실체적 형상이 무엇을 하는지 해명할 필요가 있다고 생각하지 않습니다. 왜냐하면 당신은 "물체의 모든 현상은 영혼이 있는지 없는지 고민할 필요 없이, 기계적으로 혹은 입자 철학을 통해서 기계론에서 가정한 어떤 원리에 따라서 설명될 수 있다."고 분명하게 말하기 때문입니다. 동물의 신체가 참된 일체성을 가진다는 것도 그것이 단지 기계나 실체들의 집적이 아니라는 것도 필연적인 것은 아닙니다. 모든 식물이 단지 실체들의 집적일 뿐이라는 이유가 동물들은 식물과는 다른 어떤 것이라는 주장에 어떻게 필연성을 부여할 수 있습니까? 더욱이 이 분할 불가능하고 파괴 불가능한 영혼을 가정한 상태에서 사람들은 이 견해가 쉽게 지지될 수 있다고 보지 않습니다. 두 부분으로 나뉘고 나서도 각 부분이 전처럼 움직이는 유충에 대해서 어떻게 답하시겠습니까? 10만 마리의 누에를 기르는 집 중 하나에 불이 붙는다면, 이 10만 마리의 파괴 불가능한 영혼들은 어떻게 됩니까? 이것들은 우리의 영혼과 마찬가지로 각각의 물질과 분리되어 존속합니까? 또한 모세가 저 재앙을 끝내려 할 때 죽인 저 100만 마리의 개구리들의 영혼들은 어떻게 됩니까? 이스라엘 사람들이 사막에서 죽인 저 무수히 많은 메추라기들의 영혼은 어떻게 되고, 또 대홍수에 소멸된 모든 동물들의 영혼은 어떻게 됩니까? 더욱이 이 영혼이 각각의 동물에 착상하는 방법에 따라서 어떻게 존재하는가와 관련된 또 다른 어려움이 있습니다. 이 영혼은 **정자 안에** 있습니까? 거기서 영혼은 분할 불가능하고 파괴 불가능합니까? **착상이 일어나지 않고 정자가 소멸된다면 어떻게 됩니까? 수컷이 전 생애 동안 암컷에게 접근하지 않는다면 동물은 어떻게 됩니까?**[128] 이런 문제들을 지적한 것으로 충분합니다.

이제 남은 것은 이성적 영혼에 부여된 일체성에 관해 말하는 것입니다. 사람들은 이 영혼이 참되고 완전한 일체성과 참된 자아를 가진다는 것에 동의합니다. 그리고 이 이성적 영혼이 인간이라고 부르는 영혼과 신체로 구성된 전체에 특정한 방식으로 이 일체성과 자아를 전달한다는 것에 동의합니다. 왜냐하면 이 전체는 영혼이 신체에서 분리될 때 소멸되기 때문에 파괴 불가능한 것은 아니지만 한 인간을 절반만 생각할 수 없다는 의미에서 이 전체는 분할 불가능하기 때문입니다. 그러나 신체만 따로 고찰할 경우, 정확하게 말해서 우리의 영혼이 자신의 **파괴 불가능성**을 신체에게 전달하지 않는 것처럼 사람들은 우리 영혼이 자신의 참된 일체성이나 분할 불가능성을 신체에게 전달하지 않는다고 봅니다. 비록 신체가 우리의 영혼과 합일되어 있기는 하지만 신체의 부분들이 서

---

128) 아르노는 이 두 문장을 다음과 같이 라틴어로 강조해 썼다. "Quid ergo fit, cum irrita cadunt sine ullis cenceptibus semina. Quid cum Bruta mascula ad foeminas non accedunt toto vitae suae tempore."

로 기계적으로 합일되어 있다는 것은 여전히 사실이다. 따라서 이것은 하나의 유일한 물체적 실체가 아니라 여러 물체적 실체들의 집적입니다. 신체가 자연의 다른 모든 물체들처럼 분할 가능하다는 것 또한 여전히 사실입니다. 이제 분할 가능성은 참된 일체성에 반대됩니다. 따라서 신체는 참된 일체성을 갖지 않습니다. 그러나 당신은 신체가 우리의 영혼을 통해서 그 일체성을 갖는다고 말합니다. 말하자면 신체는 진정으로 하나인 영혼에 속하며, 이것은 신체에 내재적 일체성은 아니지만 하나의 유일한 왕에 의해 통치되어 하나의 왕국을 이루는 여러 지방들의 일체성과 유사한 것이라고 말합니다.

각각을 **자아**라고 말할 수 있는 지성적 존재에게만 참된 일체성이 있다는 것이 사실일 테지만, 물체에 적합한 이런 비본래적 impropre 일체성에도 여러 정도가 있습니다. 물체들 각각을 보면 다수의 실체가 아닌 물체는 없겠지만, 돌 한 무더기나 금화 한 자루와 같이 그 부분들이 단지 서로 근접해 있는 것들보다는 집이나 시계와 같이 그 부분들이 하나의 동일한 목적에 협력하는 물체들에게 일체성을 더 많이 부여하는 것은 타당하기 때문입니다. 그리고 사람들이 **우연에 의한 집적**이라고 불러야 하는 것은 돌무더기나 금화 자루 같은 것에만 적합합니다. 금 한 덩이, 별, 행성 같은 우리가 하나라고 부르는 자연의 거의 모든 물체들은 집이나 시계 같은 종류에 속합니다. 하지만 이런 더 많은 일체성이 유기적 물체들, 즉 동물이나 식물에서보다 더 잘 나타나는 것은 없습니다. 그래서 그것들에게 영혼을 부여할 필요가 없습니다. (그리고 당신도 식물에게 영혼을 부여하지 않는 것 같습니다.) 왜 말이나 오렌지나무를 교회나 시계처럼 각각 하나의 완전한, 완성된 작품으로 간주하지 않습니까? 부분들이 서로 기계적으로만 합일되어 있어서 그 부분들도 기계들인 어떤 것을 (정신적 존재에 적합한 일체성과는 구별되어야 하는 물체에 적합한 일체성의 의미에서) 하나라고 부르는 것에 문제가 있습니까? 오직 전능한 신만이 만들 수 있는 그렇게 놀라운 기계가 존재한다는 것이 그들이 가질 수 있는 최대의 완전성 아니겠습니까? 그러므로 우리의 신체는 그 자체로만 보면 이 같은 의미에서 하나입니다. 그리고 신체가 자신과 합일하고 자신을 통치하는 지성적 존재와 맺은 관계는 신체에 또 어떤 일체성을 추가할 수 있습니다. 하지만 이것은 정신적 존재에 적합한 일체성과는 다른 종류의 것입니다.

라이프니츠 씨, 당신이 데카르트주의자들에게 제안한 문제를 제대로 판단하기에, 운동 규칙에 관한 저의 생각이 충분하지 않고 명확하지 않다는 것을 저는 인정합니다.[129] 당신에게 답변했던 사람은 재능이 많고 매우 훌륭한 기하학자인 카트랑 신부입니다. 파리를 떠난 이후부터 저는 이 나라의 철학자들과 교류를 계속하지 않

---

129) 라이프니츠는 자신이 계획한 서신집에서 이 부분 이하는 삭제한다고 메모했다.

았습니다. 하지만 당신이 이 신부에게 답하기로 결단했기 때문에, 그리고 그도 자신의 견해를 방어하고 싶어 할 수 있기 때문에, 이 다양한 글들이 그 난점을 해명해서 사람들이 어떤 것을 지지해야 하는지 알게 되기를 기대해볼 수 있겠습니다.

라이프니츠 씨, 당신이 제가 어떻게 지내는지에 대해서 알고 싶다고 표하시니 크게 감사하고 있습니다. 제 나이에 대해서 신에게 매우 감사합니다. 저는 올겨울 초에 꽤 심한 감기를 앓았을 뿐입니다. 저는 당신이 계산기 제작을 맡기려고 생각한 것에 대해 매우 기쁘게 생각합니다. 그렇게 훌륭한 발견이 사장되었더라면 손해였을 것입니다. 하지만 제가 더 바라는 것은 당신에게 많은 애정을 갖고 있는 주군에게 쓴 서신에 있는 당신의 생각이 아무런 효과도 없는 것이 되지 않는 것입니다.[130] 왜냐하면 현자가 자신의 구원과 관련된 것보다 더 큰 정성을 드리고 덜 미루면서 해야 할 일은 없기 때문입니다.

아르노 배상

---

130) 아르노는 라이프니츠가 가톨릭으로 개종하기를 바랐다. 여기서 에른스트 영주에게 쓴 편지가 어떤 것을 가리키는지는 확실하지 않지만 가톨릭 개종에 관한 내용이므로, 1684년 1월 15일 자로 에른스트 영주에게 보낸 서신 이전의 것들을 가리키는 것으로 보인다.

21. 라이프니츠가 아르노에게[131]

1687년 4월 30일 괴팅겐

종교 문제와 관련해서 (당신이 이 금선(禁線)을 건드리기 때문에) 제가 잘 아는 사람들이 있습니다. (저는 제 자신에 관해서 말하는 것이 아닙니다.) 그들의 견해는 로마가톨릭교회의 견해와 다르지 않으며, 그들은 트리엔트공의회의 규정들이 매우 타당하고 성서와 교부들에 일치한다고 생각합니다. 그들은 로마 신학의 체계가 개신교 신학의 체계보다 더 정합적이라고 판단하며, 교리는 자신들을 가로막지 않는다는 것을 시인합니다. 그러나 그들이 거부하는 것은, 첫째, 특히 예배 의식 문제에서 로마가톨릭 공동체에서 허용

---

131) A II, 2, 164~166; GP II, 129~130; Fin. 290~292; Mas. 141~142. [L: 초고, LBr. 16, Bl. 80] 이 서신은 아르노의 서신 20에 대해서 답하려고 쓴 라이프니츠의 첫 번째 서신으로 아르노가 서신 20의 끝 부분에서 언급한 라이프니츠의 개종 문제에 대한 답변이다. 이 서신은 다음 서신 22와 마찬가지로 완성되지 않았고, 아르노에게 전달되지도 않았다. 아르노의 서신 20에 대한 라이프니츠의 답신은 최종적으로 서신 23이며, 따라서 이 서신과 다음 서신 22는 최종적으로 발송한 서신 23에 앞서 쓰였을 것으로 보인다. 초고에는 날짜가 없으나 아카데미 판 편집자는 최종 서신 23의 날짜를 따라서 1687년 4월 30일로 했다. 라이프니츠는 1687년 4월 16일부터 여행 중이었다. 따라서 편지를 쓴 곳도 이전 서신과 달리 하노버에서 괴팅겐으로 바뀌었다. 번역에 참고한 영역본과 독역본은 이 서신의 날짜를 표기하지 않거나 혼동하고 있고, 서신의 수취인 또한 에른스트 영주거나 아르노라고 확신하지 못하고 있다.

되는 것으로 보이는 잘못된 관행이 매우 크고 또 매우 일반적이라는 것 때문입니다. 그들은 그 관행을 인정하게 되거나 적어도 단호하게 비난하지 못할까 봐 두려워하고, 그로 인해 그들을 의식 없는 사람들이라고 생각하는 이들에게 추문의 기회를 제공해서 그들의 사례가 비록 오해된 것이지만, 불경건성으로 인도한다고 할까봐 두려워합니다. 심지어 그들은 용인하기 어려운 것을 행하는 사람들과 함께 성찬에 참여할 수 있을지 의심하면서, 이런 경우에는 어떤 한 공동체에 들어가는 것보다 자신의 공동체에서 나오지 않는 것이 더 용서받을 만하다고 생각합니다.

두 번째로 이런 장애물이 없더라도, 그들은 자신들이 트리엔트 공의회의 이단 파문에 의해서 제지된다고 생각할 것입니다. 그들은 자신들에게 너무 엄격하고 필요성이 떨어지는 비난을 승인하는 데 어려워하고 있습니다. 그들은 이것이 자애에 반하는 것이며 교회를 분열시키거나 분열을 부추기는 것이라고 생각합니다.

그렇지만 이 사람들은 **원래의 기독교 신앙이 왜곡되면서**[132] 부당하게 파문당한 사람들이 그랬던 것처럼 가톨릭을 진정으로 믿고

---

132) 'clave errante'. 글자 그대로 직역하자면 '잘못의 열쇠로' 정도가 될 것이다. 하지만 이 표현은 종교개혁 시대에 개혁자들이 로마가톨릭교회가 교회의 힘을 남용해서 새로운 교리를 만들어내서 원래의 기독교 신앙을 왜곡했다고 비난할 때 사용한 말이다. 따라서 문맥에 따라서 의역하자면 '원래의 기독교 신앙을 왜곡해서' 정도가 될 것이다.

있습니다. 그들은 가톨릭교회의 교리를 고수했기 때문에, 외부 공동체가 다른 장애물로 그들을 더 가로막고 거부하기를 원합니다.

다른 많은 신학자들이 동의하는 저명한 로마가톨릭 신학자는 임시 방책을 제안했고,[133] 개신교도들은 이단 파문과 트리엔트공의회의 몇몇 규정 때문에 제지되고, 이 공의회가 참으로 보편적인지 의심하지만 실제로 보편적인 공의회에 따를 준비가 되어 있다고 믿었습니다. 따라서 개신교도는 가톨릭교회의 제일 원리들을 받아들여 그들의 잘못은 율법의 문제가 아니라 단지 사실의 문제라고 받아들입니다. 말하자면 그런 사람은 트리엔트공의회가 언급하지 않아도 공동체에 받아들여질 수 있습니다. 왜냐하면 이 공의회가 아직 어디서나 받아들여지는 것도 아니고 교황 비오 4세의 신앙 고백이 오직 성직자나 가르치는 이들만을 위해서 만들어진 것이 아니며 저는 트리엔트공의회가 프랑스 공동체에서 받아들인 모든 사람들의 신앙 고백에 포함되어 있다고 생각하지 않기 때문입니다. 그러나 사람들은 이런 임시 방책이 승인될지 의심합니다.

---

133) 저명한 신학자는 빈 노이슈타트(Wiener Neustadt)의 주교, 스피놀라(Cristobal de Rojas y Spinola)를 가리킨다. 관련된 주교의 저작은 *Regulae circa christianorum omnium ecclesiasticam reunionem*으로 1682년 혹은 1683년에 나왔지만 1694년에 처음 정식 출판되었다. 라이프니츠의 유작에 이 책의 많은 부분이 발견된다. 라이프니츠는 1687년 11월에 에른스트 영주에게 보낸 서신(A I, 5, N. 6, 10~21)에서 교회 재통합에 관한 문제를 자세하게 다룬 적이 있다.

22. 라이프니츠가 아르노에게[134]
1687년 4월 30일 괴팅겐

아르노 씨,

 제가 매우 기쁘게 생각하는 것은 제 견해의 상당 부분이 당신에게 다른 사람들의 견해와 크게 다르지 않아 보인다는 것입니다. 그리고 저는 이 견해가 새로운 것으로 여겨지기보다는 단지 말만 다를 뿐이라고 당신이 판단하기를 바랐습니다.

 더욱이 저는 당신이 제 견해에서 중도를 알아차릴 것이라고 기대했습니다. 저의 계획은 인정받는 견해를 불필요하게 전복시키는 것이 아니라 그것들을 해명하는 것이기 때문입니다.

 저는 우리 영혼이 전 우주와 모든 과거, 현재, 미래에 대해서 어떤 혼란스러운 생각을 갖는다고 생각합니다. 각 실체는 전 우주를 표현하기 때문입니다. 그리고 모든 영혼의 개체적 본질은 단지 어떤 특정한 관점에서 본 우주에 대한 이 표현으로 구성되기 때문에, 표현의 정도에 따라서 영혼은 자기 자신이 속한 현상과 다른 사물

---

134) A II, 2, 166~174; F. 224~240. [L: 초고, LBr. 16, Bl. 78, 81, 79] 이 서신은 아르노의 서신 20에 대한 답신으로 두 번째 시도다. 앞의 서신 21과 마찬가지로 완성되지 못했고, 아르노에게 보내지 않았다. 이 서신은 GP 편집에 빠져 있고 메이슨(Mason) 번역에도 없다.

들, 즉 영혼이 단지 멀리 떨어져서 보는 사물들에 속한 현상을 구별하는 것은 분명합니다. 그리고 사람들이 영혼에게 일어나고 나타나는 모든 것이 이전에 이미 포함되어 있던 영혼의 지난 표현의 결과일 뿐이라는 것을 고려한다면, 찔린 아픔의 지각이나 어떤 것이든 다른 개별 현상의 지각이 어떻게 이 영혼에게 일어나는지에 대해서 어려워할 필요가 없습니다. 왜냐하면 이것은 상위 세계에서 관찰되는 법칙과 같은 법칙을 따르는 영혼의 상태에서 나온 결과이기 때문입니다. 그럼에도 이 결과의 효과가 강제적이라고 하지 않을 수 없습니다. 왜냐하면 우리의 불완전함은 오로지 우리의 표현이 혼란스러운 데 있기 때문에, (신만이 전 우주를 분명하게 인식합니다.) 우리는 우리 안에서 분명하게 이해하는 것에서 세세하게 도출할 수 없는 것은 원인이 다르다고 하기 때문입니다. 그러므로 사람들이 '수동적이다' 혹은 '다른 것에 의존한다' 혹은 '강제된다'라고 부르는 것은 우리의 불완전함으로부터 도출되어야 합니다.

당신은 지난번 편지에서 제가 창조된 실체들에게서 (형이상학적으로 엄격하게 말해서,) (보편적 원인은 항상 별개로 하고,) 단지 내재적 immanent 능동과 수동만 인정한다는 것을 이미 알고 있었습니다. 제가 방금 말한 방식대로 어떤 것의 수동을 다른 것의 능동으로 설명하는 것뿐이라면, 저는 어떻게 아르노 씨가 저의 견해는 의지가 팔운동의 기회원인이고, 신만이 실재적 원인이라고 이해하는지 모르겠습니다. 제 견해에 따르면, 신이 정신에서 사고의 원인이 아닌 것처럼 물체에서도 운동의 원인이 아니기 때문입니다. 이 사건 저 사건은 신이 창조할 때 실체에게 준 상태에 의해서 자신의 주체에게 일어나고, 실체 자체는 보존이나 연속 창조에 의해서 신에게 의존하는 것과 유사한 방식으로 신에게 의존할 뿐입니다. 그러나 당신이 그렇게 판단했던 이유가 제가 물체는 실재적 원인과 작용인처럼 자기 스스로 운동할 수 있다고 말하지는 않을 것이라고 가정했기 때문이라는 것을 저는 이제야 깨달았습니다. 하지만 저의 답변은, 운동은 물체적 실체의 상태로 간주되기 때문에, 실재적으로 그리고 형이상학적으로 엄격하게 말해서 그 운동이 속해 있는 물체적 실체 자체로부터만 야기될 수 있다는 것입니다. 이것은 지난 편지에서 정립한 원리로부터 필연적으로 따라 나옵니다. 그리고 상이한 실체들의 현상이 놀랍게도 일치한다는 것에 대한 설명을 하면서 신의 의지에 대해서 말했을 때, 저는 신이 배아 형성의 원인인 것처럼 그리고 신이 태초에 설립한 상태의 결과로 생긴, 자연의 다른 모든 훌륭한 것들의 원인인 것과 같은 방식으로 그것의 원인이라고 말하려 한 것이 아닙니다. 만약 기회원인의 작자가 신이 정신에 사고와 의지를 만든 것처럼 물체에 운동을 만든다고 주장한다면 저는 그 견해에 동의합니다. 그러나 저는 그 견해들 간에 큰 차이가 있다고 생각했고, 그들은 물질적 실체에서 내재적 능동도 근원적 능동도 인정하지 않지만 저는 다른 것들은 아니지만 모든 피조물들에게서 전부 동등하게 내재적 능동을 인정합니다.

생성 불가능하고 파괴 불가능한 실체적 형상에 관해서, 아르노 씨 당신이 저의 해명에서 이끌어낸 결론들을 살펴보고 당신의 의심을 해결하도록 해보겠습니다. 첫 번째 결론, 즉 부분이 전체와 동일한 본성을 갖는 모든 물체는 집적에 의한 존재일 뿐이며 실체적 형상을 갖지 않는다는 것에 동의합니다. 두 번째 결론에 관해서 저는 회의적입니다. 왜냐하면 접목된 나무의 부분이 새로운 나무를 만들어낼 수 있더라도, 그것은 이미 자신의 생명이 부여된 종자 부분을 포함하고 있을 수 있기 때문입니다. 셋째, 만약 식물이 단지 집적에 의한 존재일 경우, 이로부터 오직 동물만이 실체라는 것이 도출되지는 않습니다. 왜냐하면 우리에게 알려지지 않았지만 감각을 결여한 무한히 많은 다른 물체적 실체가 존재할 수 있기 때문입니다. 넷째, 제가 개별적으로 이러저러한 물체가 실체인지 아니면 단지 기계일 뿐인지 단언하지 않는다는 것은 사실입니다. 그렇지만 우리를 둘러싸고 있는 자연에 인간 외에 다른 실체가 존재한다고 믿는 것은 합리적으로 보입니다. 그리고 다섯째, 저는 오직 기계적으로 하나된 것은 여러 실체들의 집적일 뿐이라고만 말한 것이 아니라 참된 실체들이 그것의 합성에 포함되지 않는다면, 그것은 단지 현상일 뿐이라고도 말합니다. 당신도 잘 판단했듯이, 이것은 해명을 시작해야 하는 최종점이기도 합니다.

제가 일반적으로 사용되는 것과 반대로 만들어냈던 실체 정의에만 의지했다면, 이것은 확실히 말싸움에 불과할 것입니다. 저도 각 개인이 실체 개념을 특정한 방식으로 이해하는 것이 허용된다고 생각합니다. 따라서 사람들은 대리석 한 조각이나 시계뿐만 아니라 무지개도 하나의 실체로 간주할 수 있습니다. 저의 가정이 **자기 자신에 의한 일체와 우연적 일체**, 그리고 실체적 형상과 우연적 형상에 관해서 언급하는 스콜라철학에서 도입한 것과 일치하는 것처럼 보이고, 또한 이런 의미에서 철학자들이 인공적인 것과 집적에 의한 존재에게서 실체적 형상(즉 영혼에 상응하는 어떤 것)을 부정하지만, 이런 이유로 이 개념을 다르게 사용하는 사람들을 비난하고 싶지 않습니다. 그러나 개념들은 차치하고, 저는 훨씬 더 높은 관점에서 사태를 고찰합니다. 저는 집적에 의한 존재만 있는 곳에는 실재적 존재도 없다고 생각합니다. 그 이유는 집적에 의한 존재는 모두 참된 일체성을 부여받은 존재를 가정하기 때문입니다. 왜냐하면 그런 존재는 자신을 구성하고 있는 것의 실재성으로부터만 자신의 실재성을 얻기 때문에, 자신을 구성하고 있는 각각의 존재가 또다시 집적에 의한 존재라면, 그것은 아무런 실재성도 갖지 못하거나 자기 실재성의 근원을 다른 것에서 다시 찾아야 하기 때문입니다. 추론의 무한한 진행이 논리적으로 있을 수 없는 것처럼 여기서도 이런 무한한 진행은 있을 수 없습니다. 그러므로 만약 물체에 연장 외에 아무것도 없다면, 분해를 계속했을 때, 사람들은 필연적으로 에피쿠로스의 원자 또는 코르드무아 씨의 원자와 같은 것에 이를 것입니다. 아니면 물체는 부분을 갖지 않는 수학의 점으로 구성되어야 합니다. 그것도 아니면 결국 물체는 어떤 실재적인 것도 발견되지 않는 현상에 불과하다는 것을 인정해야 합니다. 저는 이런 원자가 자연에 있다고 믿지 않습니다. 또한 물체가 점들로 구성될 가능성은 더 적습니다. 이 점은 당신도 동의합니다. 따라서 남은 것은 물체가 현상 이상의 어떤 것이라면, 실체적 형상이 있을 것이라는 점입니다.

이 추론을 더 쉽게 설명하기 위해서, 제가 이미 사용한 예, 대공의 다이아몬드와 무굴 황제의 다이아몬드, 이 두 다이아몬드를 고찰해봅시다. 제 생각에, 사람들은 우리가 머릿속으로 서로 멀리 떨어져 있는 두 돌로 구성한, 그리고 한 쌍의 다이아몬드라고 부르는, 이 집적에 의한 존재가, 비록 우리의 정신이 편하게 추론하기 위해서 하나의 존재와 같이 이름 붙이더라도, 하나의 실체가 아니고 또 실재적 존재도 아니라는 것에 동의할 것입니다.

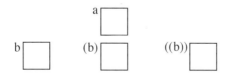

이것이 인정된다면, 좀 더 나아가서, 사물들이 3000마일 거리를 두고 있다고 가정할 때, 형이상학적으로 엄격하게 말해서 하나의 실체가 아닌 것은 거리가 단지 손가락 길이이거나 더 짧을 때에도

하나의 실체가 아닐 것입니다. 더 많고 더 적음은 여기서 아무런 영향도 없습니다. 심지어 접촉했을 때에도, 두 물체 a, b가 서로 매우 가까이 있기 때문에 참으로 하나의 존재를 구성한다고 생각하지 않습니다. 더욱이 b가 a와 서로 접촉할 때 단지 스치고 지나갈 수도 있고, b에 매우 가까이 지나갈 때 b를 더 넘어갈 수도 있습니다. 이런 경우에도 그것들이 하나의 실체를 구성할 수 있는지 저는 의문입니다. 마찬가지로 아마 전혀 일어나지 않을 테지만, 만약 물체들이 한 물체 다음에 다른 물체 식으로 정지한 채 있을 경우에도 하나의 실체가 되는지, 그리고 또한 합동인 두 표면이 접촉할 때 이점이 있는 것처럼 단 한 점이나 단 한 선에 접촉하고 있는 것도 이점이 있는지 의문입니다. 그리고 이와 유사한 수천의 다른 의문들이 우리가 여기서 구상한 이런 일체성은 오로지 우리의 상상에서 나온다는 것을 잘 알려줍니다. 그래서 저는 열, 색, 환일, 추상적 존재, 시간, 수, 운동 자체, 형태와 수천의 다른 존재들이 이와 같이 상상에 의해 존재한다고 생각합니다. 이것들은 자연에 기반하고 있지만 완전한 실재성을 갖지는 않습니다.

아마 사람들은 제가 형태와 운동을 현상과 같은 지위에 놓은 것에 놀랄 것입니다. 하지만 제가 형태와 운동을 부정하는 것은 아닙니다. 왜냐하면 운동은 계속해서 뒤따라 일어나는 것이고 그 부분들을 한꺼번에 갖지 않기 때문에, 운동은 필요한 시간보다 더 오래 존재할 수 없다는 것이 매우 명백하기 때문입니다. 저는 물체에 힘이 존재한다는 것, 즉 변화가 뒤따르는 상태가 존재한다는 것을 인정합니다. 그러나 운동은 존재하지 않습니다. 그리고 운동은 그 형식과 개요로 보아 어떤 특정한 시간 동안 연속적인 인접 지역의 변화이기 때문에, 사람들은 변화가 일어날 때, 운동의 주체가 무엇인지 결코 정할 수 없을 것입니다. 왜냐하면 사람들은 정지나 운동 그리고 어느 정도의 속도와 방향을 때로는 이 주체에 때로는 저 주체에 부여하더라도 모두 똑같이 만족하는 무한히 많은 가정을 할수 있기 때문입니다. 따라서 어떤 다른 실재적인 것이 있어야 합니다. 그것은 주체에서 변화의 원인, 즉 물체적 실체 자체에 있는 힘혹은 능동입니다. 그리고 이것이 사람들이 운동에서 인정하는 모든 실재성이 근거하고 있는 것입니다. 그렇지 않으면 저 이론 체계보다 이 이론 체계를 위해 내세울 만한 근거가 전혀 없기 때문에, 그것들은 모두 거짓일 것입니다. 말하자면 그 사태 전체가 단지 가상일 것입니다.

그리고 형태와 관련해서 저는 다른 역설을 주장합니다. 즉 물체에는 정확한 형태도 실재적 형태도 없고, 사람들은 물체에서 구도 포물선도 그리고 다른 완전한 형태도 발견할 수 없을 것입니다. 저는 이것이 형태가 큰 것뿐만 아니라 작은 것에도 적용된다고 생각하기 때문에, 그래서 에피쿠로스의 원자 같은 매우 작은 구가 주어졌을 때, 사람들이 그것에 비례하는 작은 동물을 가정한다면, 그것들 간에 항상 부등성이 발견될 것이고 이 부등성은 무한하게 진행

될 것입니다. 이런 일은 물질이 현실적으로 무한하게 하위 분할되고 각각의 입자particelle는 무한하게 많은 피조물을 가진 하나의 세계이기 때문에 일어납니다.

이 모든 고찰은 연장이 물체의 실체를 구성할 수 없다는 것을 충분히 알려줍니다. 왜냐하면 연장의 변용은 현상 아니면 추상적 존재일 뿐이기 때문입니다. 비록 크기, 형태, 운동이 열과 색보다 우리에게 더 분명한 개념을 제공하지만, 그것들은 혼란스러운 것과 단지 가상적인 것을 포함하지 않을 수 없습니다. 오직 완전한 존재 혹은 실체 그리고 과거, 현재, 미래 현상의 표현인 실체의 현재 상태만 존재합니다. 그리고 저는 이것들만 순수하게 실재하는 것으로 간주합니다.

제가 또 덧붙이고 싶은 것은, 연장적인 것에 있는 것을 말하는데, 연장적인 것이 부분들 밖에 부분들des parties hors des parties을 갖는다고 말하는 것은 충분하지 않다는 것입니다. 차라리 다수의 사물이 있고 각각의 사물에는 또 다수의 사물이 있다고 말하는 것이 좋습니다. 하지만 이것으로 전체에 공통적인 것이 있다거나 이 사물들이 어떤 본성을 갖는지 말하는 것은 아닙니다. 만약 사람들이 저에게 사전에 아무런 설명도 하지 않고, 1파운드는 몇 마르크이고, 1마르크는 몇 온스이고, 1온스는 몇 드라크마이고, 1드라크마는 몇 그레인이라고 말한다면, 저는 그들이 말하고자 하는 것을 전혀 이해하지 못할 것입니다. 다수, 연장, 기계는 존재, 일체, 실체 그리고 힘을 함축하고 전제합니다.

다시 반복해서 말하지만, 기계론의 특정한 원리를 가정하면 기계론 철학을 통해서 모든 현상을 설명할 수 있습니다. 하지만 이 원리 자체를 근원에서부터 이해하려면 물체적 실체 혹은 실재적 물체에서 연장의 변용과는 다른 어떤 것을 인정하지 않으면 안 됩니다. 신의 공조, 운동을 전달하는 원인, 연속의 합성, 그리고 이와 유사한 일반적 문제들은 개별적 논의에 포함될 필요가 없습니다. 지구가 움직인다고 믿는 코페르니쿠스주의자와 피조물이 기회원인이라고 믿는 데카르트주의자는 여느 대화에서뿐만 아니라 개별적 문제들에서도 각각 다르게 말할 것입니다.

저는 정신 이외에 참된 일체성을 가진 실체가 있다는 것을 절대적으로 증명할 수 없다는 것을 인정합니다. 왜냐하면 물체가 단지 규칙적 현상일 뿐이라는 것이 가능하기 때문입니다. 하지만 저에게 이것은 전혀 합리적이지도 않고 신의 활동의 완전성과도 충분히 일치하지 않는 것으로 보입니다. 왜냐하면 모든 실체는 특정한 의미에서 우주의 표현이고, 신과 우주는 서로 방해하지 않기 때문에, 신은 우주가 수용할 수 있는 만큼 창조할 것이고 그곳에 아마도 우리가 알지 못하는 무한히 많은 등급이 있을 것이기 때문입니다. 그리고 우리를 둘러싼 모든 생명과 자연에 대한 모든 지각을 인간하고만 연결하는 사람들은 자연학에서 세계를 하나의 공에 가두는 사람들처럼 형이상학에서도 마찬가지로 제한받는 것으로 보입니다.

우리는 다수의 피조물과 마찬가지로 다수의 영혼이나 형상 또는 다수의 생명에 대해서도 걱정할 필요가 없습니다. 반대로 그것은 창조자의 위대함에 일치합니다. 후추에 젖어든 물방울에서 사람들은 놀랄 만큼 많은 양의 동물들을 봅니다. 만약 그것들 모두가 파괴 불가능한 영혼을 부여받았다고 가정한다면, 무엇이 잘못됩니까? 사람들이 이 수백만의 동물들 중 100만을 한순간에 죽게 할 수 있고 이 영혼이 불타거나 찢어지지 않게 지킬 것은 사실입니다. 사람들은 파괴 불가능한 원자는 잘 받아들이면서, 왜 이 가련하고 무고한 영혼에는 반대하는 것입니까? 하지만 그러면 영혼은 어떻게 되는가라고 질문한다면, 저는 영혼은 온 곳으로 되돌아간다고 답합니다. 영혼은 세계의 창조 때부터 매우 작지만 점점 더 커지는 물체들에게 생명을 불어 넣었습니다. 그리고 많은 변화를 겪은 후에 결국 더 큰 무대에 나타나기에 이릅니다. 그곳에서 자신의 역할을 한 후에 다시 조화로운 피조물들 사이에 있는 미세 세계의 어둠으로 다시 들어갑니다. 그곳에서도 영혼은 작용을 가하고 작용받지 않을 수 없으며, 또 어떤 지각을 갖지 않을 수 없습니다. 하지만 그 지각은 아마 영혼이 다시 그 무대에 나타나게 되기까지는 덜 명확할 것입니다. 동물의 모든 생성은 이미 살아 있는 동물의 성장이라는 변화일 뿐이라고 믿을 만한 근거가 있기 때문에, 죽음도 감소라는 반대되는 다른 변화일 뿐이라고 믿는 것이 상당히 합리적입니다. 그러므로 어떻게 보면 모든 동물은 어떤 특정한 방식으로 불멸한다고 말할 수 있을 것입니다. 그러나 인간의 지각과 표현은 다른 피조물의 지각과 표현을 능가하는 만큼, 인간의 방식은 다른 피조물의 방식을 능가해야 합니다. 정신은 기계론 법칙보다는 도덕법칙을 더 따르고, 신은 정신에게 작자라기보다는 군주처럼 작용합니다. 신은 때가 되면 정신을 창조하고, 죽은 후에는 물체가 변하기 전에 정신을 보호합니다. 이것은 신이 군주인 정신의 보편 공화국republique universelle에서 항상 그의 면전에서 시민의 역할을 하기 위해서입니다. 이것을 위해서는 기억reminiscence이 요청됩니다.

영혼이 분리된 물체 혹은 시신에 관해서, 저는 그것이 기계적 일체성 혹은 외견상의 일체성을 지닌다는 것을 인정합니다. 하지만 그런 물체는 영혼이 있든지 없든지 간에 생명 있는 무한히 많은 물체적 실체들로 합성되어 있는 만큼, 실재성을 가지지 않을 수 없습니다. 곤충 한 마리를 두 부분으로 잘랐을 때, 곤충이 영혼을 가지고 있다면, 전체 곤충의 영혼은 확실히 한쪽에만 남아 있을 것이고 그곳은 곤충이 생성되기 전에 있었던 곳일 것입니다. 그리고 사람들이 두 부분에서 관찰하는 움직임이 그 반대를 증명하지는 않습니다. 다수의 영혼 있는 실체들이 다른 동물의 기계적 합성에 포함될 수 있습니다. 하지만 전체의 영혼이나 형상이 부분의 형상으로 합성되는 것은 상상할 수 없습니다.

마지막으로 저는 집적에 의한 존재에게 어떤 실체적인 것도 없다고 말하지 않습니다. 단지 저는 오직 그런 집적에 의한 존재들만 있는 사물들에게 어떤 실체적인 것도 없을 것이라고 말하는 것입니다. 저는 동물들에게서만 실체적 형상을 인정하고 자연의 나머지 모두는 단지 가상적이라고 말하지 않습니다. 하지만 단언하건대, 모든 집적에 의한 존재는 무지개와 마찬가지로 하나의 실체가 아니며, 대리석 조각의 만져서 알 수 있음은 이 현상의 가시성 이상을 증명하지 않습니다.

23. 라이프니츠가 아르노에게[135]
1687년 4월 30일 괴팅겐

당신의 편지는 저에 대한 큰 호의이자 당신의 순수한 관대함의 결과이기 때문에, 그리고 저에게는 그런 대우를 요구할 권리가 없으므로 당신은 결코 늦게 답한 것이 아닙니다. 당신의 편지는 저에게 기쁘고 유익하지만, 당신에게 공공복리의 의무가 있다는 것을 고려해 저의 바람은 내색하지 않겠습니다. 당신의 고찰은 항상

---

135) A II, 2, 174~193; GP II, 90~102; Fin. 240~270; Mas. 113~129. [L: 초고, LBr. 16, Bl. 88~91] 이 서신은 아르노의 서신 20에 대한 답신으로 실제로 에른스트 영주를 경유해 아르노에게 전달되었다. 또한 이 서신은 출판을 목적으로 편집되었던 서신집의 여섯 서신 중 다섯 번째 서신이다.

저를 깨우칩니다. 그리고 저는 자유롭게 그것들을 순서대로 살펴볼 것입니다.

저는 제가 말한 것, 즉 "영혼은 (나머지 다른 조건들이 같을 경우 caeteris paribus) 자신의 신체에 속한 것을 더 분명하게 표현한다."는 것에 문제가 있다고 생각하지 않습니다. 영혼은 특정한 방식으로, 특별히 다른 물체와 자신의 신체 간의 연관 관계에 따라서 전 우주를 표현하기 때문입니다. 영혼은 모든 사물을 동등하게 표현할 수 없습니다. 그렇지 않으면 영혼들 간에는 구별이 없을 것입니다. 하지만 이로부터 영혼이 자기 신체의 일부에서 일어나는 일을 완전하게 알아야 한다는 것이 귀결되지는 않습니다. 외부 사물들과 마찬가지로 모두 동등하게 표현되지 않는 이 부분들 자체에도 연관 관계의 등급이 있기 때문입니다. 물체가 멀리 떨어져 있는 것은 그 물체가 작거나 다른 물체가 다른 식으로 방해한 것의 대가입니다. 그리고 탈레스는 별은 보지만 자기 발 앞의 도랑은 보지 못합니다.[136] 신경과 막은 우리에게 다른 것들보다 더 감각적인 부분입니다. 그리고 우리가 외견상 일어난 일을 다르게 인지하는 것은 아마도 이 신경과 막 때문일 것입니다. 신경의 운동과 그것에 속해 있는 체액의 운동은 인상을 더 잘 모방하고 덜 혼동하기 때문입니다. 따라서 영혼의 더 명확한 표현은 신체의 더 명확한 인상에 상응합니다. 형이

---

136) Platon, *Theaitetos*, 174a 참조.

상학적으로 말해서 신경이 영혼에 작용을 가한다는 것이 아닙니다. 영혼이 신경의 상태를 **자발적 관계에 의해서**spontanea relatione 표상한다는 것입니다. 또한 모든 것이 분리된 채 지각될 수 있기에는 많은 일이 우리의 신체에서 일어난다는 것을 고려해야 합니다. 사람들은 그중에서 익숙한 특정한 결과물은 감지하지만, 다수이기 때문에 그 안에 있는 것은 구분하지 못합니다. 이것은 마치 우리가 멀리서 바다 소리를 들었을 때, 각각의 파도가 우리 귀에 작용하더라도, 파도 각각을 구별하지 못하는 것과 같습니다.[137] 그러나 우리 신체에서 눈에 띄는 변화가 생기면, 우리는 우리 기관의 주목할 만한 변화를 동반하지 않는 외부의 변화들보다 그것을 금방 더 잘 알아차립니다.

제가 "영혼은 고통을 느끼기 전에 바늘 찔림을 안다."고 말하는 것은 이미 정립한 원리에 따라 영혼은 모든 사물을 혼란스럽게 인식하거나 표현하기 때문입니다. 그러나 이 표현은 영혼이 미래에 대해서 미리 가지고 있는 애매하고 혼란스러운 표현이지만, 영혼에게 일어날 일의 참된 원인이며 그 애매성이 밝혀질 때, 나중에 갖게 될 더 명확한 지각의 참된 원인입니다. 미래 상태는 현재의 결과이기 때문입니다.

---

137) 이와 유사한 은유가 DM §33; 『신인간지성론(*Nouveaux Essais*)』, 서문에도 등장한다.

제가 말했던 것은 신이 영혼과 물체가 각각 자신의 법칙에 따라 작용하지만 현상에서 일치하도록 우주를 창조했다는 것입니다. 아르노 씨, 당신은 "이것이 기회원인의 가설과 일치한다."고 판단합니다. 만약 그렇더라도, 저는 유감스럽게 생각하지 않을 것입니다. 그리고 저는 저에게 찬성하는 사람들을 알게 되는 것을 언제나 기쁘게 생각하지만 당신의 근거를 살펴보겠습니다. 당신은 제가 물체는 자기 스스로 운동할 수 있다고 말하지 않을 것이라고 가정했습니다. 그에 따르면 영혼은 팔운동의 실재적 원인이 아니며 물체는 더더욱 아닙니다. 따라서 그것의 실재적 원인은 신일 것입니다. 하지만 저는 다른 견해를 갖고 있습니다. 저는 사람들이 운동이라고 하는 상태에서 실재적인 것은 물체적 실체에서 나온다고 생각합니다. 사고와 의지가 정신에서 나오는 것처럼 말입니다. 각각의 실체에서 일어나는 모든 것은 신이 그것을 창조할 때 부여한 최초 상태의 결과입니다. 신의 예외적 공조concours extraordinaire를 제외하고, 그의 통상적 공조concours ordinaire는 단지 실체의 이전 상태와 그것이 갖는 변화에 부합하도록 실체 자체를 보존하는 것입니다. 그럼에도 사람들은 당당하게 한 물체가 다른 물체를 민다고 말합니다. 말하자면 한 물체는 우리가 현상에서 관찰하는 지속적인 법칙에 따라 그 물체에 접하는 다른 물체가 비례적으로 같은 양의 추동력을 잃지 않으면 어떤 추동력도 가질 수 없다는 것입니다. 사실상 운동은 존재라기보다는 실재 현상이기 때문에, 현상으로서 운동은 제 정신 속에서 그리고 또 다른 사람들의 정신 속에서도 직접 잇따르는 현상이거나 다른 현상의 결과입니다. 하지만 한 실체의 상태는 다른 개별 실체가 갖은 상태로부터 직접 잇따르는 상태가 아닙니다.

저는 식물이 영혼도 생명도 실체적 형상도 가지고 있지 않다고 단언하지 않습니다. 왜냐하면 심거나 접붙인 나무의 한 부분이 같은 종류의 나무를 생산할 수 있더라도, 이미 새로운 식물을 포함한 종자 부분이 있을 수 있기 때문입니다. 이것은 유사한 동물로 변형될 수 있는 동물의 정자에 아무리 작더라도 이미 생물들animaux vivans이 있는 것과 마찬가지입니다.

따라서 저는 동물들만이 살아 있고 실체적 형상을 부여받았다고도 단언하지 않습니다. 그리고 아마 물체적 실체의 형상에도 무한하게 많은 등급이 있을 것입니다.

아르노 씨, 당신은 "기회원인의 가설을 지지하는 사람들은, 내 의지가 내 팔운동의 기회원인이고 신은 실제 원인이라고 말하면서, 제가 팔을 올리려고 할 때마다 신이 실행하는 새로운 의지에 의해서 그때마다 이것을 행한다고 주장하는 것이 아니라 신이 필연적 행위라고 예견했던 모든 것을 행하도록 하는 영원한 의지의 단일한 이 행위에 의해서 이것을 행한다고 주장하는 것이다."라고 말합니다. 이에 대해서 저는 다음과 같이 답합니다. 사람들은 같은 이유로 기적조차도 신의 일반 계획에 부합하기 때문에, 신의 새로운 의지에 의해서 발생하는 것이 아니라고 말할 수 있다고 말입니다. 그리고 저는 지난 편지에서 이미 신의 모든 의지는 어떤 우선순위를 갖기는 하지만 다른 모든 의지를 포함한다고 언급했습니다.

제가 기회원인을 창안한 사람들의 견해를 제대로 이해한다면, 사실상 그들은 연속적인 존재보다 적지 않은 기적을 도입합니다. 왜냐하면 제가 보기에, 기적 개념은 희소성으로 구성되지 않기 때문입니다. 사람들은 제게 신은 오직 하나의 일반 규칙에 따라서 행하며, 따라서 기적은 없다고 말할 것입니다. 하지만 저는 이 결론에 동의하지 않습니다. 저는 신이 기적 자체에 관해서도 일반 규칙을 만들 수 있다고 생각합니다. 예를 들어, 신이 은총을 직접 베풀기로 결단하거나 어떤 특정한 경우가 생길 때마다 이런 종류의 다른 행위를 하기로 결단했을 때, 이런 행위는 비록 통상적일지라도 기적이 아닐 수 없습니다. 저는 기회원인의 작자들이 기적 개념을 다르게 정의할 수 있다는 것을 인정합니다. 하지만 용례에 따르면, 기적은 내적으로 그리고 행위의 실체에 따라서 일반 행위와 구별되지 자주 반복되는 외적인 사건에 의해서 구별되는 것이 아닌 것 같습니다. 정확하게 말하면, 신이 피조물들에게 부여하고 그들에게서 보존하는 힘을 능가하는 일을 행할 때 신은 기적을 행한다고 말할 수 있습니다. 예를 들어, 투석기를 이용해 원운동하고 있는 한 물체를 투석기에서 놓았을 때, 어떤 것에 의해 밀리거나 제지되지 않은 채, 신이 원궤도를 따라 자유롭게 계속 운동하게 한다면,

이것은 기적일 것입니다. 왜냐하면 물체는 자연법칙에 따라 접점에서 계속 직선으로 운동해야 하기 때문입니다. 만약 신이 이런 운동이 항상 일어나야 한다고 결정한다면, 이것은 더 단순한 어떤 것에 의해 설명될 수 없기 때문에, 신이 자연적 기적을 행하는 것일 것입니다. 마찬가지로 운동의 연속이 물체의 힘을 능가할 때, 사람들은 일반적으로 인정되는 개념에 따라 운동의 연속이 참된 기적이라고 말해야 할 것입니다. 반면에 저는 물체적 실체가 신이 그것의 본성에 부여하고 보존하는 법칙에 따라서 자신의 변화를 이어나갈 힘을 가지고 있다고 생각합니다. 저를 더 잘 이해하게 말하자면, 저는 정신의 작용은 물체의 본성에 아무런 변화도 주지 않으며, 물체 또한 정신의 본성에 아무런 변화를 주지 않는다고 생각합니다. 더욱이 신은 기적을 행할 때가 아니면 정신과 물체가 기회일 때 그것들에게서 아무런 변화도 일으키지 않습니다. 그리고 제 생각에, 사물들은 서로 조화되어 있어서 물체가 자신의 고유한 법칙에 따라 그리고 자신의 고유한 힘에 의해 작용할 준비가 되어 있을 때가 아니면, 정신은 어떤 것도 행하려고 하지 않습니다. 반면에 기회원인의 작자들에 따르면 신은 영혼이 기회일 때 물체의 법칙을 변화시키고, 그 역도 마찬가지입니다. 우리 견해의 본질적인 차이는 여기에 있습니다. 따라서 제 견해에 따르면, 어떻게 영혼이 동물정기esprits animaux에 어떤 운동이나 어떤 새로운 규정을 줄 수 있는지 고민할 필요가 없습니다. 왜냐하면 정신과 물체 사이에 아

무런 비례 관계도 없기 때문에, 사실상 영혼은 동물정기에 아무것
도 주지 않고, 정신이 어느 정도의 속력을 물체에게 줄 것인지, 또
한 특정한 법칙에 따르는 정신이 기회일 때 신이 어느 정도의 속력
을 물체에게 주려고 하는지 규정할 수 있는 것이 아무것도 없기 때
문입니다. 연결이나 규칙에 대한 어떤 근거도 없이 영혼이 물체에
게 그리고 그 역으로도 실재적 영향을 준다는 가설이 가지고 있는
것과 같은 문제가 기회원인의 가설에서도 발견됩니다. 그리고[138]
정신의 의지들이 기회일 때, 신이 매 순간 동일한 힘이 유지되어야
한다는 자연의 이 일반 법칙을 어긴다는 것은 개연성이 없어 보이
기 때문에, 데카르트가 이해한 것처럼 영혼 혹은 신이 자신들이 기
회일 때, 물체에 있는 힘이 아니라 운동의 방향 혹은 운동의 결정
을 변화시킨다고 말하려고 한다면, 저의 답변은, 영혼의 사고들과
물체의 방향 좌표 혹은 방향각 사이에 어떤 연결이 있을 수 있는지

---

138) 이 문장은 처음에는 다음 문장으로 이어졌다. "데카르트가 이해한 것처럼 영
혼과 신은 자신들이 기회일 때, 운동량을 변화시킬 수 있는 것이 아니라 운동
의 방향 혹은 운동의 결정을 변화시킨다고 말하려고 한다면, 저는 그곳에서
동일한 문제를 발견합니다. 왜냐하면 영혼이 세계의 판과 위치에 대해서 무구
별적이기 때문에, 새로운 방향의 정도 혹은 방향각을 결정할 수 있는 것은 아
무것도 없기 때문입니다. 하지만 신이 세계 기계machine du monde를 창조했는
데, 이 세계 기계는 정신의 의지들이 기회일 때, 운동 법칙을 바꿀 필요 없이
정신이 원하는 대로 동력ressort이 필요한 때에 자기 스스로 작동할 준비가 항
상 되어 있다고 가정할 때, 이 모든 해명할 수 없는 문제는 중단됩니다. 우리
는 신이 이런 기교를 사용할 수 있다는 것을 의심할 수 없습니다."

설명하는 것은 여전히 매우 어려울 것입니다. 더욱이 자연에는 데 카르트 씨가 알지 못한 그리고 적잖이 중요한 다른 일반 법칙이 있 습니다. 말하자면 자연에서 [운동의] 결정이나 방향은 총합에서 동 일하게 항상 보존되어야 한다는 것입니다. 왜냐하면 예를 들어 주 어진 한 점을 동에서 서로 지나는 임의의 직선을 그었을 때, 그리 고 이 직선과 평행인 선 위에서 앞으로 가거나 뒤로 가는 세상의 모든 물체의 모든 방향을 계산했을 때, 제가 알기로, 모든 동쪽 방 향의 총량과 모든 서쪽 방향의 총량 간의 차이는 항상 동일하기 때 문입니다. 이 일반 법칙은, 현재 특정한 개별 물체들만이 서로 교 류하고 있다고 가정할 때, 이 특정한 개별 물체들 사이에서 유효할 뿐만 아니라 전 우주의 관점에서도 유효합니다. 왜냐하면 모든 것 은 완전하게 조화되어 있고[139] 우주에서 동쪽 방향과 서쪽 방향은 완전하게 동일하기 때문에, 전 우주의 관점에서 차이는 항상 0이

---

139) 이 텍스트는 처음에는 다음과 같이 이어졌다. "모든 것은 완전하게 조화되어 있기 때문에, 힘의 보존과 마찬가지로 방향의 보존에도 근거가 있습니다. 그 리고 영혼은 방향의 보존보다는 힘의 보존에 더 역량이 있으며 신이 물체의 속력과 방향을 바꿀 이유가 충분히 있는 경우에는 아무것도 하지 않습니다. 어떻게 사유가 운동의 기회원인인지 설명하려는 사람들은 팔 그리고 그와 유 사한 물체에 대해서 언급해야 합니다. 왜냐하면 이것은 매우 막연한 말이기 때문입니다. 하지만 영혼과 직접 합일하는 최초의 물체를 선택하고 그것을 있 는 그대로 이해할 필요가 있습니다. 몇 개의 공을 예로 들어보면, 신이 특정한 규칙에 따라 공에게 어떤 특정한 결정 혹은 어떤 특정한 속력을 주어야 할 경 우에 지금 어떤 사유가 영혼을 가질 수 있습니까?"

되기 때문입니다. 신이 이 규칙에 반하는 어떤 것을 행한다면 그것은 기적입니다.

따라서 태초에 신은 세계 기계machine du monde를 창조했는데, 이 세계 기계는 매 순간 커다란 두 자연법칙, 즉 힘과 방향의 보존에 관한 법칙을 어기지 않으며, (기적의 경우는 제외하고) 오히려 그것들을 완벽하게 따른다고 가정하는 것이 한없이 더 합리적이고 신의 권위에도 더 적절합니다. 이때 영혼이 적합한 의지나 사유를 갖는 순간에 마치 필연적인 것처럼 정확하게 물체의 동력ressort이 자기 스스로 작동할 준비를 합니다. 또한 영혼은 오직 물체의 이전 상태에 맞추어 이 의지나 사유를 갖습니다. 따라서 영혼과 물체 기계machine du corps의 합일, 영혼과 그 물체 기계에 포함된 부분들의 합일, 그리고 하나에 대한 다른 하나의 작용은 다른 어떤 가설보다 창조자의 놀라운 지혜를 더 잘 표시하는 이 공존concomitance의 가설로만 이루어집니다. 사람들은 이것이 적어도 가능하다는 것을, 그리고 신이 이것을 수행할 수 있을 정도로 매우 훌륭한 장인이라는 것을 부정할 수 없을 것입니다. 이에 따라 사람들은 이 가설이 가장 단순하고 가장 지성적이며 또 단 한 번에 모든 문제를 없애기 때문에, 가장 개연적이라고 쉽게 판단할 것입니다. 죄가 되는 행위에 대해서 말하지 않기 위해서, 신을 오직 창조된 힘의 보존을 통해서만 공조하게 하는 것이 더 합리적으로 보입니다.

끝으로 비교를 사용해서 제가 주장하는 공존에 관해서 언급하려

합니다. 이 공존은 마치 상이한 여러 무리의 음악가나 합창대가 서로 볼 수도 들을 수도 없는 상태에서 그들의 연주 부분을 따로 연주함에도 불구하고, 단지 자신의 악보에 따라 연주하는 각각이 완벽하게 조화될 수 있어서 그것을 모두 들은 사람이 연주자들 간에 연결이 있을 때보다 경이롭고 훨씬 더 놀랄 만한 하모니를 듣는 것과 같습니다. 더욱이 이 두 합창대 중 한편에 있는 어떤 사람은 자신이 속한 합창대를 통해서 다른 편이 하는 것을 판단할 수도 있습니다. 그리고 그는 이로부터 어떤 습관을 얻게 되는데, (특히 그가 자신의 합창을 보지는 못하지만 들을 수 있고, 다른 사람의 합창을 듣지는 못하지만 볼 수 있다고 가정할 때,) 그것은 자신의 상상력이 [결함을] 보충하면서, 자신이 속한 합창대는 생각하지 않고 다른 합창대를 더 생각하거나, 자신의 합창은 다른 합창대의 메아리로만 여기는 것입니다. 이때 그는 자신이 다른 합창대를 판단하는 심포니의 몇몇 규칙들은 드러나지도 않는 특정한 간주곡만을 자신이 속한 합창대에 할당하거나, 아니면 그가 멜로디의 연결에서 발견한 것과 관계가 있기 때문에 다른 합창대가 따라 하게 된다고 믿는 특정한 의도에 따라 연주해야 하는 특정한 악장을 자신의 합창대에 할당합니다. 왜냐하면 그는 다른 편에 있는 사람들도 그들의 고유한 의도에 따라 그에 상응하는 어떤 것을 연주한다는 것을 모르기 때문입니다.

그렇지만 저는 사람들이 정신을 기회원인이라고 하는 것과 어떤 의미에서 특정한 물체 운동의 실재적 원인이라고도 하는 것을 전혀 반대하지 않습니다. 왜냐하면 신적인 결단의 관점에서 보면 신이 정신을 위해서 예견하고 예정했던 것은 신이 물체에게 부여했던 법칙과 힘에 따라 물체들이 서로 협력하도록 처음부터 그렇게 정해놓은 하나의 기회였기 때문입니다. 그리고 하나[정신 혹은 물체]의 상태는, 종종 우연적이고 다른 하나[물체 혹은 정신]로부터 자유롭기까지 하지만 다른 하나의 불가피한 결과이기 때문에, 신은 모든 실체 간의 완벽한 상호 표현을 포함하는 실체의 이 일반 개념에 따라 실재적 연결을 창조한다고 말할 수 있을 것입니다. 하지만 이 연결은 신이 실체들을 창조할 때 만들었던 것에만 근거하기 때문에 직접적인 연결은 아닙니다.

실체는 참된 일체성을 요구한다는 저의 견해가 일반적 사용에 반대해 만들어낸 정의에만 근거한다면, "이것은 단지 말 논쟁에 불과할 것입니다." 그러나 저는 일반 철학자들이 이 개념을 대개 **자기 자신에 의한 일체와 우연적 일체, 실체적 형상과 우연적 형상, 불완전한 합성체와 완전한 합성체 그리고 자연적 합성체와 인공적 합성체를 구별하는** 방식으로 이해하는 것과 달리 사태를 더 높은 관점에서 고찰합니다. 그리고 개념들은 차치하고, **저는 집적에 의한 존재들만 있는 곳에는 실재적 존재들도 없을 것이라고 생각합니다.** 사실 모든 집적에 의한 존재는 참된 일체성을 부여받은 존재를 가정합니다. 왜냐하면 집적에 의한 존재는 자신의 실재성을 자신을 구성하는 것의 실재성으로부터만 얻기 때문에, 자신을 구성하는 각각의 존재가 또다시 집적에 의한 존재라면, 그것은 아무런 실재성도 갖지 못하거나 자기 실재성의 근원을 다른 것에서 찾아야 합니다. 그러나 영원히 계속해서 찾아야 하는 이런 방식으로는 아무것도 찾을 수 없기 때문입니다.

아르노 씨, 저는 전 물체계에 오직 (종종 영혼 있는) 기계들만 있다는 것에 동의합니다. 하지만 "**실체들의 집적만 있다.**"는 것에는 동의하지 않습니다. 만약 실체들의 집적이 있다면, 모든 집적체들이 기인하는 참된 실체 또한 있어야 합니다. 따라서 우리는 필연적으로 몇몇 저자들이 연장을 구성하는 것으로 주장하는 수학의 점이나 (당신도 저와 함께 거부하는 것인) 에피쿠로스와 코르드무아의 원자에 이를 수밖에 없습니다. 아니면 물체에는 어떤 실재성도 발견되지 않는다고 인정해야 하거나 아니면 끝으로 참된 일체성을 가지고 있는 몇몇 실체들을 인정해야 합니다.

저는 이미 다른 편지에서 대공의 다이아몬드와 무굴 황제의 다이아몬드를 합성한 것은 한 쌍의 다이아몬드라 할 수 있다고 했습니다.[140] 하지만 이것은 이성에 의한 존재일 따름이고 그것들을 서로 근접시켜도 상상력 또는 지각에 의한 존재, 즉 현상일 것입니다. 왜냐하면 접촉하고, 같이 움직이고, 같은 목적을 향해서 공조

---

140) 다른 편지는 서신 18을 가리킨다.

하는 것은 실체적 일체성에 아무런 변화도 주지 않기 때문입니다.

다수의 사물들이 하나의 단일한 것을 만든다고 하는 가정이 사물들의 연결 정도에 따라서 때로는 근거가 많고 때로는 적다는 것은 사실입니다. 그러나 이것은 단지 우리 생각을 축약하고 현상을 표상하는 데 사용될 뿐입니다. 또한 집적에 의한 존재의 본질은 오직 그것을 구성하고 있는 것의 존재 방식이 만듭니다. 예컨대 군대의 본질은 오직 군대를 구성하는 사람들의 존재 방식이 만듭니다. 따라서 이 존재 방식은 그것의 본질이 다른 실체의 존재 방식이 아닌 실체를 가정합니다. 모든 기계 또한 그것을 구성하는 부품에 어떤 실체를 가정합니다. 그리고 참된 일체성이 없다면 다수성도 있을 수 없습니다.

간단하게 말해서, 저는 강조를 통해서만 식별되는 이 동일 명제, 즉 '실제로 **하나**의 존재가 아닌 것은 실제로 하나의 **존재**도 아니다.'를 공리로 간주합니다.[141] 사람들은 항상 일체와 존재가 상호 교환 가능하다고 믿었습니다. 존재와 존재들은 서로 다른 것입니다. 그러나 복수는 단수를 가정하며, 하나의 존재가 없는 곳에는 다수의 존재들도 있을 수 없을 것입니다. 어떻게 더 명확하게 말할 수 있겠습니까? 따라서 저는 실체와 집적에 의한 존재를 구별해도 될

---

141) 이 명제의 원어는 "ce qui n'est pas veritablement UN estre, n'est pas non plus veritablement un ESTRE."이다.

것이라고 믿었습니다. 왜냐하면 이런 집적에 의한 존재는 우리의 정신에서만 그것의 일체성을 가지며 참된 실체와의 관계나 그것의 변용에 근거를 두기 때문입니다. 기계가 하나의 실체라면, 서로 손을 맞잡을 수 있는 사람들로 구성된 한 무리도 하나의 실체일 것이며 그러면 하나의 군대도, 그리고 결국에는 실체의 다수도 모두 하나의 실체일 것입니다.

참된 일체성을 갖지 않는 사물들에는 실체적인 것이 전혀 없다거나 단지 가상적인 것만 있다고 말하는 것이 아닙니다. 왜냐하면 저는 그 사물들이 항상 그 사물들의 합성에 포함되는 것에 있는 참된 일체성만큼 실재성이나 실체성을 갖는다는 것을 인정하기 때문입니다.

아르노 씨, 당신은 참된 일체성을 갖지 않는 것이 물체의 본질이 될 수 있다고 반박합니다. 하지만 그러면 규칙적인 꿈과 같이 모든 실재성을 결여한 현상이 되는 것도 물체의 본질에 속할 것입니다. 왜냐하면 무지개 혹은 돌무더기와 같은 현상 자체가 참된 일체성을 갖는 존재들로 구성되지 않는다면 전적으로 상상적인 것이기 때문입니다.

당신은 무엇이 저를 이 실체적 형상을 인정하고 심지어 참된 일체성이 부여된 이 물체적 실체를 인정하게 하는지 모르겠다고 말합니다. 그 이유는 참된 일체가 없으면 어떤 실재성도 생각할 수 없기 때문입니다. 그리고 저에게 단일 실체에 대한 개념은 집적에 의한 존재와는 양립할 수 없는 결과를 함축합니다. 무한하게 진행되는 연속의 현실적 하위 분할 때문에 물체에는 어떤 확고하고 고정된 형태가 없다는 것과 별개로, 저는 연장, 형태 그리고 운동으로 설명할 수 없는 실체의 속성들을 생각합니다. 그리고 운동은 그것이 단지 연장의 변용이고 주변의 변화인 한, 가상적인 것을 함축합니다.[142] 따라서 사람들은 물체적 실체에 있는 운동의 원인인 힘에 의지하지 않으면 변화하는 것들 중에서 어떤 주체에 운동이 속하는지 결정할 수 없습니다. 저는 개별 현상을 설명하기 위해서 이런 실체와 성질을 언급할 필요가 없다는 것을 인정합니다. 신의 공조, 연속의 합성, 가득 찬 공간, 그리고 다른 수천 가지 것들 또한 검토할 필요가 없습니다.

(저도 인정하는데,) 자연의 개별성들은 기계적으로 설명할 수 있습니다. 하지만 이것은 형이상학적 추론에 의해서만 **선험적으로** 정립될 수 있는 기계론 자체의 원리를 인정하거나 가정한 후의 일입니다. **연속 합성에 관한** 문제들도 연장을 물체의 실체를 구성하는 것으로 간주하는 한, 그리고 우리 스스로가 우리 자신의 망상에 사로잡혀 있는 한 결코 해결되지 않습니다.

참된 일체성이나 실체를 거의 인간에게만 국한하려고 하는 것은 자연학에서 세계를 공 안에 가두는 것처럼 형이상학에서도 경계를

---

142) Descartes, 『철학의 원리(*Principia philosophiae*)』, 2부, 25절 참조.

굿는 것과 마찬가지라고 생각합니다. 그리고 참된 실체는 어떤 특정한 의미에서 보면 전 우주의 표현이고 또 신적인 작품의 복제이기도 하기 때문에, 신이 만든 작품의 위대함과 아름다움에 일치합니다. 왜냐하면 이 실체들은 이 세계에서 가능한 한 많이 그리고 더 상위의 근거가 허용하는 만큼 많이 실체들을 만드는 데 서로 방해하지 않기 때문입니다.

완전히 벌거벗은 연장을 가정하면 이 모든 경이로운 다양성은 파괴됩니다. 시신이 동물보다 하위에 있고, 더욱이 기계도 인간보다 하위에 있는 것과 마찬가지로 물질덩어리 자체가, (이것을 파악하는 것이 가능하다면) 자신의 관점에 따라 그리고 자신의 물체가 다른 모든 물체로부터 직간접적으로 받은 인상(혹은 관계)에 따라 전 우주를 지각하고 표상하는 실체보다 하위에 있습니다. 바로 그 때문에,[143] 미래의 윤곽이 사전에 형성되어 있는 것이고 과거의 흔적

---

143) '바로 그 때문에'는 'C'est même par là'를 번역한 것인데, 라이프니츠가 쓴 문장들이 매우 길어서 가리키는 이유가 바로 연결되어 있지 않다. 여기서 라이프니츠가 생각하고 있는 이유는 직접적으로 텍스트 내에서는 '참된 실체의 다양성'이라 할 수 있고, 라이프니츠 견해 전체를 두고 본다면, 실체적 형상을 도입해 물체적 실체 개념을 영혼이 있는 물체와 같이 이해하는 것이라고 할 수 있다. 즉 데카르트와 기계론 철학에서처럼 물체의 본질을 연장으로만 이해한다면, 사물의 다양성이 파괴될 뿐만 아니라 미래의 윤곽이 사전에 형성되고, 과거의 흔적이 영원히 보존되고, 원인과 결과가 서로를 미세한 부분에까지 표현하는 일도 없을 것이라는 점이다.

들이 모든 사물에 영원토록 보존되어 있는 것이며, 비록 모든 결과가 무한히 많은 원인에 의존하고 모든 원인이 무한히 많은 결과를 산출할지라도, 원인과 결과가 가장 작은 상황의 미세한 부분까지도 정확하게 서로를 표현하는 것입니다. 만약 물체의 본질이 특정한 형태, 운동 혹은 정해진 연장의 변용으로 이루어졌다면, 이런 것은 얻을 수 없을 것입니다. 더구나 자연에 그런 것은 없습니다.[144] 엄밀하게 보면 연장과 관련해서 모든 것은 비규정적indefini이며, 우리가 물체에 귀속시키는 것은 단지 현상이며 추상일 뿐입니다. 이것은 우주의 참된 원리를 인식하고 우주에 대한 올바른 관념을 갖기 위해서 반드시 필요한 이 고찰을 하지 않으면 어떻게 이 주제에서 잘못 생각하게 되는지 보여줍니다.

그리고 제가 보기에, 매우 합리적인 이 생각에 공감하지 않는 것은 세계의 위대함, 무한한 하위 분할, 그리고 자연에 대한 기계적 설명을 인정하지 않는 것과 같은 정도로 선입견을 가지고 있는 것입니다. 사람들은 연장의 변용에 대한 세부 문제에 들어가지 않고 실체적 형상을 대충 살펴보는 것에 만족하면서 예전에 잘못 생각했던 것과 마찬가지로 실체와 능동성에 대한 참된 개념을 이해하지 않고 연장을 근원 개념으로 착각하고 있습니다.

---

144) 앞의 주에서와 마찬가지로 여기서 '그런 것'이란 '순수하게 연장으로만 구성된 물체'를 말한다.

영혼의 다수성은 (제가 영혼에 항상 기쁨이나 고통을 부여하는 것은 아닙니다.) 이 영혼과 같이 파괴 불가능한 가상디주의자들의 원자처럼 우리를 어렵게 해서는 안 됩니다. 이와 반대로 많은 영혼을 갖는 것은 자연의 완전성입니다. 왜냐하면 영혼 혹은 영혼 있는 실체는 다양성이나 하위 분할이 없는 원자보다 한없이 더 완전하기 때문입니다. 이에 반해 모든 영혼 있는 것은 참된 일체성에 다양성의 세계를 포함합니다. 경험에 따르면, 영혼 있는 것의 다수성이 선호됩니다. 우리는 후추에 스며든 물방울에도 놀랄 만큼 많은 동물이 있다는 것을 발견합니다.[145] 그리고 그것들 수백만을 한 번에 죽일수 있으며, 아르노 씨 당신이 말하는 이집트의 개구리들도 이스라엘의 메추리들도 그 수에 미치지 못합니다. 이제 이 동물이 영혼을 가지고 있다면, 동물 자체에 관해서 개연적으로 말할 수 있는 것을 그것의 영혼에 대해서도 말해야 할 것입니다. 즉 동물은 세상의 창조 때 이미 살아 있었고 마지막까지도 그럴 것이며, 생성은 필경 성장으로 이루어진 변화일 뿐이기 때문에, 죽음도 단지 감소로 이루어진 변화일 것입니다. 죽음은 이 동물이 다시 무대 위로 되돌아

---

145) '후추에 스며든 물방울'은 레이우엔훅의 관찰에서 나온 것이다. 레이우엔훅 (A. Leeuwenhoeck), "Observation……Concerning little Animals observed in Rain- Well- Sea- and Snow-water; as also in water wherein Pepper had lain infused", in: *Philosophical Transaction*, Nr. 133, 1677년 5월 25일, 821~831.

올 순서가 될 때까지 지각이 더 제한된 곳인 작은 피조물의 세계로 깊이 들어가게 하는 것입니다. 고대인들은 항상 동일한 영혼을 유지하는 하나의 동일한 동물의 변형 대신에 영혼 전이transmigrations를 도입하는 잘못을 범했습니다. 즉 그들은 **형태 변화 대신에 영혼 전이**metempsychoses pro metaschematismis를 수용한 것입니다.

하지만 정신은 이런 변혁에 좌우되지 않습니다. 혹은 물체의 이 변혁은 정신과의 관계를 통해서 신적인 경제학l'œconomie divine에 활용되어야 합니다. 신은 때가 되면 정신을 창조하고 죽음으로 물체에서 (적어도 순수한 물체에서) 정신을 떼어냅니다. 정신은 전적으로 완전한 이 보편 공화국의 영속적 시민이 되기 위해서 항상 자신의 도덕성과 기억을 보존해야 하기 때문입니다. 이 국가의 군주인 신은 자신의 신민을 절대 잃을 수 없으며 신의 법칙들은 물체의 법칙들보다 상위에 있습니다.

영혼 없이 물체 그 자체는 단지 집적에 의한 일체성만 갖는다는 것을 인정합니다. 그러나 물체에 있는 실재성은 물체를 구성하고, 그 물체가 함축하고 있는 수없이 많은 살아 있는 물체들로 인해서 실체적 일체성을 유지하는 부분들로부터 나옵니다. 영혼이 각각 별개의 영혼들에 의해서 영혼을 갖게 된 부분들로 구성되어 있는 물체를 갖는 것은 가능하겠지만, 전체의 영혼이나 형상이 이것 때문에 부분의 영혼이나 형상으로 구성되는 것은 아닙니다. 두 부분으로 잘린 곤충과 관련해서 보면, 두 부분에 비록 어느 정도 운동이 남아 있겠지만, 두 부분이 영혼이 있는 채로 유지되는 것은 불필요합니다. 어쨌든 곤충 전체의 영혼은 한쪽에만 있을 것입니다. 그리고 곤충이 생성하고 성장할 때 영혼은 처음부터 살아 있었던 어떤 특정한 부분에 있었기 때문에, 소멸한 뒤에도 아직 살아 있는 어떤 특정한 부분에 남아 있을 것입니다. 이 부분은 이 곤충의 몸을 찢고 흩트리는 사람들의 행동으로부터 보호하기 위해서 필요한 만큼 점점 더 작아질 것입니다. 그리고 유대인들처럼 영혼을 구하는 곳으로 작고 파괴할 수 없을 정도로 단단한 뼈를 상상하는 것은 불필요합니다.

저는 우연적 일체성에 정도가 있다는 것을 인정합니다. 규칙적인 사회가 혼란한 군중보다는 더 일체성이 있고, 유기 조직을 지닌 물체corps organisé나 기계가 사회보다는 더 일체성이 있습니다. 말하자면 그것들은 하나의 단일한 것으로 생각하는 것이 더 적절합니다. 왜냐하면 그 구성물들 간에 더 많은 연관 관계가 있기 때문입니다. 그러나 결국 이 모든 일체성은 사람들이 줄곧 실재하는 것이라고 부르는 색과 다른 현상들처럼 사고들과 가상들에 의해서만 완성됩니다.

돌무더기와 대리석 조각의 만져서 알 수 있는 성질은 무지개의 가시성보다 자신의 실체적 실재성을 더 잘 증명하지 못합니다. 어느 정도의 유동성도 없을 만큼 그렇게 견고한 것은 없기 때문에, 아마 대리석 조각은 무한히 많은 살아 있는 물체더미에 불과하거

나 물고기로 가득 찬 호수 같은 것일 것입니다. 비록 이 생물들이
보통 반쯤 부패한 물체에서만 관찰되겠지만 말입니다.

　데모크리투스는 이 합성물과 유사한 것들에 대해서 매우 적절하
게 말했습니다. "그것들은 견해, 법칙, 관례에 따라서 존재한다."고 말
입니다.[146] 플라톤도 순수하게 물질적인 모든 것에 대해서 같은 견
해입니다.[147] 우리 정신은 특정한 양태를 갖는 몇몇 참된 실체를 인
지하거나 파악합니다. 이 양태는 다른 실체와의 관계를 함축하며,
그로부터 정신은 사고에서 그것들을 함께 연결하고, 추론의 편리
를 돕는 것으로 이 모든 것 전체에 하나의 이름을 고려하는 기회를
갖습니다. 하지만 이 과정을 많은 실체나 실제로 실재하는 존재를
만드는 것으로 혼동해서는 안 됩니다. 이 혼동은 오로지 가상에 머
물러 있는 사람들 혹은 정신의 모든 추상 작용에서 실재성을 얻는
사람들, 그리고 수, 시간, 장소, 운동, 형태, 감각 가능한 성질들을
실체 같은 개별 존재로 파악하는 사람들에게만 해당됩니다. 반면
에 저는 참된 일체성을 부여받은 유일한 실체들 혹은 완전한 존재
들과 그에 따르는 상이한 그것들의 상태들을 함께 인정하는 것 외
에 철학을 더 잘 회복하고 어떤 정확한 것으로 되돌릴 수 있는 길

---

146) "Esse opinione, lege, νόμω" Diogenes Laërtius, *De vitis, dogmatis et apophthegmatis clarorum philosophorum libri X*, IX, §45, §72; Sextus Empiricus, *Adversus mathematicos*, VII, 135 D, 참조.
147) Platon, *Timaios*, 27d.

은 없다고 생각합니다. 나머지 모든 것은 단지 현상들, 추상들 혹은 관계들에 불과하기 때문입니다.

사람들은 집적에 의한 다수의 존재에서 하나의 참된 실체를 만드는 어떤 규칙도 발견하지 못할 것입니다. 예컨대 부분들이 하나의 동일한 목적에 협력하는 것이 서로 접촉하고 있는 것보다 하나의 참된 실체를 만드는 데 더 적합하다면, 네덜란드 동인도회사의 모든 직원들은 돌 한 무더기를 만드는 것보다 하나의 실재하는 실체를 더 잘 만들 것입니다. 그러나 이 공동 목적이란 것이 우리 정신이 상이한 것들에서 주목하는 유사성 또는 능동과 수동의 질서가 아니라면 무엇이겠습니까? 사람들이 만약 접촉에 의한 일체성을 선호한다면, 다른 문제들을 만나게 될 것입니다. 고체들은 아마자기 자신과 주변 물체를 압착해서 하나 된 부분들만을 가질 뿐이며, 그것들의 실체에는 모래더미, **석회 없는 모래**[148] 이상의 합일은 없을 것입니다.

하나의 사슬을 만들기 위해 서로 얽혀 있는 여러 고리가 왜 서로 떨어질 수 있기 위한 출구를 가지고 있을 때보다 참된 실체를 더 잘 만듭니까? 사슬의 어떤 부분도 다른 사슬과 접하지 않고 둘러싸고 있지도 않지만, 그림에서처럼, 그것들을 어떤 특정한 방식으로 다루지 않고는 분리시킬 수 없게끔, 서로 얽혀 있는 것이 가능합니다.

---

148) "*arena sine calce*" Sueton, *De vita Caesarum*, Caligula, 53 참조.

이런 경우에 이 사물들로 합성된 실체는 불안한 상태에 있고, 미래에 그것들을 분리하려고 하는 사람이 어떻게 재주 좋게 분리하는가에 달려 있다고 말할 것입니까? 정신의 허구는 어디든지 있습니다. 그리고 사람들이 무엇이 진정으로 완전한 존재 혹은 실체인지 판별하지 못하는 한, 아무것도 정할 수 없을 것입니다. 그리고 여기 이것이 [참된 실체를 판별하는 것이] 견고하고 실재하는 원리를 정립하는 유일한 방법입니다. 결론적으로 말하자면, 근거 없이 아무것도 확실해질 수 없습니다. 따라서 참된 일체성 없이 존재와 실체를 만드는 사람들은 그것이 우리가 방금 말한 것보다 더 많은 실재성을 가지고 있다는 것을 증명해야 합니다.

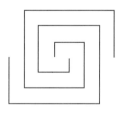

그리고 저는 이 모든 것을 포괄할 수 있는 실체 개념 혹은 존재 개념을 기대합니다. 그리고 나면, 환일뿐만 아니라 아마 꿈도 어느

날 실체의 권리를 요구할 수 있을 것입니다. 집적에 의해 형성된 존재들을 인정하려고 하는 이 시민의 권리에 매우 정확하게 제한을 가하지 않는다면 말입니다.

저는 이 주제에 대해서 상세하게 다루었습니다. 따라서 당신은 제 견해뿐만 아니라 제가 이 견해를 따를 수밖에 없게 한 근거도 판단할 수 있을 것입니다. 이것들을 공정하고 정확하신 당신의 판단에 맡깁니다. 그리고 당신이 『문단소식(*Nouvelles de la republique des lettres*)』에서 보게 될 카트랑 신부에 대한 답변[149] 또한 당신의 판단에 맡깁니다. 저는 당신이 그에 대해 말한 것에 따라 그가 학식 있는 사람이라고 믿습니다. 하지만 그가 하위헌스[150] 씨와 저에게 반대해 쓴 것을 보면 그는 좀 경솔합니다.[151] 우리는 이제 그가

---

149) Leibniz, "Réplique de M. L. à M. l'Abbé D. C. contenuë dans une lettre écrite á l'Auteur de ces Nouvelles le 9 de Janv. 1687. Touchant ce qu'a dit M. Descartes que Dieu conserve toujours dans la nature la même quantité de mouvement", in: *Nouvelles de la république des lettres*, 1687년 2월, 131~145.

150) 하위헌스(Christiaan Huygens, 1629~1695). 네덜란드의 수학자, 물리학자, 천문학자. 진자 운동 연구로 운동량보존법칙, 에너지보존법칙에 대한 이론적 기초를 제공했고, 수학, 물리학, 천문학에서 수많은 공헌을 했다. 라이프니츠와 주고받은 수학에 관한 많은 서신이 전해진다. 예전에는 'Huygens'라는 이름을 우리말로 '호이겐스'라고 썼지만 이것은 'Huygens'를 영어식으로 읽은 것으로 보인다. 네덜란드어로 읽었을 때는 '하위헌스'가 원어에 가장 가깝다.

151) 카트랑 신부의 하위헌스에 대한 반박: F. Catelan, "Examen Mathematique du Centre d'Oscillation", in: *Journal des scavans*, 1681년 12월, 383~386.

이것을 어떻게 이용하는지 보게 될 것입니다.

당신의 건강 상태가 좋다는 소식을 듣게 되니 저는 매우 기쁩니다. 그리고 당신의 모든 열성과 열정도 함께 계속 건강하기를 기원합니다.

라이프니츠 배상

추신: 당신이 당신의 편지에서 다루었던 다른 주제들에 대해서는 다음 기회를 위해 남겨놓겠습니다.

24. 라이프니츠가 아르노에게[152]
1687년 7월 22일/8월 1일 하노버

매우 기쁘게도 저는 존경하는 에른스트 영주 전하에게서 당신의

카트랑 신부의 라이프니츠에 대한 반박: "Courte remarque de M. l'Abbé D. C. où l'on montre à Mr. G. G. Leibnits le paralogisme contenu dans l'objection precedente", in: *Nouvelles de la république des lettres*, 1687년 9월, 999~1003.

152) A II, 2, 218~220; GP II, 104~105; Fin. 272~274; Mas. 130~131. [A: 발송 수사본] 이 서신은 라이프니츠가 에른스트 영주를 경유해 보낸 서신 23에 대한 답장을 독촉하려는 의도로 쓴 것으로 보인다. 이에 대한 아르노의 답장은 다음 서신 25이다.

건강 상태가 좋다고 들었습니다. 저는 진심으로 그와 같은 소식들을 계속해서 자주 듣기를 바라고, 정신력이 아직 충분하다고 알려진 것처럼 몸 또한 당신의 나이를 덜 느끼기를 바랍니다. 제 자신도 잘 알고 있는 것입니다만, 저는 지금 저의 성찰들에 대해서 당신보다 더 확고하고 날카로울 뿐만 아니라 더 진정성 있는 판단을 보증하는 사람을 알지 못한다고 고백합니다.

저는 더 이상 당신을 힘들게 하고 싶지 않습니다. 하지만 지난 편지의 주제는 종교에 관한 매우 중요한 주제 중 하나이고 또 종교와 밀접하게 연관되어 있기 때문에, 고백컨대, 저는 당신의 혜안을 더 누릴 수 있기를 희망하고, 적어도 저의 지난 해명에 대한 당신의 견해를 들을 수 있기를 기대합니다. 당신이 저의 해명을 분명한 것으로 본다면 저는 그것을 확신할 것이기 때문입니다. 하지만 당신이 저의 해명에서 다시 지적할 것을 발견한다면, 저는 그것에 신중하게 접근할 것이고 어느 날 그 주제 전체를 새롭게 검토할 것입니다.

카트랑 신부 대신에 말브랑슈 신부가 최근 『문단소식』에서 저의 반박에 답했습니다.[153] 그는 카트랑 신부가 내놓은 자연법칙과 운동 규칙 중 몇몇은 지지되기 어렵다는 것을 인정하는 것 같습니다.

---

153) Malebranche, "Extrait d'une lettre du P. M. à M. l'Abbé D. C.[Catelan]", in: *Nouvelles de la république des lettres*, 1687년 4월, 448~450.

그러나 그는 이것이 카트랑 신부가 그 법칙들의 근거를 자연에 존재하지 않는 무한한 경도dureté에 두었기 때문이라고 생각합니다. 반면에 저는 무한한 경도가 자연에 있다 하더라도 이 규칙들은 더 이상 지지될 수 없을 것이라고 생각합니다. 이것은 데카르트 씨와 그 지지자들의 잘못된 추론입니다. 즉 우리가 운동, 불균등inégalité, 그리고 탄성에 관해서 말하는 모든 것이, 이 사물이 무한하게 작거나 무한하게 크다고 가정될 때에도 입증되어야 한다는 것을 그들은 고찰하지 않았습니다. 그럴 경우 (무한하게 작은) 운동은 정지가 되고, (무한하게 작은) 불균등은 균등이 되며, (무한하게 빠른) 탄성은 최고 경도 외에 다른 것이 아닙니다. 이것은 사람들이 포물선을 다른 초점이 무한하게 멀리 떨어져 있는 타원으로 파악할 때, 기하학자들이 타원에 관해 증명한 모든 것이 포물선에서도 입증되는 것과 거의 마찬가지입니다. 제가 기하학에서뿐만 아니라 자연학에서도 오류 불가능한 것으로 여기는 이 원리에 데카르트 씨의 거의 모든 운동 규칙이 상충하는 것은 기이한 일입니다. 왜냐하면 사물의 창조자는 완벽한 기하학자처럼 행동하기 때문입니다. 제가 만약 말브랑슈 신부에게 답한다면,[154] 매우 큰 유용성이 있고 제가 알기

---

154) Leibniz, "Extrait d'une lettre sur un principe géneral, utile à l'explication des loix de la nature, par la consideration de la sagesse divine: pour servir de réplique à la réponse du R. P. D. M[alebranche]", in: *Nouvelles de la république des lettres*, 1687년 7월, 744~753; GP III, 51~55.

로 일반적으로 전혀 고찰되지 않은, 제가 언급한 이 원리를 알리는 것이 주된 일일 것입니다.

하지만 저는 당신에게 매우 집중하고 있고, 이 주제는 당신의 주목을 받기에 충분하지 않습니다. 많은 열성과 열정을 갖고 있는,

라이프니츠 배상

25. 아르노가 라이프니츠에게[155]
1687년 8월 28일

저는 먼저 당신의 4월 30일 자 편지에 너무 늦게 답하는 것에 대해서 사과부터 해야 합니다. 그때부터 저는 여러 병을 앓았고 일도 여러 가지로 많았습니다. 그리고 그런 추상적인 문제들에 정신을 집중하려는 노력을 거의 하지 못했습니다. 그래서 당신의 지난 편지에 있었던 새로운 점에 대해서 제가 생각한 것을 간단하게 말해

---

155) A II, 2, 220~225; GP II, 105~109; Fin. 276~284; Mas. 132~137. [K: 발송, LBr. 16, Bl. 92~95] 이 서신은 라이프니츠의 서신 23에 대한 아르노의 답신으로 아르노가 라이프니츠에게 보낸 마지막 서신이다. 라이프니츠는 아르노가 에른스트 영주에게 보낸 서신 26과 함께 이 서신을 받았다. 또한 이 서신에는 부록으로 에른스트 영주가 9월 11일에 쓴 라이프니츠에게 보낸 서신 27이 포함되어 있다.

도 너그럽게 봐주시기를 부탁합니다.

1. 당신이 "우리 영혼은 어떤 의미에서 전 우주를 표현하기 때문에, 나머지 다른 조건들이 같을 경우 자신의 신체에 속한 것을 더 분명하게 표현한다."라고 말할 때, '표현한다'라는 말을 당신이 어떻게 이해하는지에 대해서 저는 명확한 관념을 가지고 있지 않습니다. 왜냐하면, 당신이 만약 이 '표현'을 어떤 사고나 인식으로 이해한다면, 저는 제 영혼이 토성에 속한 위성의 운동보다 림프관의 림프 운동에 대한 사고와 인식을 더 많이 가진다는 것을 인정할 수 없기 때문입니다. 당신이 표현이라고 부르는 것이 사고도 인식도 아니라면, 저는 그것이 무엇인지 모르겠습니다. 따라서 이것은 제가 당신에게 제안했던 문제, 곧 잠자는 동안 제가 바늘에 찔렸을 때, 제 영혼이 어떻게 고통을 느낄 수 있는지를 해결하는 데 아무런 도움도 되지 않습니다. 그러기 위해서는 제가 바늘에 찔렸다는 것을 제 영혼이 알아야 할 텐데, 제 영혼은 단지 영혼이 느끼는 고통을 통해서만 이러한 인식을 갖기 때문입니다.

2. 다음으로 기회원인의 철학에서 사람들이 생각하는 것에 관해서: "내 손은 내가 원할 때 바로 움직인다. 이때 내 영혼은 이 운동의 실재적 원인이 아니며, 신체는 더더욱 아니다. 따라서 이 운동의 실재적 원인은 신이다." 당신은 물체가 자기 스스로 움직일 수 없다고 가정하는 것은 당신의 생각이 아니라고 말합니다. 그리고 사고와 의지가 정신에서 나오는 것처럼, 우리가 운동이라고 부르는 상태에서

실재적인 것은 물체적 실체에서 나온다고 주장합니다.

그러나 운동을 갖지 않는 물체가 자신에게 운동을 줄 수 있다는 것은 매우 이해하기 어려워 보입니다. 그리고 이것이 인정된다면, 사람들은 최초의 운동자un premier moteur의 필요성으로 이루어지는 신의 증거들 가운데 하나를 파괴하는 것입니다.[156]

더욱이, 물체가 자기 자신에게 운동을 줄 수 있다 하더라도, 이 것이 제가 저의 팔을 움직이려고 할 때마다 제 팔이 움직일 수 있 도록 만들지 않습니다. 팔은 의식이 없는데, 언제 제가 저의 팔을 움직이려고 한다는 것을 팔이 어떻게 알 수 있겠습니까?

3. 분할 불가능하고 파괴 불가능한 이 실체적 형상에 대해서도 더 말할 것이 있습니다. 당신은 이 실체적 형상을 모든 동물에서, 그리고 어쩌면 식물에서도 인정해야 한다고 생각합니다. 그 이유 는 그렇지 않으면, (당신이 원자로도 수학적 점으로도 구성되지 않고 무 한하게 분할 가능하다고 가정하는) 물질이 **자기 자신에 의한 일체**unum per se가 아니라 단지 **우연에 의한 집적체**aggregatum per accidens가 될 것이라고 생각하기 때문입니다.

1) 저는 성 아우구스티누스가 생각했던 것처럼, 물질에게 본질적

---

156) 최초의 운동자 개념을 이용한 신 존재 증명에 관해서, 아리스토텔레스, 『형이 상학(*Metaphysica*)』, 12부 6~7장; 『자연학(*Physica*)』, 8부 3~6장; 토마스 아 퀴나스, 『신학대전(*Summa Theologiae*)』, 1권 2, 3항 참조.

인 것은 모든 존재들 중에서 가장 불완전하고, 참되고 고유한 일체성을 갖지 않는 점일 것이라고 답했습니다. 그리고 물질은 항상 **다수의 존재**plura entia이지 본래 **단일한 존재**unum ens가 아닙니다. 그리고 당신이 인정하는 물질의 무한 분할 가능성은 더 이해할 수 없습니다.

단일한 존재가 없는 곳에는 **다수의 존재**도 있을 수 없기 때문에, 당신은 이것이 불가능하다고 답합니다.

그러나 코르드무아 씨는 참이라고 생각할 수 있겠지만 당신에게는 필연적으로 거짓이어야 하는 이 이유를 당신은 어떻게 사용할 수 있습니까? 왜냐하면, 일억 번째 부분이 되지 않는 영혼 있는 물체들을 제외하고, 나머지 모든 것들, 당신에 따르면 실체적 형상을 갖지 않는 다른 나머지 모든 것들은 본래 **단일한 존재**가 아니라 **다수의 존재**인 것이 필연적이기 때문입니다. 따라서 본래 **단일한 존재**가 없는 곳에 **다수의 존재**가 있는 것이 불가능한 것은 아닙니다.

2) 저는 당신의 실체적 형상이 이 문제를 해결할 수 있다고 보지 않습니다. 왜냐하면 사람들이 **일체**라고 부르는 **존재**의 속성은 당신이 형이상학적으로 엄밀하게 고찰한 것과 같이 보면 **단일한 존재**라고 부르는 것에 본질적이고 내적이어야 하기 때문입니다. 따라서 한 물질의 작은 조각이 **단일한 존재**가 아니라 **다수의 존재**일 때, 물질과 실재적으로 구별되기 때문에, 물질에 외적 명명 denomination extrinseque만 줄 수 있는 실체적 형상이 어떻게 물질이

다수의 존재이기를 중지하고 내적 명명을 통해서 **단일한 존재가** 되게 할 수 있는지 이해할 수 없습니다. 저는 **일체**라는 말을 이렇게 형이상학적으로 엄격하게 보지 않으면, **단일한 존재**라고 부르는 이유가 될 수 있다는 것을 잘 이해합니다. 하지만 무한하게 많은 영혼 없는 물체에게 **일체**라는 이름을 붙이는데, 이 실체적 형상은 필요하지 않습니다. 그 이유는 "태양이 **하나**이다.", "우리가 살고 있는 지구가 **하나**이다." 등으로 말하는 것이 적절하게 말하는 것이기 때문입니다. 따라서 실체적 형상 없이 참된 일체성을 갖지 못했을 물체에게 참된 일체성을 주기 위해 이 실체적 형상을 인정할 필요성이 있다는 것은 이해할 수 없습니다.

3) 당신은 이 실체적 형상을 오직 영혼 있는 물체에서만 인정합니다.[157] 그런데 영혼 있는 물체 중에 유기 조직이 없는 것도 없고 또 유기 조직을 지닌 물체corps organisé 중에 **다수의 존재**가 아닌 것도 없습니다. 따라서 당신의 실체적 형상은 그 형상과 연결되는 물체를 **다수의 존재**가 아니게 만드는 것과는 거리가 멉니다. 오히려 물체는 실체적 형상과 연결되기 위해서 **다수의 존재**여야 합니다.

4) 저는 동물의 영혼이나 이 실체적 형상에 대해서 어떤 명석한 개념도 가지고 있지 않습니다. 당신은 그것을 실체로 간주하는 것이 틀림없습니다. 왜냐하면 당신은 그것을 '실체적'이라고 부르고,

---

157) 라이프니츠의 여백 노트: "내가 이렇게 말했는지 기억나지 않는다."

당신이 주로 이 실체적 형상을 정착시키는 실제로 실재하는 존재들인 실체들만 존재한다고 말하기 때문입니다. 그런데 저는 오직 두 종류의 실체, 즉 물체와 정신만을 압니다. 그리고 다른 실체도 존재한다고 주장하는 사람들은 당신이 편지를 끝마치면서 썼던 원칙, 즉 "근거 없이 아무것도 확실해질 수 없다."는 원칙에 따라 우리에게 근거를 보여야 합니다. 이 실체적 형상이 물체 혹은 정신이라고 가정해봅시다. 그것이 물체라면 연장을 가져야 하고 따라서 분할 가능해야 하며, 그것도 무한하게 분할 가능해야 합니다. 이로부터 실체적 형상은 자신이 영혼을 불어넣는 물체와 마찬가지로 **단일한 존재**가 아니라 **다수의 존재**라는 결과가 나오며, 따라서 물체에 참된 일체성을 줄 수 있다는 것과는 거리가 멀어집니다. 실체적 형상이 정신이라면, 그것의 본질은 사고하는 것입니다. 왜냐하면 제가 정신이라는 말로 이해하는 것이 그것이기 때문입니다. 그런데 굴이 사고하고 곤충이 사고한다는 것은 이해하기 힘듭니다. 더욱이 당신이 지난 편지에서 증언했던 것처럼, 당신은 식물이 영혼도 생명도 실체적 형상도 갖지 않는다는 것을 확신하지 못했습니다. 그렇다면 마찬가지로 당신은 식물이 사고하지 않는다는 것도 확신할 수 없어야 합니다. 왜냐하면 만약 식물이 실체적 형상을 가진다면, 그 실체적 형상은 연장을 갖지 않을 것이기 때문에, 물체가 아니고 사고하는 실체인 정신이어야 하기 때문입니다.

  5) 동물의 영혼이나 이 실체적 형상의 파괴 불가능성은 더 지지

될 수 없어 보입니다. 이 동물이 죽거나 누군가 이 동물을 죽이면 그 영혼은 어떻게 되는지 당신에게 물었습니다. 예를 들어 사람들이 애벌레를 태우면 그 영혼은 어떻게 됩니까? 당신은 "영혼은 각 애벌레의 몸에 아직 살아 있는 작은 부분에 남아 있고, 이 부분은 이 애벌레의 몸을 찢고 흩트리는 불의 작용으로부터 보호받기 위해서 필요한 만큼 점점 더 작아질 것이다."라고 답합니다. 그리고 이 때문에 당신은 "고대인들은 항상 동일한 영혼을 유지하는 하나의 동일한 동물의 변형 대신에 영혼의 윤회를 도입하는 잘못을 범했다."고 말합니다. 이 문제를 해결하는 데 이보다 더 자세한 논의는 상상할 수 없습니다. 하지만 라이프니츠 씨, 제가 방금 당신에게 말한 것에 주목해보십시오. 누에나방이 알을 낳을 때, 이 각각의 알은 당신의 견해에 따르면 누에 영혼을 가지고 있습니다. 그로부터 5, 6개월 후 여기서 작은 누에가 나옵니다. 이제 수백의 누에를 태우면, 당신의 견해에 따르면, 그만큼의 작은 재 조각에 수백의 누에 영혼이 있을 것입니다. 그러나 한편으로, 각각의 누에가 타고난 후에도 이전에는 누에 몸의 작은 부분이었던 작은 재 조각에 연결된 동일한 영혼을 유지하는 동일한 동물로 남아 있다는 것을 당신이 확신할 수 있는지 모르겠습니다. 그리고 다른 한편으로, 만약 그렇다면, 왜 누에가 알에서 태어나는 것처럼 이 재 조각들에서 태어나지 않는 것입니까?

6) 그러나 이 문제는 우리가 양 성이 결합해야만 태어날 수 있다고 확실하게 알고 있는 동물들에게서 더 커 보입니다. 예컨대 저는

아브라함이 이삭을 대신해 희생시켜 태운 양의 영혼은 어떻게 되는지 의문입니다. 당신은 이 양의 영혼이 다른 양의 태아에 들어갔다고 말하지 않습니다. 이것은 당신이 비난하는 고대인들의 영혼 전이일 것이기 때문입니다. 당신은 그 영혼이 지금은 재가 된 이 양 몸의 작은 조각에 남아 있으며, 그래서 이것은 단지 **"항상 동일한 영혼을 유지하고 있는 동일한 동물의 변형"**일 뿐이라고 답할 것입니다. 나방이 될 애벌레에 대해서는 실체적 형상에 대한 당신의 가설로 어느 정도 분명하게 말할 수 있을 것입니다. 나방은 애벌레와 마찬가지로 유기 조직을 지닌 물체이고 따라서 애벌레와 동일한 것으로 간주될 수 있는 동물이기 때문이고, 나방은 아무런 변화 없이 애벌레의 많은 부분을 보존하고 다른 부분들은 단지 형태만 변했기 때문입니다. 하지만 양의 영혼이 되돌아갈, 재가 된 양의 부분들은 유기 조직을 갖지 않기 때문에 동물로 간주할 수 없습니다. 따라서 재가 될 부분과 연결된 양의 영혼은 동물을 구성하지 못합니다. 그리고 양의 영혼도 동물을 만들지 못하는데, 하물며 양은 더 말할 나위도 없습니다. 그렇다면 이 재에 있는 양의 영혼은 어떻게 됩니까? 이 영혼은 다른 곳에 가기 위해 재와 분리될 수도 없습니다. 이것은 당신이 비난하는 영혼 전이이기 때문입니다. 그리고 물질의 무기적 부분들과 연결되어 있기 때문에 동물을 구성하지 않을 무한히 많은 다른 영혼에게도 이것은 마찬가지입니다. 그리고 자연에 정립된 법칙에 따르면 그것은 가능하지 않습니다. 영혼 없는 물체와 연결된 이 무한히 많은 영혼은 무한히 많은 괴물 같은 것이 될 것입니다.

카트랑 신부가 6월 판 『문단소식』에 당신의 답변[158]에 대해서 답한 것[159]을 최근에 보았습니다. 그가 그곳에서 말한 것이 저에게는 매우 명확해 보입니다. 하지만 그가 당신의 생각을 잘 이해하지는 못한 듯합니다. 그래서 저는 당신이 그에게 답변해주기를 기대합니다.

아르노 배상

26. 아르노가 에른스트 영주에게[160]
1687년 8월 31일

전하, 지난 4월에 전하를 통해서 저에게 발송된 라이프니츠 씨의 편지에 대한 답신이 여기 있습니다. 저는 더 빨리 답할 수가 없었습니다. 제가 그의 지위를 모르니, 주소를 채워주시길 부탁드립

---

158) 앞의 서신 23의 끝에서 두 번째 주석.

159) F. Catelan, "Remqrque de M. l'Abbé D. C. sur la république de M. L. touchant le principe mécanique de Descartes contenue dans l'article III de ces Nouvelles mois de février 1687", in: *Nouvelles de la république des lettres*, 1697년 6월, 577~590.

니다. 제 편지를 살펴보길 원하신다면, 그가 자연학에서 매우 기이하고 지지하기 힘들 것 같은 견해를 가지고 있다는 것을 보시게 될 것입니다. 하지만 저는 그의 기분을 상하게 하지 않는 방식으로 그 주제에 대한 저의 생각을 말하려고 했습니다. 그가 몇 년 전 전하에게 썼던 것에 따라 참된 종교의 선택이라는, 그가 할 수 있는 더 큰 일에 전념하기 위해서는 적어도 얼마 동안은 이런 종류의 사변을 중단하는 것이 더 좋을 것입니다. 그의 구원에 매우 중요한 결정을 내리지 않는다면 뜻하지 않는 죽음이 찾아올까 심히 두렵습니다.

쥐리외 씨의 교회에 관한 새로운 체계에 반대하는 니콜 씨의 책은 인쇄를 끝마쳤습니다.[161] 우리는 그것이 5, 6일 안에 파리에서 오길 기대합니다. 우리는 그것을 당신께서 무척 읽고 싶어 하실 다른 책들과 함께 쾰른의 우편 마차로 전하게 보낼 것입니다.

---

160) A II, 2, 225~226; GP II, 110; Fin. 286; Mas. 138. [K: 발송, LBr. 16, Bl. 96~97] 아르노는 에른스트 영주에게 보내는 이 서신에 라이프니츠에게 보내는 서신 25를 동봉해 보냈다.

161) P. Nicole, *Traité de l'unité de l'Église ou Réfutation de nouveau système de M. Jurieu*, Paris, 1687.

27. 에른스트 영주가 라이프니츠에게[162]
1687년 9월 11일

친애하는 라이프니츠 씨!

그가 그렇게 말하는 것은 매우 당연합니다. 개신교 신자들 중에서 수천 명이 좌, 우를 구별하지 못하고, 지식인들과 비교하면 단지 짐승처럼 간주되며 물질적으로만 이설에 찬동하지만, 큰 혜안을 가지고 있는 당신이 이렇다고 말할 수 없다는 것은 확실합니다. 그리고 나 외에 다른 사람은 결코 없었겠지만, 당신을 종파 분립에서 빠져나오게 하기 위해서 그리고 제안할 것이 있다는 것을 당신에게 환기시키기 위해서 사람들은 할 수 있는 모든 것을 다했기 때문입니다. (수천 가지 중 하나만 말하자면) 당신은 정말 그리스도가 한쪽은 희다고 생각하는 것을 다른 쪽은 검다고 생각하게끔 자신의 교회를 세우고, 우리와 개신교 신자들이 이 점에서 논쟁하고 우리와 당신이 서로 다르게 믿는 것처럼 성직자들을 위해서 그렇게 모순되는

---

162) A II, 2, 226~227; GP II, 110~111; Fin, 288; Mas, 139~140. [K: 발송 LBr. 16, Bl. 96~97] 에른스트 영주는 이 편지를 통해서 아르노가 라이프니츠에게 보낸 서신 25와 자신에게 보낸 서신 26을 라이프니츠에게 전달한다. 에른스트 영주는 아르노의 서신 26과 관련해 아르노의 생각을 지지하는 것처럼 라이프니츠가 가톨릭으로 개종하기를 바라는 마음을 드러내고 있다.

식으로 자신의 교회를 세웠다고 생각하십니까? 예를 들면, 우리는 당신네 목사 모두를 평신도로 간주하며 성직의 찬탈자로 간주합니다. 그리고 이 문제에서 우리는 당신들에게 매우 반대되는데, 나는 당신이 우리에 대해서 무엇을 믿을 수 있는지 모르겠습니다. 오, 나의 형제 라이프니츠 씨, 은총의 시간을 그렇게 잃지 마십시오. "그리고 오늘 주님의 목소리를 들었다면, 당신의 마음을 닫지 마십시오."[163] 그리스도와 악마는 가톨릭 신자와 개신교 신자가 서로 뜻이 맞지 않는 것처럼 서로 일치하지 않습니다.[164] 그리고 당신이 가톨릭 신자가 되지 않는다면, 저는 당신의 구원을 기대할 수 없습니다.

28. 라이프니츠가 아르노에게[165]
1687년 9월 하노버

아르노 씨,

당신이 가지고 있는 의심에 대해서 답하는 것이 저에게 어려울

---

163) 원어는 "et hodie si vocem Domini audieritis nolite obdurare corda vestra." 『성서』「시편」95편 8절 참조.
164) 『성서』「고린도후서」 6장 15절 참조.

것 같지 않습니다. 그리고 제 생각에 이 의심은 얼마나 학식이 있는지와 관계없이, 다른 일로 매우 지친 사람에게 당장 추상적 주제에 관한 새로운 생각을 하는 것이 어렵기 때문에 생긴 것입니다.

[166]1. 한 사물과 다른 사물에 대해서 말할 수 있는 것 간에 지속적이고 규칙적인 관계가 있을 때, 하나는 다른 하나를 표현합니다. 이런 식으로 관점의 투영은 그것의 실측도를 표현합니다. 표현은 유(類)이고 그에 비해 감각과 사고는 종(種)입니다. 감각에서 분할

---

165) A II, 2, 230~238; F. 294~308. [L: 초고, LBr. 16, Bl. 104~107] 라이프니츠는 아르노의 서신 25에 대한 답신으로 이 서신을 9월에 썼지만 보내지 않았다. 이 서신은 GP에 출판되지 않았고 따라서 메이슨도 번역하지 않은 서신이다.

166) 이 문단에서 라이프니츠는 다음 텍스트를 먼저 썼다가 지웠다. "한 사물과 다른 사물에 대해서 말할 수 있는 것 간에 지속적이고 규칙적인 관계가 있을 때, 하나는 다른 하나를 표현합니다. 이런 식으로 관점의 투영은 그것의 실측을 표현합니다. 모든 결과는 그것의 원인을 표현하며, 그 역도 마찬가지입니다. 그리고 감각적 영혼은 자신이 지각하는 것을 표현합니다. 모든 사고는 하나의 표현이고 모든 감각은 하나의 표현이며, 연장되지 않고 분할되지 않는 것, 즉 진정으로 하나인 것이 실체에서 연장되고 분할되는 것이 표현됩니다. 하지만 이 표현이 의식을 결여하고 있을 때, 사람들은 그것을 사고라고 하지 않습니다. 또한 표현과 혼란스러운 사고 그리고 판명한 사고를 구별해야 합니다. 저의 영혼은 항상 가장 작은 원자의 운동을 표현하는 방식으로부터 직접적으로 자극을 받습니다. 이것은 제가 해안가에 모든 파도의 운동으로부터 어떤 것을 듣는 것과 마찬가지입니다. 그렇지 않으면 저는 큰 소음인 이 모든 파도의 결과물을 듣지 못합니다. 그리고 색과 다른 것들의 빛에 대한 우리의 혼란스러운 감각들은 혼란스럽기만 한 표상으로부터 나온 결과입니다. 이제 이 결과물은 …… [어떤 것]의 결과가 아닌 한 우리의 신체에서도 전 우주에서도 일어나지 않습니다."

가능한 것이나 물질적인 것은 그렇지 않은 것, 즉 실체나 사람들이 영혼이라고 부르는 참된 일체성을 부여받은 존재에 의해서 표현됩니다. 사고 개념은 이를 넘어 의식을 요구하고 이 의식은 이성적 영혼에 고유한 것입니다.

제가 우리 몸의 관을 순환하는 체액 운동을 (혼란스러울지라도) 우리 영혼이 지각한다고 말하는 것을 의아해할 필요는 없습니다. 왜냐하면 이것은 제가 해안가 파도의 결합에서 생겨난 결과물, 즉 우리가 바다 근처에서 듣는 큰 소음을 의식하기 위해서는 파도 각각의 운동을 지각해야 하는 것과 같기 때문입니다. 그리고 우리는 우리 체액의 내부 운동에 익숙해져 있기 때문에, 변화가 있을 때, 그것을 현실적 반성으로 지각하지 않습니다. 더구나 우리는 다른 모든 물체를 그것들이 우리 신체와 맺는 관계에 따라서만 지각하기 때문에, 영혼은 나머지 다른 조건들이 같을 경우 자신의 신체에 속한 것을 더 분명하게 표현한다고 말할 만한 이유가 있습니다. 말하자면 영혼은 자신의 신체에서 일어나는 변화에 더 많이 자극받습니다. 그리고 영혼이 이 감각의 원인이라는 저의 이해 방식에 대해 완전하게 설명하기 위해서, 다음을 가정해봅시다.

| A순간에서 물체의 상태 | A순간에서 영혼의 상태 |
| 뒤따르는 B순간에서 물체의 상태 | B순간에서 영혼의 상태[167] |

A순간의 물체 상태로부터 B순간의 물체 상태가 따라 나오는 것과 같이 영혼의 상태 B는 같은 영혼의 상태 A의 결과입니다. 그리고 이것은, 사람들이 세계에 오직 신과 영혼만 있다고 상상할 때, 그 자신의 법칙에 따라 일어납니다. 이 모든 것은 우리가 지난 편지에서 당신의 동의와 더불어 실체 일반에 관해서 정립한 것에 따른 것입니다. 영혼의 상태는 세계에 상응하는 상태의 표현이고 찔림은 B순간에 물체 상태의 일부를 구성하기 때문에, 찔림에 대한 표상representation도 B순간에서 영혼 상태의 일부를 구성할 것입니다. 하나의 순간이 다른 순간으로부터 따라 나오는 것처럼 하나의 표상은 다른 표상으로부터 따라 나옵니다. 따라서 관계의 법칙이 영혼이 자기 신체 일부의 더 눈에 띄는 변화를 더 분명하게 표현할 것을 요구할 때, 영혼 자신도 틀림없이 찔림을 의식합니다. 영혼이 찔림의 원인을 분명하게 의식하지 못하는 것은 사실입니다. 하지만 그때는 (바늘이 피부에 근접하기만 할 때처럼,) 이 원인의 결과물인 자기 신체 일부의 변화가 아직 충분히 크지 않은 것입니다. 그리고 영혼이 모든 것을 동등하게 생각할 때는 아무것도 분명하게 생각하지 못하기 때문에, 다른 것과 구별되는 더 단일한 현상들에 대해

---

167) 이 표에 앞서 라이프니츠는 다음 표를 썼다가 지웠다.
   "세계의 이전 상태   세계의 이전 상태의 표현
   다음 상태   다음 상태의 표현"

서만 반성합니다. 따라서 저는 여기에 어떤 어려움이 있을 수 있는지 모르겠습니다.

2. 아르노 씨, 당신은 이것에서 물체적 실체가 자기 자신에게 운동을 준다는 것을 제가 어떻게 이해하는지도 알게 됩니다. 그것은 바로 모든 실체의 모든 현재 상태가 자신의 이전 상태의 직접적 결과이기 때문입니다. 운동을 가지고 있지 않은 물체가 운동을 줄 수 없다는 것은 사실입니다. 하지만 저는 그런 물체는 없다고 생각합니다. 그리고 정확하게 말해서, 충돌이 일어날 때, 물체는 다른 물체로부터 충동을 받는 것이 아니라 자기 자신의 운동으로부터 혹은 자신의 내적 부분의 운동인 자신의 탄성력으로부터 충동을 얻습니다. 아마 당신은 저에게 신은 물체를 완전한 정지 상태로 되돌릴 수 있다고 말할 것입니다. 하지만 저는 그때 그런 물체는 실체임을 유지할 수 없다고 답합니다. 아르노 씨, 당신은 또한 저의 논증이 최초의 운동자 증명에 반대되지 않는다는 것을 아십니다. 제 손이 움직이는 것은 제가 그것을 원한다는 것을 손이 알아서가 아닙니다. 그것은 이 결과를 위해서 필요한 만큼 그 손의 탄성력이 그 순간에 정확하게 풀어질 수 없다면 저는 성공적으로 그것을 원할 수 없기 때문입니다. 하나는 다른 하나를 항상 동반합니다. 이것은 실체들의 상응correspondance, 특히 영혼과 그것의 신체에 포함되어 있는 것들의 상응 때문에 일어납니다. 각각의 실체는 자신 속에 자신의 직접적인 원인을 가지고 있습니다.

제가 생성 불가능하고 파멸 불가능하다고 주장하는 실체적 형상 혹은 영혼과 관련해서 당신은 다음과 같이 지적합니다.

1. 성 아우구스티누스에 따르면, 물질은 **단일한 존재**가 아니라 **다수의 존재**이다. 매우 좋습니다. 이와 관련해서 플라톤도 물질을 (사람들이 물질을 진정으로 일체인 것과 구별하는 한에서) 무지개와 같은 현상으로 간주합니다. 아르노 씨, 당신은 제가 필연적 일체성으로부터 가져온 이 근거를 실체에 주장하는 것을 놀라워합니다. 이 근거는 모든 것을 원자로 구성하는 코르드무아 씨에게도 통용될 수 있습니다. 반면 저의 견해에 따르면, 이 실체적 일체성은 영혼 있는 것들에서만 발견됩니다. 당신의 말에 따르면 이 영혼 있는 것들이 다른 것들의 일억 번째 부분은 아니지만 말입니다. 하지만 아르노 씨, 저는 이를 통해서 제가 제 생각을 잘 설명하지 못했다고 봅니다. 그렇지 않았다면, 당신은 저의 가설에서 어떤 부정적인 면도 발견하지 못했을 것입니다. 코르드무아 씨의 원자와 비교할 수 없을 만큼 많은 영혼이 저의 견해에 있습니다. 그에게는 원자의 수가 유한한 데 반해 저는 영혼의 수가 전적으로 무한하다고 생각합니다. 그리고 물질은 끝없이 분할 가능하기 때문에, 사람들은 어떤 부분도 영혼 있는 물체나 적어도 엔텔레키 혹은 실체적 형상이 부여된 물체가 있을 수 없을 정도로 그렇게 작은 부분으로 지정할 수 없습니다.[168] 이 실체적 형상은 물체에 참된 일체성을 부여하며, 따라서 모든 물질덩어리는 유기 조직을 지닌 물체이거나 유기 조직

을 지닌 물체의 축적amas입니다.

2와 3. 저는 물질 한 조각이 그 자체로는 결코 참된 존재가 되지 못할 것이라는 데 동의합니다. 형이상학적으로 엄밀하게 말해서 어떤 영혼을 부여해도 말입니다. 하지만 당신처럼, 즉 물질 한 조각을 연장되고 부분으로 구성된 물질덩어리masse로 간주하고, 또 그곳에 오로지 물질덩어리와 연장만 있다고 이해한다면, 그것은 실체에 포함되지 않으며 공간, 시간, 운동과 마찬가지로 하나의 순수한 현상un pur phenomene에 불과합니다. 사람들은 연장적인 것이 특정한 형태를 요구한다는 것으로부터 이 물질덩어리의 실재성이 부족하다는 것도 판단할 수 있을 것입니다. 그리고 지난 편지에서 이미 언급했듯이, 저는 자연에 정확하고 고정된 형태는 없다고 생각합니다. 더욱이 모든 부분은 현실적으로 다른 부분으로 나눠질 수 있습니다. 따라서 원자가 존재할 경우 할 수 있는 것처럼, 결정

---

168) 다음 문장은 라이프니츠가 이 부분에서 처음에 썼다 지운 글이다. "……혹은 적어도 물체에 참된 일체성을 부여하는 실체적 형상이 부여된 실체가 있을 수 없을 정도로…… 2. 저는 물질 한 조각이 형이상학적으로 엄밀하게 말해서 어떤 영혼을 부여해도 결코 단일한 **존재**가 되지 않을 것이라는 데 동의합니다. 그러나 이 영혼은 진정으로 하나의 존재이고, 물질은 영혼 없이 단지 현상일 뿐입니다. 그리고 이런 의미에서 태양의 일체성은 무지개 혹은 군대의 일체성과 다르지 않습니다. 그러나 자연에 다른 일체성이 없다면 현상만 존재할 뿐 실체는 존재하지 않을 것입니다. 그러나 물질을 물질덩어리나 연장이 아니라 실체의 근원적 수동력puissance passive primitive으로 간주한다면, 물질은 실체 자체가 분할 불가능한 것만큼 분할 불가능합니다."

된 표면은 결코 지정할 수 없습니다.[169] 실체의 물질덩어리로 합성된 것인 실체의 결합assemblée을 물체의 물질로 간주할 때, 이 결합은 실체의 본질에 속하지 않으며, 우리는 계속적으로 우리 신체의 모든 부분을 잃을 것입니다. 그렇지만 물체의 현재 상태에서 이 현재의 부분들은 물체에 본질적이고 물체의 **직접적 필수요소**requisits immediats입니다. 따라서 말할 것도 없이 참된 일체성을 갖는 하나의 전체를 구성합니다. 제가 예전에 일반적으로 전체와 부분에 대해서 충분히 엄밀하게 탐구했을 때, 저는 이것 외에 발견한 것이 없습니다. 우리는 물질을 통상적 사용에는 부합하지 않지만, 스콜라 철학자들의 의미에 부합하도록 다르게 정의할 수도 있습니다. 이 해명에 따르면 물질은 분할 가능성의 원리이기는 하지만 형상이 분할 불가능한 만큼 분할 불가능합니다. 그러나 이것은 말 논쟁에 불과할 것입니다.

4. 아르노 씨, 당신은 근거 없이는 아무것도 인정해서는 안 된다고, 따라서 이런 영혼이나 실체적 형상을 인정해서는 안 된다고 말

---

169) 다음 문장은 라이프니츠가 이 부분에서 처음에 썼다 지운 글이다. "……어떤 부분으로 결정된 표면을 지정할 수 없습니다. 하지만 물질을 물체적 실체의 근원적 수동력으로 간주한다면, 물질은 연장과 구별되고, 물체가 이 수동력을 갖는다는 것을 통해서 분할 가능한 물질덩어리를 갖는다 할지라도, 이런 의미에서 물질 자체는 분할 가능하지 않을 것입니다. 실체는 자신의 양태를 가질 수 있습니다. 그러나 [부분을] 물질로 간주하면, 실체는 자신의 부분을 가질 수 없습니다."

합니다. 하지만 저는 영혼이나 실체적 형상 없이 물체는 단지 순수한 현상일 뿐이라고 생각합니다. 따라서 제가 영혼이나 실체적 형상을 앞세우는 것이 근거 없는 것은 아닙니다. 그 외에도 우리가 인체라고 부르는 물질덩어리에만 연장 없는 실체를 부여하고 다른 것들에게는 그것에 상응하는 것이 아무것도 없다고 하는 것은 사물의 조화에 적합하지 않습니다. 이제 인간 외에 (사실 모든 실체가 그렇듯이) 분할 불가능한 실체가 있을 것이라고 해봅시다. 이 실체가 필연적으로 정신이어야 하고 사고해야 한다고 말하는 것은 근거 없이 어떤 것을 확신하는 것입니다. 그리고 우리가 단지 물체와 정신만 파악할 수 있다고 하더라도, 이 결론은 납득할 수 없을 것입니다. 하지만 저는 이런 생각에 얽매일 필요 없이 제가 예전에 설명했고 당신도 잘 이해했던 방식으로 실체를 이해할 수 있다고 생각합니다. 이것은 완전히 순수하게 연장된 물질덩어리는 어떤 실체도 될 수 없다는 개념으로부터 나옵니다. 게다가 저는 우리가 색에 대해서 판명한 관념을 갖지 못하는 것과 마찬가지로 사고에 대해서도 판명한 관념을 갖지 못한다는 말브랑슈 신부의 견해에 동의합니다.[170] 따라서 우리는 혼란스러운 감각을 통해서만 그것에 대한 어떤 개념을 가집니다. 그리고 우리가 그런 명석한 개념을 갖

---

170) N. Malebranche, *De la recherche de la verité*, 3권, 1부, 1장 1절, 1678~1679.

지 못하거나 다른 실체에 대해 감각으로부터 그런 개념을 갖지 못한다면, 이것은 우리가 그런 개념을 경험할 수 없었다는 것이고 혼란스럽지만 명석한 개념은 경험으로부터만 나온다는 것을 의미합니다. 따라서 모든 감각이 사고라는 것, 즉 분할 불가능한 것에서 분할 가능한 것에 대한 모든 분명한 표현이나 표상은 의식을 포함한다는 것을 입증할 수 있는 증명이 필요할 것입니다. 그럼에도 저는 모든 실체적 형상이 영혼이고, 모든 물체적 실체가 생명과 감각을 갖는다고 단언하지 않습니다. 왜냐하면 저는 그것에 대해서 아직 충분하게 고찰하지도 못했고, 물체적 실체들의 기관과 작용 방식을 비교해서 형상의 등급을 구별할 수 있을 정도로 자연을 충분히 검토하지도 못했기 때문입니다. 말피기 씨는 매우 주목할 만한 유비에 따라 식물이 동물과 같은 유에 포함될 수 있다고 믿는 편입니다.[171]

5. 인간의 영혼 외에도 엔텔레키나 영혼들이 있다는 것에 동의하면, 그것의 파괴 불가능성에 대해서도 의심해서는 안 됩니다. 실체 개념으로부터 도출한 일반 고찰을 통해서 저는 오래전부터 이 견해를 선택하지 않을 수 없었습니다. 어떤 실체도 창조와 소멸

---

171) Marcello Malpighi(1628~1694). 이탈리아의 의사, 생리학자. 현미경을 이용한 해부학의 창시자로 모세혈관과 동맥, 정맥의 관찰로 혈액순환론을 완성했다. 관련된 대표작으로, *Anatome planatorum*(London, 1675~1679)이 있다.

에 의해서가 아니면 시작할 수도 사라질 수도 없습니다. 그리고 합리적 근거들은 별개로 하더라도, 경험은 모든 동물이 비록 지각될 수 없을지라도 이미 유기 조직을 지니고 있다는 것을 충분히 개연적인 것으로 보여줍니다. 그리고 다수의 박식한 사람들, 특히 스바메르담[172] 씨와 레이우엔훅 씨는 (그들은 이 주제에서 다른 많은 것들에 재능이 있습니다.) 이 견해에 가깝습니다. 동물의 영혼이 죽음으로 사라지지 않고 항상 유기 조직을 지닌 작은 물체에 남는다는 것을 경험을 통해서 입증하는 것은 더 어렵습니다.[173] 그러므로 이 사실을 일반인에게 확신시키는 것은 힘든 일입니다. 이것은 좋은 증거로만 설득할 수 있는 것이기도 합니다. 그러나 이 주제에 대해서 깊이 생각한 사람들은 여기서 아무런 불합리함도 발견하지 않

---

172) Jan Swammerdam(1637~1680). 네덜란드의 생물학자, 해부학자, 곤충학자. 그는 곤충 연구를 통해서 알, 유충, 번데기, 성충의 여러 시기로 구성되는 곤충의 일생이 같은 동물의 다른 형태일 뿐이라는 것을 증명하려고 했다. 적혈구를 최초로 관찰한 해부학자로도 유명하다. 라이프니츠가 언급한 부분과 관련해서, *Miraculum naturae sive uteri muliebris fabrica*(Leiden, 1672) 참조.

173) 라이프니츠는 초고 원문에서 다음 텍스트로 글을 이었지만 위 본문의 문단으로 대체했다. "……죽음으로 소멸하지 않고 갈대에 질식사한 파리의 소생에서 어떤 표본을 봅니다. 따라서 물체의 한편에 있는 모든 것이 회복되는 현상이 있습니다. 그러나 시작하지 않는 것은 사라지지도 않는다는 것을 믿는 것만큼 자연스러운 것도 없습니다. 이 사실을 일반인에게 확신시키는 것은 힘든 일입니다. 설득을 시작할 필요도 없습니다. 이것은 제가 이렇게 믿는 것을 방해하지 않습니다."

을 것입니다. 그와 반대로, 시작하지 않는 것은 사라지지도 않는다는 것을 믿는 것만큼 자연스러운 것도 없습니다. 그리고 모든 생성은 단지 증가에 불과하다는 것을 인정한다면, 부패 혹은 죽음은, 살아 있으며 유기 조직을 유지하고 존속하지 않을 수 없는 동물의 감소와 다르지 않다는 것을 쉽게 확신할 것입니다. 생성은 자연적 방식으로 점차적으로 진행되지만, 죽음은 과도하게 **건너뛰어서** per saltum 뒤로 되돌아옵니다. 죽음은 더 강제적인 방식으로 일어나기 때문에 우리는 이 역행의 세세한 부분을 지각하지 못합니다. 이 작은 동물이 처음 형태로 무대에 복귀하는지 아니면 다른 형태로 무대에 복귀하는지 저는 알지 못합니다. 하지만 이것이 일반적 생성의 계통 밖에 있다는 것은 분명하다고 봅니다. 이 때문에 저는 이 작은 동물이 시간이 지남에 따라 처음보다 더 큰 완전성에 이를 것이라고 믿지 않을 수 없습니다. 많은 사람들이 식물은 유사한 식물의 재에서 생겨날 수 있다고 말합니다. 하지만 외람되게도 저는 그것을 신뢰하지는 않습니다. 그리고 저는 의심스러운 경험은 이용하고 싶지 않습니다.

6. 이 견해에 반대해 제기할 수 있는 문제는 대부분 우리의 상상력에서 나온 선입견에 근거할 뿐입니다. 모든 물질 조각은 현실적으로 무한하게 분할되기 때문에, 불에 탄 양의 영혼이 불날 가능성이 거의 없는 유기 조직을 지닌 작은 물체에 남는다는 것을 이해하는 것은 어렵지 않습니다. 그리고 저는 이런 보존이 불가피하다고

생각합니다. 이 동물을 양이라고 불러야 하는지 아는 것은, 나비가 누에인지 묻지 않는 것과 마찬가지로 전혀 중요하지 않습니다. 예전에 양이었던 이 작은 동물은 다른 동물이 삼켜버릴 수 있고, 또 그것의 살과 피의 일부가 될 수 있습니다. 하지만 그것은 여전히 다른 동물일 것입니다. 끝으로 저는 조심스럽게 말합니다. 타거나 부패한 물체의 영혼이 유기 조직도 없고 영혼도 없는 물체와 합일한다는 것은 의심할 여지없이 기괴한 일입니다.

저는 카트랑 신부가 저에게 답한 것을 아직 보지 못했습니다. 그가 어떤 것에 해명이 필요하다고 하면, 저는 그를 만족시키려고 노력할 것입니다.

끝으로 저의 생각을 몇 마디로 정리하면, 모든 실체는 자신의 개념에 자신의 모든 과거 상태와 미래 상태를 포함하고, 자신의 관점에 따라 전 우주를 표현합니다. 다른 실체와 멀리 떨어져 있어서 서로 교류할 수 없는 실체는 없기 때문입니다. 그리고 실체가 물체를 가지고 있으면, 이 표현은 실체가 더 직접적으로 표현하는 자기 물체의 부분들과 맺는 관계에 비례할 것입니다. 그러므로 여기에 신의 공조가 더해진다는 전제하에 자신의 토대로부터 그리고 자신의 고유한 개념에 의해서 일어나지 않는 일은 없습니다. 하지만 실체는 스스로 다른 사물을 의식합니다. 왜냐하면, 태초부터 실체는 나중에 다른 사물을 표현할 수 있고 또 그 일에 적응하도록 창조되었기 때문에, 다른 사물을 자연적으로 표현하기 때문입니다.

그리고 한 실체가 다른 실체에게 작용을 가하는 것은 의무로 이루어집니다.

물체적 실체와 관련해서, 물질덩어리를 단지 분할 가능한 것으로만 간주하면, 그것은 순수한 현상입니다. 형이상학적으로 엄밀하게 보면 모든 실체는 참된 일체성을 가지고 있으며, 분할 불가능하고 생성 불가능하며 소멸 불가능합니다. 모든 물질은 영혼 있는 실체 혹은 적어도 살아 있는 실체로 가득 차 있거나 이와 유사한 어떤 것을 가지고 있는 것으로 가득 차 있어야 합니다. 생성과 소멸은 작은 것에서 큰 것으로 혹은 그 반대로의 변형일 뿐입니다. 물질에 유기 조직을 지닐 뿐만 아니라 축적되어 있기도 한 무한하게 많은 피조물의 세계가 발견되지 않는 부분은 없습니다. 끝으로 신의 작품들은 사람들이 보통 생각하는 것보다 무한하게 더 위대하고, 더 아름다우며, 수적으로 더 많고, 더 잘 질서 지어져 있습니다. 그리고 기계 혹은 유기체는 말하자면 가장 작은 부분까지도 질서를 본질로 갖는 것입니다. 그리고 우리의 가설보다 이것을 더 잘 이해시켜 주는 가설은 없습니다. 우리의 가설에 따르면, 도처에 신의 완전성과 우주의 아름다움을 자신의 방식으로 재현하는 실체들이 있으며, 비어 있는 곳도, 불모인 곳도, 맹목적인 것도, 그리고 지각이 없는 것도 없습니다. 그러나 반성 능력과 진리 인식 능력이 있는 영혼은 신을 훨씬 더 잘 모방하고 우주에서 완전히 특별한 방식으로 고려됩니다. 왜냐하면 영혼은 신과 함께하는 공동체에 들어갈 수 있고, 신이 군주인 일종의 완전한 도시국가를 건설할 수 있기 때문입니다. 이런 이유에서 영혼의 보존은 기억, 처벌, 보상을 동반합니다. 그리고 이것은 운동의 관점에서 관찰되는 운동 법칙보다는 정의의 법칙을 따릅니다. 운동 법칙과 정의의 법칙이 관찰되고 물체가 정신을 위해 쓰이기는 하지만 말입니다.

29. 라이프니츠가 아르노에게[174]
1687년 10월 9일 하노버

아르노 씨,

저는 항상 당신의 판단을 매우 중요시 여겼기 때문에, 당신이 문제되는 것을 알게 될 때, 저의 견해가 중요하고 거의 확실하다는

---

174) A II, 2, 238~261; GP II, 111~128; Fin. 308~348; Mas. 143~163. [L: 초고, LBr. 16, Bl. 98~103] 이 서신은 아르노가 라이프니츠에게 보낸 서신 25에 대한 최종 답신이며 실제로 아르노에게 보내졌다. 이 서신은 서신 28과 같이 9월 26일에 작성되었거나 적어도 작성하기 시작했다. 하지만 라이프니츠 자신이 그 날짜를 지웠고, 따라서 아카데미 판 편집자는 서신의 날짜를 아르노가 받은 서신의 날짜로 했다. 이 서신은 라이프니츠가 출판을 계획했던 서신집의 여섯 번째, 마지막 서신으로 초고와 더불어 수정을 가한 2개의 사본이 존재한다. 초고와 두 사본의 차이는 아카데미 판 주석에 나타나는데, 추가하거

것을 보이기 위해서 노력할 것입니다. 그리고 당신에게 그리 확실한 것으로 보이지 않는다면 적어도 지지할 수 있는 것으로 보이게 하기 위해서 노력할 것입니다. 당신의 의심에 대해서 답하는 것이 저에게 그리 어려워 보이지 않기 때문입니다. 그리고 제 생각에 이런 의심은 학식이 높더라도 선입견이 있고 더욱이 지쳐 있는 사람으로서는 감각으로부터 떨어져 있는 주제, 즉 형태도 모델도 상상력도 도움을 줄 수 없는 주제에 관한 새로운 생각을 처음 이해하는 것이 어렵기 때문에 생깁니다.

영혼은 특정한 의미에서, 즉 다른 물체가 그 영혼의 신체에 대해서 갖는 관계에 따라서 자연적으로 전 우주를 표현하기 때문에, 그리고 그에 따라서 영혼은 자기 신체의 일부에 속한 것을 더 직접적으로 표현하기 때문에, 자신에게 본질적인 관계의 법칙에 의해서 자기 신체 일부의 특수한 운동, 즉 영혼이 고통을 느낄 때 일어나는 운동을 특별하게 표현해야 합니다. 이에 대해서 당신은 제가 '**표현한다**'라는 말로 무엇을 이해하는지 명확한 관념을 가지고 있

나 수정된 부분이 중요하다고 판단되는 경우 이 번역에도 반영했다. 아르노는 이 서신에 답신을 보내지 않았다. 그 이유를 에른스트 영주에게 전달했는데, 매우 어렵고, 많은 일에 짓눌려 라이프니츠에게 답할 시간을 내지 못하고 있고, 주제 또한 매우 사변적이고 추상적인 것이라서 시간이 많이 필요하다는 것이다. 그 이후 라이프니츠는 아르노에게 몇 차례 서신을 보냈지만 아르노는 답하지 않았고, 이로써 약 3년에 걸친 서신 교환은 끝을 맺는다.

지 않다고 답했습니다. 만약 제가 이것을 사고라고 이해한다면, 당신은 영혼이 토성의 위성 운동보다 림프관의 림프 운동에 대한 사고와 인식을 더 많이 갖는다는 것에 동의하지 않는다고 답했습니다. 하지만 제가 다른 것으로 이해한다면, 당신은 그것이 무엇인지 모르겠다고 말합니다. 따라서 (제가 이것을 분명하게 해명할 수 없다고 가정하면) 이 술어는 어떻게 영혼이 통증의 느낌을 가질 수 있는지 아는 데 아무런 도움도 주지 못합니다. 왜냐하면 (당신의 생각대로) 제가 바늘에 찔린다는 것을 영혼이 미리 아는 것은 표현하기 위한 것인데, 이에 반해서 영혼은 자신이 느끼는 고통을 통해서 이 인식을 갖기 때문입니다. 이에 답하기 위해서 저는 당신이 모호하다고 판단한 이 술어를 해명하고 당신이 제기한 문제에 적용해볼 것입니다. 한 사물과 다른 사물에 대해서 말할 수 있는 것 간에 지속적이고 규칙적인 관계가 있을 때, (저의 언어로) 하나는 다른 하나를 **표현합니다.** 이런 식으로 관점의 투영은 그것의 실측도를 표현합니다. 표현은 모든 형상에 공통적이고, 유인 데 비해서 자연적 지각, 동물적 감각, 지성적 인식은 종입니다. 자연적 지각과 감각에서는 분할 가능한 것과 물질적인 것, 그리고 다수의 존재에 산재해 있는 것이 단 하나의 분할 불가능한 존재 혹은 참된 일체성을 부여받은 실체에 의해서 표현되고 표상되는 것으로 충분합니다. 우리 영혼이 이에 대한 사례를 제공하기 때문에 사람들은 하나의 단일한 것에서 다수인 것에 대한 그런 표상이 가능하다는 것을 의심할 수 없습니다. 하지만 이 표상은 이성적 영혼에서는 의식을 동반합니다. 그래서 사람들은 이것을 사고라고 부릅니다. 그런데 이 표현은 어디에서나 일어납니다. 왜냐하면 모든 실체는 다른 모든 실체에 공감하고, 다른 물체나 그것의 작용이 우리 신체와 관계되는 다소간의 정도에 따라서 변화가 더 주목되거나 덜 주목되거나 하기는 하지만, 모든 실체는 전 우주에서 일어나는 가장 작은 변화에도 반응하기에 비례적으로 어떤 변화를 받아들이기 때문입니다. 저는 데카르트 씨도 이것에 동의할 것이라고 생각합니다.[175] 왜냐하면 그는 모든 물질의 연속성과 분할 가능성 때문에, 가장 작은 운동도 인접한 물체에 영향을 미치고 그 영향은 점차 감소하겠지만, 인접한 물체에서 다시 인접한 물체로 무한하게 영향을 미친다는 것에 의심 없이 동의할 것이기 때문입니다. 그래서 우리 신체는 다른 모든 물체의 변화를 통해서 어떤 방식으로 자극을 받아야 합니다. 이제 우리 신체의 모든 운동에 우리 영혼의 더 혼란스럽거나 덜 혼란스러운 특정한 지각이나 사고가 상응합니다. 따라서 영혼도 우주의 모든 운동에 대해서 어떤 사고를 가질 것이고 제 생각에 따르면, 다른 모든 영혼이나 실체도 그에 대한 어떤 지각이나 표현을 가질 것입니다. 우리가 우리 신체의 모든 운동, 예컨대 림프의 운동 같은 것을 분명하게 의식하지 못하는 것은 사실입니다. 하

---

175) Descartes, 『철학의 원리(*Principia philosophiae*)』, 2부 34~35절 참조.

지만 (제가 이미 사용했던 예를 이용하면) 이것은 제가 해안가 파도의 결합에서 생겨난 결과물, 즉 우리가 바다 근처에서 듣는 큰 소음을 의식할 수 있기 위해서는 파도 각각의 운동을 조금이라도 지각해야 하는 것과 다를 바 없습니다. 그와 같이 우리도 우리 안에서 일어나는 모든 운동에 대한 어떤 혼란스러운 결과물을 느낍니다. 하지만 우리는 이 내부 운동에 익숙해져 있기 때문에 병이 시작될 때처럼 주목할 만한 변화가 있을 때가 아니면 그것을 분명하게 반성적으로 지각하지는 못합니다. 그리고 우리가 가지고 있는 우리 신체에 대한 이런 종류의 혼란스러운 감각을 더 정확하게 구별하는 일은 의사들이 전념하는 것이 더 바람직할 것입니다. 우리는 다른 물체들을 오직 그것들이 우리 신체와 맺는 관계에 따라서만 지각하기 때문에, 저는 이것을 근거로 영혼은 우리 신체에 속한 것을 더 잘 표현하고 또 우리는 토성이나 목성의 위성을 우리 눈앞에 일어나는 운동을 통해서만 인식한다고 말한 것이었습니다. 저는 이 모든 것에 대해서 한 데카르트주의자는 저와 같은 견해일 것이라고 생각합니다.[176] 다만, 저는 우리 주변에 우리 영혼과 다른 영혼, 제가 사고보다는 낮은 표현이나 지각을 귀속시키는 영혼이 있다고 가정하는 반면 데카르트주의자들은 동물에게서 감각을 거부하고

---

176) 여기서 말하는 한 데카르트주의자에 대해서 '데카르트가 레기우스에게 보낸 서신', A.T. III, 501~506 참조.

인간 외에는 실체적 형상을 인정하지 않는다는 것을 제외하고 말입니다.[177] 이것은 여기서 우리가 논의하는 고통의 원인에 관한 문제와 전혀 관계가 없습니다. 따라서 지금 문제가 되는 것은 영혼이 자기 신체의 운동을 어떻게 아는가입니다. 왜냐하면 사람들은 연장된 물질덩어리가 분할 불가능한 존재에게 어떤 경로로 작용하는지 설명할 방도를 모르기 때문입니다. 보통의 데카르트주의자들은 이 합일을 설명할 수 없다고 고백합니다. 기회원인 가설의 작자들은 이것이 "기계에서 나온 신의 중재가 필요한, 구세주에게 가치가 있는 난제"[178]라고 생각합니다. 저는 이것을 실체 혹은 완전한 존재 일반의 개념을 통해서 자연적 방식으로 설명합니다. 그 개념은 자신의 현재 상태는 언제나 자신의 이전 상태의 자연적 결과라는 것을 함축합니다. 이로부터 모든 단일 실체의 본성 그리고 모든 영혼의 본성은 우주를 표현하는 것이라는 점이 도출됩니다. 영혼은 태초부터 자기 본성의 고유한 법칙에 의해서 물체에서 특히 자신의 신체에서 일어나는 일과 반드시 조화되도록 창조되었습니다. 따라

---

177) Descartes, 『방법서설(*Discours de la méthode*)』, 5부, 9~12절; AT III, 501~506 참조.

178) 원어는 'nodus vindice dignus, cui Deus ex machina intervenire debeat.' 이것은 라이프니츠가 호라즈의 표현을 빌려 쓴 것이다. Horaz, *De arte poetica*, V, 191: "nec deus intersit, nisi dignus vindice nodus inciderit.(구세주에게 가치 있는 난제에 빠지지 않으면 신은 중재하지 않는다.)"

서 자신의 신체가 바늘에 찔렸을 때, 그 찔림을 표상하는 것이 영혼의 일이라는 것은 결코 놀라운 것이 아닙니다. 이 주제에 관한 저의 설명을 완성하기 위해서, 다음을 가정해봅시다.

A순간에서 물체의 상태   A순간에서 영혼의 상태
B순간에서 물체의 상태   B순간에서 영혼의 상태
　　　(찔림)　　　　　　　　　　(고통)

따라서 B순간에 물체의 상태가 A순간에 물체 상태의 결과인 것처럼 영혼의 B상태는 실체 일반의 개념에 따라서 동일한 영혼의 이전 상태인 A상태의 결과입니다. 이제 영혼의 상태는 자연적으로 그리고 본질적으로 세계에 상응하는 상태의 표현이고, 특히 그 자신에게 고유한 신체에 대한 표현입니다. 따라서 찔림이 B순간에서 물체 상태의 일부를 구성하기 때문에, 고통인 찔림에 대한 표상이나 표현도 B순간에 영혼 상태의 일부를 구성할 것입니다. 한 운동이 다른 운동의 결과인 것과 같이 표상하는 것을 본성으로 하는 실체에서 한 표상은 다른 표상의 결과이기 때문입니다. 따라서 관계의 법칙이 영혼이 자기 신체의 일부에서 일어나는 더 주목할 만한 변화를 더 분명하게 표현할 것을 요구할 때, 영혼 자신도 틀림없이 찔림을 의식합니다. 사람들이 잠들어 있을 때나 다른 이유에서 핀이 접근하는 것을 알지 못할 때처럼, 찔림의 원인과 미래 고

통의 원인이 아직 A상태의 표상에 숨겨져 있을 때, 영혼이 그 원인들을 항상 분명하게 의식하지 못하는 것은 사실입니다. 하지만 이것은 그때 그 핀의 움직임이 거의 아무런 인상도 주지 않았기 때문입니다. 그리고 우리가 우리의 영혼에서 이 모든 운동과 표상으로부터 어떤 방식으로 이미 자극받았고, 그래서 우리가 우리 안에 찔림의 원인에 대한 표상이나 표현 그리고 그에 따른 같은 찔림의 표상에 대한 원인, 즉 고통의 원인을 가지고 있을지라도, 그것이 주목할 만한 것이 되지 않으면 우리는 그것을 다른 많은 사고와 운동으로부터 식별할 수 없습니다. 우리의 영혼은 오직 다른 현상들과 구별되는 가장 단일한 현상들에 대해서만 숙고할 수 있습니다. 영혼이 모든 것을 동등하게 생각할 때는 아무것도 구별해서 생각하지 못합니다. 이에 따라, 신이 태초부터 실체의 고유한 본성에 의해서 결과적으로 다른 모든 실체의 현상들과 일치하는 실체를 창조할 수 있다는 것을 부정하는 것이 아니라면, 저는 어디에서 조금이라도 문제의 기미를 찾을 수 있는지 짐작할 수가 없습니다. 따라서 이 가능성을 부인할 수 없을 것 같습니다. 그리고 지금 우리가 아르키메데스가 그 당시 보여줄 수 있었던 것보다 더 잘 보여줄 수 있지만,

("시라쿠사의 노인[179])이 친구의 질서, 자연의 신뢰성, 신의 법칙을 자신이 알고 있는 방식으로 보여주었던"[180])

때처럼) 우리는 수학자들이 한 기계에서 천구의 운동을 재현하는 것을 보았는데, 이것들을 무한하게 능가하는 신이 태초부터 모든 물체에게 일어나야만 하는 모든 일을 실체의 고유한 법칙에 의해서, 그들의 사고나 표상의 자연적 변화에 따라서 표현하는 그런 표상하는 실체들을 왜 창조할 수 없겠습니까? 저에게 이것은 단지 이해하기 쉬울 뿐만 아니라 신과 우주의 아름다움에도 어울리고, 어떤 의미에서는 필연적인 것으로 보입니다. 모든 실체는 서로 간에 조화와 연결을 가지고 있어야 하고 그 자체로 동일한 우주와 창조자의 의지인 보편 원인을 표현해야 하며 그들을 가능한 한 더 일치시키기 위해서 정립한 결정이나 법칙을 표현해야 하기 때문입니다. 그리고 서로 상이한 실체 간의 이 일치는 (형이상학적으로 엄밀하게 말해서 이 실체들은 서로 작용할 수 없지만 마치 서로 작용하는 것처럼 일치합니다) **가장 강한 신 존재 증명 중 하나**이고 또 각각의 결과가 항상 그것의 관점과 역량에 따라서 표현해야 하는 공통 원인입니다. 그렇지 않으면 상이한 정신의 현상들은 서로 일치할 수 없고 실체의 수만큼이나 많은 체계들이 있을 것입니다. 그렇지 않고 만약 현상들이 가끔씩 일치한다면, 그것은 순전히 우연일 것입니다.

---

179) 아르키메데스를 가리킨다.

180) 원어는 "jura poli, rerumque fidem legesque deorum cuncta Siracusius transtulit arte senex." Claudius Claudianus: *Carmina minora*, 51, 5~6.

우리가 가지고 있는 시간과 공간에 대한 모든 개념은 이런 일치에 기초하고 있습니다. 하지만 제가 우리의 주제와 관련된 모든 것을 근본에서부터 설명해야 한다면, 저는 결코 그것을 다할 수 없을 것입니다. 그렇지만 저는 충분하게 표현하지 않는 것보다는 장황한 것을 더 선호합니다.

당신의 다른 의심으로 넘어갑니다. 아르노 씨, 제가 물체적 실체가 자신에게 운동을 준다거나 심지어 매 순간 운동에 실재적인 것이 있다고 말할 때,[181] 제가 이것을 어떻게 이해하는지 이제는 당신이 알 것이라고 생각합니다. 말하자면 이 실재적인 것은 파생력force derivative이고 운동은 이것으로부터 나온 결과입니다. 한 실체의 모든 현재 상태는 자신의 이전 상태의 결과이기 때문입니다. 운동을 가지고 있지 않은 물체가 자신에게 운동을 줄 수 없다는 것은 사실입니다. 하지만 제 생각에 그런 물체는 없습니다. (또한 충돌이 일어날 때, 엄밀하게 말해서 물체는 다른 물체로부터 충동을 받는 것이 아니라, 자신의 고유한 운동으로부터 혹은 그것의 부분들 간의 운동인 자신의 탄성력으로부터 충동을 얻습니다. 크든 작든 모든 물체 덩어리는 그것이 얻을 수 있는 모든 힘을 이미 자신 안에 가지고 있습니다. 단지 다른 물체와의 충돌이 그 힘을 결정해주거나 충돌 순간에 이 결정이 일어날 뿐입니다.)[182]

---

181) 다른 두 사본에는 이 문장에 다음 구절이 추가되어 있다. "……운동은 다른 현상을 필요로 하는 현상이기 때문에,……"

당신은 저에게 신은 물체를 완전히 정지한 상태로 되돌릴 수 있다고 말할 것입니다. 하지만 저는 신은 무로도 되돌릴 수 있다고 답합니다. 그리고 능동과 수동을 결여한 이 물체는 실체인 것을 유지할 수 없거나[183] 아니면 적어도 신이 언젠가 어떤 물체를 완전한 정지로 되돌린다면, 이것은 기적이 아니면 있을 수 없는 일이라고 단언하기에 충분합니다. 정지한 물체를 다시 운동하게 하기 위해서는 새로운 기적이 필요할 것입니다. 당신도 저의 견해가 최초의 운동자 증명을 파괴한다기보다 그것에 부합한다는 것을 압니다. 운동의 시작과 운동 법칙 그리고 운동 상호 간의 일치에 대해서는 항상 근거를 제시해야 합니다. 신에게로 회귀하지 않으면 그 근거를 제시할 수 없습니다. 게다가 제 팔이 움직이는 것은 제가 그것을 원하기 때문이 아닙니다. 왜냐하면 저는 산이 스스로 움직이는 것도 충분히 원할 수 있기 때문입니다. 제가 기적적인 신앙을 갖지 않는다면, 이런 일은 일어나지 않을 것입니다. 제 팔이 움직이는 것은 정확하게 그 순간에 이 결과를 위해서 필요한 만큼 제 손의

---

182) 괄호 안의 내용은 라이프니츠의 여백 노트에 따른 것으로 아르노에게 보내는 사본에는 삭제되었다.

183) 라이프니츠는 초고에 "실체인 것을 유지할 수 없다." 대신에 "실체를 포함하는 것과는 거리가 있다."라고 추가적으로 수정했다. 물체가 실체가 되는 경우와 실체를 포함하는 경우는 라이프니츠의 물체적 실체 개념 해석에서 이견이 나타날 수 있는 표현이다. 아마도 라이프니츠는 이 두 표현이 의미하는 것이 다르다는 것을 의식하고 있었고 필요에 따라 선택적으로 쓰려고 한 것으로 보인다.

탄성력이 풀어질 수 없다면, 저는 성공적으로 그것을 원할 수 없기 때문입니다. 이것은 저의 감정이 제 신체의 운동과 일치하기 때문에 더 그렇게 됩니다. 앞에서 정립한 상응에 의해서 하나는 언제나 다른 하나를 동반합니다. 하지만 각각은 자신 안에 자신의 직접적 원인을 가지고 있습니다.

제가 분할 불가능하고 파괴 불가능하다고 주장하는 형상 혹은 영혼 항목을 살펴보겠습니다. 이런 견해를 가진 것이 제가 처음은 아닙니다. (플라톤이 존경하면서 말하는)[184] 파르메니데스도 멜리소스[185]와 마찬가지로 생성과 소멸은 단지 가상에 불과하다고 주장했습니다. 아리스토텔레스는『천체에 관하여(*De coelo*)』3부 2장에서 이에 대한 증거를 제시합니다. 그리고 사람들이 히포크라테스의 책이라고 말하는『식이 요법에 관하여(*De dieta*)』1권의 저자는 동물은 전적으로 새롭게 생성되지도 소멸되지도 않는다고 분명히 말합니다. 알베르투스 마그누스[186]와 존 베이컨[187]은 실체적 형상이 이미 예전

---

184) Platon, *Theaitetos*, 183c~184a 참조.

185) Melissos(B.C. 480?~400?). 파르메니데스의 제자로, 엘레아 학파의 마지막 주요 인물.

186) Albertus Magnus(1193~1280). 독일의 신학자, 철학자. 도미니크회의 중심 인물로 토마스 아퀴나스와 함께 스콜라철학을 완성했다. 라이프니츠가 말하는 견해는 *Metaphysica*, 2권, 3부, 16장과 11권, 2부, 3장 참조.

187) John Bacon, Johannes Baconthorpe(1290~1346). 영국 가르멜회 수도사, 스콜라 철학자. 라이프니츠가 말하는 견해는 *Commentaria super quator*

부터 물질에 감춰져 있다고 생각했던 것으로 보입니다. 페르넬[188]은 이 형상을 세계영혼ame du monde에서 도출하는 이들에 대해서 언급하지 않기 위해서 이것이 하늘에서 내려온 것이라고 했습니다. 그들 모두 진리의 일부를 보았습니다. 하지만 그것을 발전시키지는 못했습니다. 이미 형태를 갖춘 한 동물의 윤회transmigration와 변형을 생각하는 대신에, 많은 이들이 영혼의 전이를 믿었고 다른 이들은 영혼의 전용traduction을 믿었습니다. 다른 이들은 형상의 기원을 다르게 설명할 수 없었기 때문에, 그것이 참된 창조에 의해서 시작된다는 것에 동의합니다. 반면에 저는 이성적 영혼에 대해서만 시간의 경과에서 이 창조를 인정하고, 사유하지 않는 모든 형상은 세계와 함께 창조되었다고 생각합니다. 그들은 가장 작은 곤충이 생성될 때 이 창조가 매일 일어난다고 생각합니다. 프로클루스(Proclus)에 반대하는 책을 쓴, 고대 아리스토텔레스의 해석가인 필로포누스[189]와 가브리엘 비엘[190]은 이 견해에 동의했던 것으로 보입니다. 제가

---

  libros sententiarum(Lyon, 1484) 참조.

188) Jean Fernel(1497~1558). 프랑스 천문학자, 수학자, 의사, 라이프니츠가 말하는 견해는 *De abditis rerum causis libri duo*(Paris, 1548) 참조.

189) Johannes Philophonus(490~570). 알렉산드리아의 문법학자, 아리스토텔레스의 해석가로 유명하다. 여기서 라이프니츠가 말하는 책은 *De aeternitate mundi contra Proclum*이다.

190) Gabriel Biel(1425~1495). 독일 스콜라 철학자, 오컴의 영향으로 유명론자로 알려져 있다. 페트루스 롬바르두스(Petrus Lombardus)의 『명제들』에 대한 주

보기에, 성 토마스 아퀴나스는 동물의 영혼을 분할 불가능한 것으로 간주합니다.[191] 그리고 우리의 데카르트주의자들은 한층 더 나아갑니다. 그들은 모든 영혼과 참된 실체적 형상은 파괴 불가능해야 하고 생성 불가능해야 한다고 주장합니다.[192] 데카르트 씨가 모어(Henry More)에게 보낸 서신[193]에서 동물이 영혼을 갖지 않는다고 확실하게 말하는 것을 원하지 않는다는 의사를 보였지만, 그들이 동물에게서 영혼을 거부하는 것도 이런 이유 때문입니다. 그리고 왜 사람들은 영원히 존속하는 원자를 도입하는 사람들과는 충돌하지 않으면서, 본성상 분할 불가능성이 부여되는 영혼에게 그렇게 말하는 것은 기이하다고 여깁니까? 특히 실체와 영혼에 관한 데카르트주의자들의 견해를 동물의 영혼에 관한 온 세상의 견해와 연결하는 것은 필연적으로 뒤따르는 것인데, 이것은 더 기이하게 여깁니다. 동물이 감각을 소유한다는, 언제 어디서나 일반적으로 받아들여지는 이 견해를 인류에게서 빼앗는 것은 어려울 것입니다. 따라서 이 견해가 참이라고 가정하면, 제가 이 영혼에 대해서 주장하는 것은 데카르트주의자들의 견해에 따라서 필요할 뿐

석서를 쓴 것으로 유명한데, 이 책은 이후 마틴 루터에게 큰 영향을 주었다.

191) St. Thomas Aquinas, 『이교도 대전(*Summa contra gentiles*)』, II, 65장, 4.

192) Descartes, 『제일 철학에 대한 성찰(*Meditationes de prima philosophia*)』, Synopsis, (AT VII, 13~14).

193) 1649년 2월 5일 데카르트가 헨리 모어에게 보낸 서신(AT V, 276~278).

만 아니라 도덕과 종교를 위해서도 중요합니다. 동물이 죽으면 개별 영혼은 세계영혼으로 회귀한다는, 많은 지성 있는 사람들이 기울고 있고 아베로에스의 신봉자인 이탈리아 철학자가 세상에 퍼트린 이 위험한 견해를 파괴하기 위해서 말입니다. 이 위험한 견해는 개체적 실체의 본성에 대한 저의 증명에 반하며, 분명하게 이해될 수 없습니다. 모든 개체적 실체는 한 번 존재하기 시작하면 독립적으로 영원히 존속해야 하기 때문입니다. 이런 이유에서 제가 제안한 진리는 매우 중요합니다. 그리고 동물의 영혼을 인정하는 사람들은 그 진리를 반드시 인정해야 하고, 다른 사람들은 적어도 그것을 기이하게 여겨서는 안 됩니다.

하지만 이 파괴 불가능성에 대한 당신의 의심을 살펴보겠습니다.

1. 저는 물체에서 진정으로 단일한 존재인 어떤 것이 인정되어야 한다고 주장했습니다. 왜냐하면 성 아우구스티누스가 플라톤에 이어 매우 적절하게 지적한 것처럼, 물질이나 연장된 물질덩어리는 그 자체로 **다수의 존재**에 불과하기 때문입니다. 이제 저는 다음과 같이 추론합니다. 진정으로 하나의 존재인 일체가 없는 곳에는 다수의 존재도 없으며, 모든 다수성은 단일성을 전제합니다. 이 주장에 대해서 당신은 여러 방식으로 답합니다. 하지만 당신은 인신공격으로 반박하고 부정적인 측면을 드러내고 제가 말한 것이 문제를 해결하는 데 충분하지 않다는 것을 보여주려고 하면서, 부정할 수 없는 논증 그 자체는 다루지 않습니다. 그리고 무엇보다 아

르노 씨, 당신은 모든 것을 원자로 구성하는 코르드무아 씨에게는 명백한 이 근거를 제가 어떻게 사용할 수 있을지 의아해합니다.[194] 그러나 저의 견해에 따르면 (당신이 판단하는 것처럼) 코르드무아 씨의 원자는 필연적으로 거짓입니다. 다른 것의 일억 번째 부분이 되지 않는 영혼 있는 물체를 제외하고, 다른 모든 물체는 필연적으로 다수의 존재이기 때문입니다. 따라서 문제는 다시 되돌아옵니다. 하지만 아르노 씨, 이것을 통해서 저는 당신이 저의 가설을 이해할 수 있도록 저의 견해를 잘 설명하지 못했다는 것을 알았습니다. 왜냐하면 저는 영혼 외에 실체적 형상이 없다고 말했는지 기억하지 못할 뿐만 아니라 영혼 있는 물체가 다른 영혼 있는 물체의 작은 부분일 뿐이라고 말하는 것은 전혀 저의 견해가 아니기 때문입니다. 사실 저는 오히려 모든 것은 영혼 있는 물체로 가득 차 있다고 믿습니다. 그리고 저는 코르드무아 씨의 원자와는 비교할 수 없을 만큼 많은 영혼이 있다고 생각합니다. 그의 원자 수는 유한한 반면 저는 영혼의 수 혹은 적어도 형상의 수가 전적으로 무한하다고 생각합니다. 그리고 물질은 끝없이 분할 가능하기 때문에, 물질에서 너무 작아서 거기에 영혼 있는 물체나 적어도 근원적 엔텔레

---

194) G. de Cordemoy, *Le discernement du corps et de l'ame en six discours pour servir à l'éclaircissement de la physique*(Paris, 1670), 1부 참조. 코르드무아는 여기서 원자를 분할 불가능한 물체로 규정했다.

키를 부여받은 물체가 없는 부분, 혹은 (일반적으로 생명이라는 이름을 사용하는 것을 당신이 허락한다면) 생명의 원리가 없는 부분, 즉 완전히 일반적으로 살아 있다고 말할 수 있는 물체적 실체가 없는 부분은 결코 지정될 수 없습니다.[195)]

---

195) 이 생각은 라이프니츠가 청년기 저작에서부터 "세계 속에 무한한 세계(mundi in mundis in infinitum)", '피조물 속에 무한한 피조물', '유기체 속에 무한한 유기체'라는 테제로 주장하는 것이다. 다음 텍스트 참조. *Hypothesis physica nova*: A VI, 2, 241. "cum continuum sit divisible in infinitum,……et dabuntur mundi in mundis in infinitum.(연속은 무한하게 분할 가능하기 때문에,……세계 속에는 무한하게 많은 세계가 있다.)"; *Materia prima*: A VI, 2, 280. "Materiae actu dividitur in partes infinitas. Sunt in quolibet corpore dato creaturae infinitae.(물질은 현실적으로 무한한 부분으로 분할된다. 모든 물체에는 무한하게 많은 피조물이 있다.)"; *De arcanis sublimium vel de summa rerum*: A VI, 3, 474쪽. "Si verum est quamlibet partem materiae, utcunque exiguam continere infinitas creaturas, sive esse Mundum, sequitur etiam materiam esse reapse in infinita puncta divisam. Verum autem hoc est, modo sit possible, nam auget multitudinem existentium et harmoniam rerum, sive admirationem sapientiae divinae(물질의 모든 부분들이, 아무리 작다 하더라도 무한한 피조물을 포함하고 있고 그래서 그 안에 하나의 세계가 있다는 것이 참이라면, 이로부터 물질은 실제로 무한하게 많은 점으로 분할되어 있다는 결론이 따라 나온다. 그러나 이것은 가능성의 관점에서 참이다. 왜냐하면 이것은 존재자의 다양성과 사물들의 조화 혹은 신의 지혜에 대한 경외를 증가시키기 때문이다.)"; *Pacidius philalethi*: A VI, 3, 565. "Itaque sic sentio: nullam esse portionem materiae quae non in plures partes actu sit divisa, itaque nullam corpus esse tam exiguum in quo non sit infinitarum creaturarum mundus.(따라서 나는 다음과 같은 견해를 가지고 있다. 물질의 부분 중에 현실적으로 다수의 부분으로 나눠지지 않는 부분

2. 당신이 제기한 다른 문제를 살펴보겠습니다. 아르노 씨, 당신은 물질 그 자체는 진정으로 하나가 아니기 때문에, 물질에 합쳐진 영혼은 진정으로 하나인 존재를 만들지 않는다고 문제를 제기합니다. 그리고 당신의 판단에 따르면, 영혼은 물질에 외적 명명만을 줄 뿐입니다. 이 문제에 대해서 저는 다음과 같이 답합니다. 진정으로 하나의 존재는 이 물질이 귀속되는 영혼 있는 실체substance animée라고 말입니다. 그리고 물질을 물질덩어리 자체로 간주하면, 시간, 공간과 같은 순수한 현상 혹은 잘 정초된 가상apparence bien fondée에 불과하다고 말입니다. 제가 이미 지난 편지에서 넌지시 말했던 것처럼, 물질은 결정된 존재로 통용될 수 있게 하는, 정확하고 고정된 성질도 가지고 있지 않습니다. 경계 지어진terminée 연장된 물질덩어리의 본질에 속하는 형태 자체는 물질의 부분들이 갖는 현실적 무한 분할division actuelle à l'infini로 인해서, 엄밀하게 말해서 본성상 결코 정확하지 않고 결정되지 않기 때문입니다. 불균등하지 않은 구는 절대 있을 수 없고, 곡선이 중간에 끼어 있지 않은 직선은 있을 수 없으며, 다른 곡선과 혼합되지 않고 특정하고 유한한 본성을 가진 곡선도 있을 수 없습니다. 그리고 이것은 큰 부분에서와 마찬가지로 작은 부분에서도 유효합니다. 따라서 물체를 구성

은 없다. 따라서 아무리 작은 물체라도 무한하게 많은 피조물의 세계가 없는 물체는 없다.)"

하는 것과 매우 거리가 먼 형태는 사유 밖에서는 결코 실재적이고 결정된 성질이 아닙니다. 그리고 원자의 경우와는 달리 어떤 물체에도 결코 정확하고 특정한 표면을 지정할 수 없을 것입니다. 그리고 저는 크기와 운동에도 똑같이 말할 수 있습니다. 즉 이런 성질 혹은 술어는 색, 소리와 마찬가지로 현상에 속합니다. 크기와 운동이 더 분명한 인식을 포함하겠지만, 최후의 분석을 견딜 수는 없습니다. 따라서 연장된 물질덩어리를 실체적 형상[196]이 없는 것으로, 단지 이런 성질들로만 구성된 것으로 간주하면, 이것은 물체적 실체가 아니라 무지개와 같은 전적으로 순수한 현상입니다. 또한 철학자들은 물질에 결정된 존재를 부여하는 것이 형상이라고 인정했습니다.[197] 그리고 이것에 주의를 기울이지 않는 이들은, **연속합성의** 미로labyrinthe de compositione continui에 한번 들어가면 결코 그곳에서 빠져나오지 못합니다. 절대적으로 실재하는 것은 단지 분할 불가능한 실체와 그것의 상이한 상태뿐입니다. 이것은 파르메니데스와 플라톤 그리고 다른 고대인들이 분명히 인정한 것입니다. 그 외에도 저는 실체적 형상이 연결되어 있지 않아도, 영혼 없는 물체의

---

196) 라이프니츠는 나중에 초고에 "엔텔레키가 없는"으로 수정했다. 이하 등장하는 '실체적 형상', '형상'이라는 단어도 거의 모두 '엔텔레키'로 추후 수정했다. 이 것으로 보아 라이프니츠는 '엔텔레키'와 '실체적 형상'을 같은 의미로 이해하고 있음을 알 수 있다.

197) Thomas Aquinas, 『신학 대전(*Summa Theologiae*)』, 1권, 76장, 7항 참조.

결합체에 '하나'라는 이름을 붙일 수 있다는 것에 동의합니다. 제가 "여기 하나의 무지개가 있다.", "여기 하나의 무리가 있다."고 말할 수 있는 것처럼 말입니다. 하지만 이것은 현상에 실재적인 것이 있다고 하기에는 충분하지 않은, 현상에서 일체성 혹은 사고에서 일체성입니다. (만약 형태가 없는 물질덩어리가 아니라 다수의 실체인 이차 물질matiere seconde을 물체적 실체의 물질로 간주하면, ─다수 실체의 물질덩어리는 물체 전체의 물질이다.─우리 신체의 일부를 이루는 것들이 부분을 만드는 것처럼 우리는 이 실체들을 이 물질의 부분들이라고 말할 수 있습니다. 왜냐하면 우리 신체가 물질이고 영혼이 우리 실체의 형상인 것처럼 다른 물체적 실체들에서도 같을 것이기 때문입니다. 그리고 저는 사람들이 이 모든 것에 대해 동의하는 인간의 경우보다 다른 물체적 실체들의 경우에 어려움이 더 많다고 생각하지 않습니다. 이 주제에서 제기되는 문제들은 다른 무엇보다 사람들이 보통 전체와 부분에 대해 충분히 분명한 개념을 갖지 못한 데에서 비롯됩니다. 부분은 근본적으로 전체의 직접적 필수요소 외에 다른 것이 아니며 어떤 방식으로 전체와 동질적인homogene 것입니다. 따라서 부분은 전체가 참된 일체성을 갖든지 갖지 않든지 간에 전체를 구성할 수 있습니다. 사실상 참된 일체성을 갖는 전체는, 우리가 우리 자신에서 경험하는 것처럼, 부분을 잃거나 얻더라도, 엄밀한 의미에서 동일한 개체를 유지할 수 있습니다. 따라서 부분은 **일시적으로**pro tempore만 직접적 필수요소입니다. 그러나 **물질** 개념을 항상 동일한 실체에 본질적인 어떤 것으로 이해한다면, 몇몇 스콜라 철학자들의 의미로 물질을 한 실체의 근원적 수동력puissance passive primitive으로 이해할 수 있을 것입니다. 이런 의미에서 물질은 연장적이지도 분할 가능하지도 않을 것입니다. 비록 물질이 분할 가능성의 원리 혹은 실체에 귀속되는 것의 원리이기는 하지만 저는 그 개념의 사용에 대해서는 논하지 않을 것입니다.)[198]

3. 당신은 제가 영혼 있는 물체에서만 실체적 형상을 인정한다고 반박합니다. (하지만 저는 제가 그렇게 말했는지 기억하지 못합니다.) 당신은 모든 유기 조직을 지닌 물체는 **다수의 존재**이기 때문에, 형상이나 영혼은 하나의 존재를 만드는 것과는 거리가 멀고, 오히려

---

198) 괄호 안의 텍스트는 아르노에게 보낸 서신에는 없는 부분으로 라이프니츠가 초고 여백에 추가로 쓴 것이다. 아르노에게 보낸 서신에서 삭제한 이 부분의 내용은 주로 라이프니츠의 후기 텍스트에서 등장하는 내용이다. '이차 물질', '근원적 수동력' 등의 개념과 개선된 '물질' 혹은 '물체' 개념은 라이프니츠가 동력학을 정립하고 「새로운 체계(System nouveau)」를 발표한 시기부터, 특히 드 볼더(de Volder)와 서신에서 매우 빈번하게 등장하는 개념들이다. 발송한 서신에서 삭제했다는 것은 이 견해가 아르노와 같은 데카르트주의자들에게는 익숙하지 않은 개념이나 생각을 담고 있기 때문에, 사실상 라이프니츠의 새로운 철학을 담고 있기 때문에 이질감에서 비롯되는 비판을 피하기 위한 것으로 보인다. 그런데 이것이 후기 저작에서 주로 등장하는 내용이라는 것은 라이프니츠가 중기 저작인 『형이상학 논고(DM)』(1686)를 쓰고 아르노와 서신을 교환한 시기(1686~1687)에 이미 후기 철학의 주요 부분에 대한 생각을 체계적으로 가지고 있었다는 것을 나타낸다. 라이프니츠의 철학에서 중기 철학이 중요한 이유가 여기에 있다. 즉 라이프니츠는 아르노와의 서신을 통해 자신의 새로운 체계를 시험해보면서 이 부분의 내용은 아르노에게 보이기에는 이르다고 판단해서 삭제한 것일 것이다.

물체가 영혼을 가질 수 있도록 하기 위해서 다수의 존재를 필요로 한다고 말합니다. 저는 답합니다. 동물이나 다른 물체적 실체에 영혼 혹은 실체적 형상이 있다고 가정하면, 우리는 이 지점에서 영혼이 부여하는 참된 일체성을 가지고 있는 하나의 존재인 인간으로부터 모든 것을 유추하는 것처럼 추론해야 합니다. 인간 신체의 물질덩어리가 기관, 혈관, 체액, 정신으로 분할되더라도, 이 부분들은 의심의 여지없이 자신의 고유한 형상을 가지고 있는 무한하게 많은 다른 물체적 실체로 가득 차 있다고 말입니다. 이 세 번째 반박의 핵심은 앞의 것과 같기 때문에, 그 해명이 여기에서도 유용할 것입니다.

4. 당신은 동물들에게 영혼을 인정하는 것은 근거가 없다고 판단합니다. 그리고 만약 동물에게 영혼이 있다면, 그것은 정신, 즉 사고하는 실체일 것이라고 믿습니다. 왜냐하면 우리는 물체와 정신만 인식할 수 있고, 다른 실체에 대해서는 아무런 관념도 없기 때문입니다. 그런데 "굴이 사고한다.", "곤충이 사고한다."라고 말하는 것은 믿기 어렵습니다. 이 반박은 데카르트주의자가 아닌 사람들 모두에게 똑같이 적용됩니다. 그러나 전 인류가 동물의 감각에 대한 견해에서 항상 제시했던 것이 완전히 근거 없는 것은 아니라는 것을 믿어야 한다는 것은 별개로 하더라도, 저는 모든 실체가 분할 불가능하고 따라서 모든 물체적 실체는 영혼 혹은 적어도 영혼과 유사한 엔텔레키를 가지고 있어야 한다는 것을 보였다고 생

각합니다. 그렇지 않으면 물체는 현상에 지나지 않기 때문입니다.

분할 불가능한 모든 실체는 (즉 저의 견해에 따르면, 모든 실체 일반
은) 정신이며 사고해야 한다고 확신하는 것은 저에게는 형상의 보
존보다 비할 데 없이 더 무모하고 근거 없는 것으로 보입니다.

우리는 오감과 특정한 수의 금속에 대한 지식만 가지고 있습니
다. 그러면 우리는 세계에 다른 것은 없다고 결론 내려야 합니까?
다양성을 애호하는 자연은 사고하는 형상이 아닌 다른 형상들을
생산했다는 근거가 더 많이 있습니다. 제가 원뿔곡선과 2도 정도
다른 도형은 없다는 것을 증명할 수 있다면, 이것은 제가 이 선에
대한 판명한 관념을 가지고 있고 이 선이 정확한 분할에 이르는 방
법을 저에게 제공하기 때문입니다. 하지만 우리는 사고에 대한 판
명한 관념을 가지고 있지 않기 때문에, 그리고 분할 불가능한 실체
의 개념이 사고하는 실체의 개념과 동일하다는 것을 증명할 수 없
기 때문에, 우리는 그것을 확신할 근거가 없습니다. 저는 우리가
가지고 있는 사고에 대한 관념이 명석하다는 것에 동의합니다. 하
지만 모든 명석한 관념이 곧 판명한 관념은 아닙니다. (말브랑슈 신
부가 이미 지적한 것처럼)[199] 우리는 내적 감각을 통해서만 사고를 인
식합니다. 하지만 사람들이 감각을 통해서 인식할 수 있는 것은 단

---

199) N. Malebranche, *De la recherche de la verité*(1678~1679), 3권, 2부, 7장;
Eclaircissement XI 참조.

지 경험했던 것들뿐입니다. 그리고 우리는 다른 형상의 기능을 경험하지 못했기 때문에, 그에 대한 명석한 관념을 갖지 못하는 것은 놀라운 일이 아닙니다. 왜냐하면 이런 형상이 존재한다는 것이 인정되더라도, 우리는 그에 대한 아무런 관념도 갖지 못할 것이기 때문입니다. 어떤 것이 있을 수 없다는 것을 증명하기 위해서, 아무리 명석한 관념이더라도, 혼란스러운 관념을 사용하는 것은 잘못입니다. 그리고 제가 판명한 관념들만 고찰할 때, 사람들은 분할 가능하거나 다수의 존재로 구성된 현상이 분할 불가능한 단일한 존재에 의해 표현되거나 표상될 수 있다는 것을 이해할 수 있을 것으로 보입니다. 그리고 이것은 지각을 이해하는 데 충분하며 사고나 반성을 이 표상에 연결할 필요도 없습니다. 저는 할 수 있는 한 물체적 실체 혹은 살아 있는 실체와 동물들을 구별하기 위해서, 사고 없는 다른 비물질적 표현의 차이나 정도를 설명할 수 있기를 바랍니다. 하지만 저는 그것에 대해서는 충분히 고찰하지 않았고, 그런 실체들의 기관과 작용을 비교해서 형상을 판단할 만큼 자연을 충분히 검토하지도 않았습니다. 말피기 씨는 해부학의 매우 주목할 만한 유비에 근거해서 식물이 동물과 같은 유에 포함될 수 있고 불완전한 동물이라고 믿는 편입니다.[200]

5. 아르노 씨, 이제 당신이 실체적 형상의 파괴 불가능성에 반대

---

200) M. Malpighi, *Anatomes planatorum idea*(London, 1675~1679).

해 제기한 문제에 답하는 것만 남았습니다. 저는 우선 당신이 그것을 기이하고 지지할 수 없는 것으로 본다는 것에 놀랐습니다. 왜냐하면 당신 자신의 견해에 따르면, 동물에게 영혼과 감각을 부여하는 사람들은 모두 이 파괴 불가능성을 지지해야 하기 때문입니다. 이른바 상상의 선입견에 불과한 이 난관은 일반인들을 가로막을 수는 있지만, 성찰할 수 있는 정신의 소유자에게는 아무런 영향도 없습니다. 그래서 저는 이 문제에 대해서 당신을 만족시키는 것은 쉬울 것이라고 생각합니다. 레이우엔훅 씨의 실험이 알려준 것처럼,[201] 가장 작은 물방울에도 무한하게 많은 작은 생물이 있다는 것을 이해하는 사람들 그리고 물질은 어디든지 영혼 있는 실체로 가득 차 있다는 것을 기이하게 생각하지 않는 사람들은 심지어 재에도 영혼 있는 어떤 것이 있다는 것 그리고 불은 동물을 완전히 파괴하는 대신에 변형시킬 수 있고 더 작은 어떤 것으로 만들 수 있다는 것 또한 기이하게 여기지 않을 것입니다. 하나의 애벌레나 누에에 대해서 말할 수 있는 것은 수백수천의 애벌레나 누에에 대해서도 말할 수 있습니다. 그러나 그렇다고 재에서 누에가 다시 태어난다고 봐야 한다는 것은 아닙니다. 그것은 아마 자연의 질서

---

201) A. Leeuwenhoek, "Observations……Concerning little Animals observed in Rain‑ Well‑ See‑ and Snow‑water; as also in water wherein Pepper had lain infused", in: *Philosophical Transaction*, Nr. 133, 1677년 3월 25일, 821~831 참조.

가 아닐 것입니다. 제가 알기로, 많은 사람들이 종자의 효력이 재에 남아 있어서 식물이 재에서 다시 태어날 수 있다고 확신합니다. 하지만 저는 의심스러운 실험은 사용하고 싶지 않습니다. 방금 부패된 더 큰 유기 조직을 지닌 물체를 수축의 방식으로 포함하는 이 작은 유기 조직을 지닌 물체가 전적으로 (그렇게 보이는 것처럼) 생성의 계통을 벗어나 있는 것인지, 혹은 때가 되면 무대에 다시 돌아올 수 있는 것인지, 이것은 제가 결정할 수 없는 것입니다. 이것은 인간이 자신의 무지를 깨달을 수밖에 없는 자연의 비밀입니다.

6. 양 성의 합일에 의해서만 태어난다고 보는 더 큰 동물과 관련해서, 이것은 외견상 가장 작은 곤충에서도 적잖이 사실일 것입니다만, 문제가 더 크다는 것은 그저 외견상의 문제이고 또 상상력에 따른 것일 뿐입니다. 얼마 전에 저는 레이우엔훅 씨가 저의 견해와 매우 유사한 견해를 가졌다는 것을 알았습니다. 그는 가장 큰 동물도 변형의 방식으로 태어난다고 주장했습니다.[202] 저는 감히 그의 견해 세부를 인정하지도 거부하지도 않습니다. 하지만 저는 그것이 일반적으로 진리에 매우 가깝다고 생각합니다. 다른 위대한 관찰가이자 해부학자인 스바메르담 씨도 자신이 이 견해로 기운다는

---

202) A. Leeuwenhoek, "Observationes de natis e semine genitali animaculis", in: *Philosophical Transaction*, Nr. 142, 1677년 12월~1678년 2월, 1040~1043 참조.

충분한 증거를 제시했습니다.[203] 이제 이 분들의 판단은 이 주제에서 다른 많은 사람들의 판단과 등가의 것입니다. 사실 저는 그들이 제가 주장하는 것처럼 이성적 영혼이 결여된 생명체에 대해서도 파멸이나 죽음 자체가 하나의 변형이라고 말하는 정도까지 그들의 견해를 밀어붙였는지 주목하지 않았습니다. 하지만 이 견해가 그들에게 알려진다면, 그들은 그것을 불합리한 것으로 생각하지 않을 것입니다. 시작하지 않은 것은 소멸되지도 않는다는 것을 믿는 것만큼 자연스러운 것도 없습니다. 그리고 모든 생성은 이미 형태를 갖춘 생물의 증가augmentations와 펼침developpemens일 뿐이라는 것을 인정할 때, 파멸이나 죽음이 살아 있고 유기 조직을 유지하며 존속하지 않을 수 없는 동물의 감소diminution와 덮임enveloppement이외에 다른 것이 아니라는 것을 쉽게 확신할 것입니다. 사실 이것을 생성의 경우처럼 개별 실험을 통해서 믿을 만하게 만드는 것은 쉽지 않습니다. 하지만 이유는 있습니다. 즉 생성은 자연적 방식으로 그리고 점차적으로 진행되기 때문에 우리에게 관찰할 여유를 주지만, 죽음은 과도하게 뒤로 **건너뛰어서** 우리에게는 너무 작은 부분으로 되돌아오기 때문입니다. 죽음은 보통 매우 강제적인 방식으로 일어나기 때문에, 우리는 이 후퇴의 세부적 내용을 지각할 수

---

203) J. Swammerdam, *Miraculum naturae sive uteri muliebris fabrica*(Leiden, 1672) 참조.

가 없습니다. 그렇지만 죽음의 모상(模像)인 수면, 무감각 상태, 죽음으로 간주할 수 있는 누에가 고치에 매장되는 것, 익사한 파리에 마른 가루를 덮어서 소생시키는 것(반대로 파리를 아무 도움 없이 그대로 두면 영원히 죽은 상태를 유지할 것입니다.), 그리고 겨울철 갈대에서 지내서 생명의 징후가 없는 것으로 보이는 제비가 소생하는 것, 얼어 죽은 사람, 물에 빠지거나 목이 졸려서 죽은 사람이 다시 되돌아오는 경험, 이런 일들에 대해서 얼마 전 분별 있는 사람이 독일어로 논고를 썼습니다.[204] 그 논고에서 그는 그런 사람들이 있는 곳에서 만난 사람들에게 자신이 경험한 것들까지도 사례로 보고한 후 그들을 다시 살리기 위해서 평소보다 더 많이 노력할 것을 권고하고 그 방법을 기술합니다. 이 모든 것은 이 상이한 상태들이 크고 작음의 차이일 뿐이라는 저의 견해와 일치할 수 있습니다. 그리고 사람들이 다른 종류의 죽음에서 소생할 방법을 가지고 있지 않다면, 이것은 사람들이 무엇을 해야 하는지 모르기 때문이거나, 안다 하더라도 우리의 손, 우리의 도구, 우리의 치료법이 소생에 충분하지 않기 때문입니다. 이런 일은 주로 처음부터 너무 작은 부

---

204) 여기서 독일어로 썼다는 논고는 아마도 다음을 가리키는 것으로 보인다. S. Albinus, *Kurtzer Bericht und Handgrieff, wie man mit denen Personen, gross und klein, so etwan in eusserste Wassers-Gefahr, durch Gottes Verhängnis geraten, nicht zu lange im Wasser gelegen, doch gleichsam für Tod heraus gezogen werden, gebähren und umbgehen solle*(1675).

분으로 분해할 때 일어납니다. 따라서 사람들이 이와 반대되는 것을 입증하는 유사한 논거나 더 견고한 논거를 가지고 있더라도 일반인이 죽음이나 생명에 대해 가지고 있는 개념에 머물러서는 안 됩니다. 왜냐하면 저는 물체적 실체가 있다면, 실체적 형상[205]도 있어야 한다는 것을 충분히 보였다고 생각하기 때문입니다. 그리고 이 형상[206]이나 영혼을 인정한다면, 그것의 생성 불가능성과 파괴 불가능성도 인정해야 합니다. 이에 따라 한 물체의 영혼이 다른 물체로 이동하는 것을 상상하는 것보다는 영혼 있는 물체의 변형을 생각하는 것이 비교할 바 없이 더 합리적입니다. 이 영혼 전이는 분명 변형에 대한 잘못된 이해에서 비롯된 매우 오래된 확신일 뿐입니다. 동물의 영혼이 물체 없는 상태로 있다거나 유기적이지 않은 물체에 숨겨져 있다고 말하는 것, 이 모두 전혀 자연적이지 않아 보입니다. 아브라함이 이삭을 대신해 희생시킨 양의 몸이 수축되어 만들어진 동물을 양이라고 불러야 하는가 하는 문제는, 나비가 누에로 불릴 수 있는가 하는 문제와 다를 바 없는 이름의 문제입니다. 아르노 씨, 재가 된 이 양과 관련해서 당신이 발견한 문제는 제가 충분하게 설명하지 않았기 때문에 생긴 것입니다. 당신은 이 재에 유기 조직을 지닌 물체가 남지 않는다고 가정하기 때문

---

205) 라이프니츠는 나중에 '실체적 형상'을 '엔텔레키'로 수정했다.
206) 라이프니츠는 나중에 '형상'을 '엔텔레키'로 수정했다.

에, 당신이 유기 조직을 지닌 물체가 없는 이 무한하게 많은 영혼을 기괴한 것이라고 말하는 것은 당연합니다. 하지만 저는 자연적으로 유기 조직을 지닌 물체가 없는 영혼은 없으며 기관 없이 유기 조직을 지닌 물체도 없다고 가정합니다. 그리고 저에게는 재도 다른 물질덩어리도 유기 조직을 지닌 물체를 포함할 수 없을 것으로 보이지 않습니다.

정신, 즉 사고하는 실체, 신을 인식할 수 있고 영원한 진리를 발견할 수 있는 실체와 관련해서, 저는 신이 정신을 통제하는 법칙과 나머지 다른 실체들을 통제하는 법칙이 다르다고 생각합니다. 왜냐하면, 실체의 모든 형상은 전 우주를 표현하기 때문에, 동물적 실체들은 신보다는 세계를 더 표현하지만 정신들은 세계보다 신을 더 표현한다고 할 수 있기 때문입니다. 또한 신은 힘이나 운동의 전달에 대한 물질적 법칙에 따라서 동물적 실체들을 통제하지만, 정신은 다른 실체들에게는 불가능한 정의에 대한 정신적 법칙에 따라서 통제합니다. 그리고 이런 이유에서 동물적 실체들은 물질적이라고 부를 수 있습니다. 신이 그들의 관측에 적용하는 규칙은 장인이나 기계공의 규칙이지만 정신에 대해서는 무한하게 더 높은 군주나 입법자의 역할을 합니다. 그리고 이 물질적 실체에 대한 신의 태도는 전체에 대한 태도, 즉 존재의 일반적 작자일 뿐인데 반해, 정신에 대해서 신은 다른 역할, 즉 정신을 의지와 도덕적 자격을 가진 것으로 이해하게 하는 역할을 합니다. 왜냐하면 신 자신이 하나의 정신이고 우리 중 하나와 같이, 우리와 함께 그가 지도자인 공동체의 일원이 되기 때문입니다. 그리고 이 공동체 혹은 정신의 일반 공화국은 우주에서 가장 고귀한 부분인 최고의 군주 아래 있으며 이 위대한 신 아래에 많은 작은 신들로 구성되어 있습니다. 왜냐하면 창조된 정신은 더 많고 적음, 유한과 무한으로만 신과 구별된다고 할 수 있기 때문입니다. 그리고 실제로 전 우주는 단지 이 신국의 행복과 장식에 기여하기 위해서 창조되었을 뿐이라고 단언할 수 있습니다. 따라서 모든 것은 힘의 법칙 혹은 순수하게 물질적인 법칙이 전 우주에서 정의 혹은 사랑의 법칙을 실행하는 데 협력하도록, 어떤 것도 신의 손 안에 있는 영혼에 해를 끼칠 수 없도록, 그리고 신을 사랑하는 이들에게는 모든 것이 가장 큰 선으로 귀결되도록 배치되어 있습니다. 정신이 자신의 모든 도덕성, 고통과 처벌이 의존하는 일종의 기억이나 의식 혹은 자신이 무엇인지 아는 능력을 개별적으로 보존해야 하는 이유도 이것 때문입니다. 왜냐하면 신국이 어떤 사람도 잃지 않게 하기 위해서는 정신이 자신의 역할과 도덕적 자격을 유지해야 하기 때문입니다. 따라서 정신은 자신을 전적으로 인지 불가능하게 만들고, 도덕적으로 말해서 다른 인격으로 만드는 우주의 이 변혁에서 벗어날 필요가 있습니다. 반면 동물적 실체는 모든 상상 가능한 변화에 종속되어 있어도, 단지 형이상학적 엄밀함에서 동일한 개체를 유지하는 것으로 충분합니다. 왜냐하면 동물적 실체도 의식이나 반성을 결여하고 있기 때문입니다. 죽음 이후 인간 영혼의 세부적 상태 그리고 영혼이 어떻게 사물의 전복에서 벗어나는지에 대해서 우리에게 세부적으로 알려줄 수 있는 것은 오직 계시뿐입니다. 이성의 관할 권한은 거기까지 미치지 못합니다. 사람들은 아마도 저의 주장, 즉 신은 영혼을 소유할 능력이 있는 모든 자연 기계들machines naturelles에게 영혼을 부여했다는 것에 대해서 이의를 제기할 것입니다. 제가 이런 주장을 하는 이유는, 영혼은 서로 방해하지 않으며 장소를 점하지 않기 때문에, 영혼을 소유하는 것이 더 완전한 것인 만큼, 자연 기계에게 영혼을 부여하는 것이 가능하기 때문입니다. 그리고 신은 모든 것을 가능한 한 가장 완전한 방식으로 창조하며, "물체가 없는 곳이 없는 것처럼 형상이 없는 곳도 없기" 때문에, 사람들은 같은 이유에서 신은 모든 영혼 있는 실체에게 이성적 영혼 혹은 반성 능력이 있는 영혼 또한 부여해야 한다고 말할 수 있을 것입니다. 하지만 저의 답은 물질적 자연의 법칙보다 더 상위의 법칙, 즉 정의의 법칙은 이에 반대된다는 것입니다. 우주의 질서는 정의가 모든 실체에서 관찰될 수 있는 것을 허락하지 않을 것이기 때문입니다. 따라서 적어도 어떤 부정injuste도 그런 실체들에게 일어날 수 없게 해야 합니다. 이런 이유에서 그런 실체들은 반성 능력이나 의식 능력 없이 창조되었고 따라서 행복과 불행을 받아들일 수 있는 능력도 없습니다.

끝으로 저의 생각을 몇 마디로 정리하면, 모든 실체는 자신의 현재 상태에 그의 모든 과거 상태와 미래 상태를 포함하고, 자신의 관점에 따라 전 우주를 표현합니다. 다른 실체와 멀리 떨어져 있어서 서로 교류할 수 없는 실체는 없기 때문입니다. 그리고 실체가 물체를 가지고 있으면, 이 표현은 특별히 실체가 더 직접적으로 표현하는 자기 물체의 부분들과 맺는 관계에 비례할 것입니다. 그러므로 여기에 신의 공조가 더해진다는 전제하에서 자신의 토대로부터 그리고 자신의 고유한 법칙에 의해서 일어나지 않는 일은 없습니다. 하지만 실체는 다른 사물을 의식합니다. 왜냐하면 태초부터 실체는 나중에 다른 사물을 표현할 수 있고 필요한 만큼 그 일에 적응하도록 창조되었으므로 다른 사물을 자연적으로 표현하기 때문입니다. 그리고 한 실체가 다른 실체에게 가하는 작용이라고 부르는 것은 태초부터 부과된 이 의무로 이루어집니다. 물체적 실체와 관련해서, 물질덩어리를 단지 분할 가능한 것으로만 간주하면 그것은 순수한 현상입니다. 형이상학적으로 엄밀하게 보면 모든 실체는 참된 일체성을 가지고 있으며 분할 불가능하고 생성 불가능하며 소멸 불가능합니다. 모든 물질은 영혼 있는 실체 혹은 적어도 살아 있는 실체로 가득 차 있어야 합니다. 생성과 소멸은 작은 것에서 큰 것으로 혹은 그 반대로의 변형일 뿐입니다. 물질에는 유기 조직을 지닐 뿐만 아니라 축적되어 있기도 한 무한하게 많은 피조물의 세계가 발견되지 않는 부분은 없습니다. 그리고 무엇보다 신의 작품들은 사람들이 보통 생각하는 것보다 무한하게 더 위대하고, 더 아름다우며, 수적으로 더 많고, 더 잘 질서 지어져 있습니다. 그리고 기계 혹은 유기체는 말하자면 가장 작은 부분까지도 질서를 본질로 갖는 것입니다. 따라서 우리의 가설보다 신의 지혜를 더 잘 이해시켜 주는 가설은 없습니다. 우리의 가설에 따르면, 도처에 신의 완전성을 표시하고, 물론 차이는 있겠지만, 우주의 아름다움을 비추는 실체들이 있습니다. 왜냐하면 비어 있는 곳도 무익하고 불모인 곳도 지각없는 것도 없기 때문입니다. 더욱이 운동 법칙과 물체의 변혁이 정의와 질서의 법칙을 위해 사용된다는 것은 의심할 수 없는 것으로 간주되어야 합니다. 이 정의와 질서의 법칙은 확실히 정신, 즉 신과 함께 공동체에 포함되고 그와 함께 그가 군주인 일종의 완전한 국가를 만드는, 지성적 영혼의 통제에서 가능한 한 가장 잘 관찰됩니다.[207]

아르노 씨, 저는 이제 당신이 설명했던 문제들 혹은 지적했던 문제들 그리고 또 제가 생각하기에, 당신이 아직 가지고 있을 수도 있는 문제들 중 어떤 것도 남기지 않았습니다. 사실 이것이 이 편지를 길어지게 했습니다. 하지만 같은 의미를 몇 마디 말에 담는 것이 저에게는 더 어려웠습니다. 그리고 이렇게 하는 것이 불명료함을 남기지는 않을 것입니다. 이제 저는 당신이 저의 견해를 매우

---

207) "끝으로……관찰됩니다." 문단은 나중에 라이프니츠가 초고에 추가한 것인데, 서신 28의 마지막 두 문단과 거의 유사하다.

정합적일 뿐만 아니라 인정받는 견해들과도 잘 부합하는 것으로 이해한다고 믿습니다. 저는 정립되어 있는 견해를 전복시키는 것이 아니라 해명하고 더 진전시킵니다. 여하튼 우리가 개체적 실체 개념에 대해서 정립했던 것을 당신이 어느 날 다시 살펴볼 여유가 생길 때, 아마도 당신은 시작 부분을 인정하면 결과적으로 나머지 모든 것에서도 저를 인정하지 않을 수 없다는 것을 발견할 것입니다. 그럼에도 저는 이 편지가 스스로 해명하고 변론하도록 이 편지를 쓰려고 노력했습니다. 사람들은 문제를 분리할 수도 있을 것입니다. 왜냐하면 동물에게 영혼이 있고 다른 것들에는 실체적 형상이 있다는 것을 인정하지 않으려고 하는 사람들도 제가 정신과 물체의 합일을 해명하는 방식과 제가 참된 실체에 대해서 말한 모든 것은 인정할 수 있을 것이기 때문입니다. 그런 형상 없이 그리고 참된 일체성을 소유하는 것 없이 그들이 할 수 있는 방식을 손상시키지 않고, 그들에게 적절해 보인다면, 점으로 혹은 원자로 물질과 물체적 실체의 실재성을 지킬 수 있습니다. 심지어 사람들은 이것을 미결 상태로 둘 수도 있습니다. 왜냐하면 적절하다고 판단되는 상태에서 연구를 중단할 수 있기 때문입니다. 그러나 우리에게 신과 우리의 영혼에 대해서 가장 견고한 논증을 제공하는, 우주에 대한 참된 관념과 신의 작품의 완전성에 대한 참된 관념을 가지기를 바란다면, 이렇게 아름다운 여정을 지체해서는 안 됩니다.

저는 『문단소식』 6월 판에서 '카트랑 신부의 소견'[208]을 보았습니다. 그리고 그가 아마도 제 견해를 이해하지 못했다고 당신이 말했을 때, 저는 당신이 제대로 짐작했다고 생각했습니다. 그는 딱하게도 저의 견해를 매우 조금 이해했습니다. 그는 세 개의 명제를 제시하고, 제가 그것들을 모순되는 것으로 본다고 말하면서 그것들을 증명하고 양립시키려고 애썼습니다. 하지만 그것은 제가 예전에 발견했던 가장 작은 어려움 혹은 가장 작은 모순에도 못 미치는 것입니다. 제가 데카르트 원리의 오류를 증명했다고 주장한 것은 그 연결 때문입니다. 이것은 사안을 가볍게 다루는 사람들이 하는 일입니다. 그가 어디에서 잘못 생각했는지 매우 잘 설명했던 것은 좋은 일입니다. 그렇지 않았다면 아마도 우리는 꽤 많은 부분에서 엇갈렸을 것입니다. 신은 도덕에서 혹은 형이상학에서 그러나 무엇보다 신학에서 우리를 그런 반대자에게서 보호합니다. 이런 골칫거리에서 빠져나올 방법은 없을 것입니다.[209]

---

208) F. Catelan, "Remarque de M. l'Abbé D. C. sur la réplique de M. L. touchant le principe mécanique de Descartes contenue dans l'article III de ces Nouvelles mois de f vrier 1687", in: *Nouvelles de la République des Lettres*, 1687년 6월, 577~590.

209) 라이프니츠는 이 마지막 문단에 테두리를 쳤고, 다른 사본과 발송된 편지에서 다음과 같이 고쳐 썼다. "카트랑 신부가 저의 견해에서 완전히 멀리 떨어져 있는 것은 이상한 일입니다. 그리고 아르노 씨, 당신은 그것을 매우 의아해했습니다. 그는 먼저 세 개의 명제를 제시하고, 제가 그것들을 모순되는 것으로 본다고 말합니다. 하지만 저는 그것들이 모순이라고 생각하지 않으며 이 세 명제를 데카르트 원리의 불합리성을 증명하는 데 사용합니다. 이것은 사안을 피

30. 라이프니츠가 아르노에게[210]
1687년 10월 9일 하노버

아르노 씨,

여기 지난 번 당신의 반론에 대한 답변이 있습니다. 대부분 제가 충분하게 설명하지 않아서 생긴 당신의 의심을 제가 전적으로 만족시켰기를 기대합니다. 저는 가끔씩 당신이 쓴 말을 넣었는데, 이

상적으로만 고찰하는 사람들이 하는 일입니다. 수학의 주제에서 이런 일이 일어난다면, 사람들이 형이상학과 도덕에서 무엇을 기대하겠습니까? 제가 당신의 정확하고 공정한 비판을 받게 된 것에 높은 가치를 두는 이유가 바로 이것입니다. 아르노 씨, 저는 당신이 공공의 이익을 위해서 그리고 또 저를 위해서 더 오래 살기를 기원합니다. 추신: 아마도 『문단소식』에 게재될 신부에 대한 저의 답변을 첨부합니다." 카트랑 신부의 소견에 대한 라이프니츠의 답변: "Réponse à la Remarque de M. l'Abbé D. C. contenuë dans l'article I. de ces Nouvelles, mois de Junin 1687 où il preténde soûtenir une loi de la nature avancée par M. Descartes", in: *Nouvelles de la République des Lettres*, 1687년 9월, 952~956.

210) A II, 2, 262~266. [L: 초고, LH 36, 15, 5, Bl. 1~2] 라이프니츠는 이 서신을 앞의 서신 29에 첨부해 보낼 목적으로 작성했지만 완성하지도 보내지도 않고, 서신 31로 대체했다. 특히 이 서신은 아카데미 판에서 편집 발간하기 전에는 어떤 판본이나 번역본에서도 출판된 바 없는 서신이며, 번역도 아마 이 번역이 처음일 것이다. 완성하지 못한 서신이라서 원문에 손실이 있고, 불완전하거나 불명확한 문장도 나타난다. 이 서신과 다음 서신 31의 날짜는 아카데미 판 편집자가 서신 29에 따라 1687년 10월 9일로 했다.

것이 답변을 길어지게 했습니다. 적어도 제가 이 반론을 거부하지 않는다는 것을 당신이 인정해주시기를 바랍니다. 저는 이것들을 오래전에 정립했고 감히 말하자면 대부분의 문제들을 알고 있기 때문에 답변에 많은 시간이 걸리지 않았습니다. 아르노 씨, 제가 이 말을 하는 것은 다른 필요한 일을 하지 않으면서까지 이 주제에 몰두했다고 당신이 믿지 않도록 하기 위해서입니다. 저는 거의 올 해 전부를 보관 기록과 고문서를 보는 일로 보냈습니다. 이 일은 자연을 탐구하는 것과는 아무런 관계도 없습니다.

저는 성인이라는 별명을 가진 하인리히 황제 시대에 살았던 메르제부르크 교구의 주교 티트마르가 쓴 『역사(l'Histoire)』의 편집에 빠져 있는 중요한 보충 자료들을 발견했습니다.[211] 또한 저는 우리의 대주교 선제후가 예전의 네스(nés) 추기경으로 추정된다는 것을 입증하는 매우 주목할 만한 문건을 발견했습니다. 그리고 이것을 고찰할 권리가 사라졌다는 것에 놀랐습니다. 법학에서 저의 성찰에 대해서 객쩍은 이야기를 하자면, 저는 언젠가 증거와 방증에 관

---

211) Thietmar von Merseburg(혹은 Dietmar von Merseburg, 975~1018?). 독일 오토 왕가 시대(919~1024) 메르제부르크Merseburg의 주교이자 역사가. 그가 쓴 『연대기(Chronicon)』(1667)는 세기말 동프랑스-독일 제국의 역사의 중요한 사료 중 하나이다. 라이프니츠는 자신이 발견했다고 하는 보충 자료들을 자신이 편집한, 『브라운슈바이크 가문의 사료(Scriptores Rerum Brunsvicensium)』(1권, Hannover, 1707, 323~430)에서 출판됐다.

한 이론을 잘 정리하려고 합니다. 무엇보다 개연성의 정도를 어떻게 평가해야 하는지를 보여주려고 합니다. 저는 이 개연성을 아리스토텔레스처럼 그리고 오직 권위에 따라서만 규정하는 결의론자들Casuistes처럼 고찰하지 않고, '운에 관해서de Alea' 기하학적 방식으로 서술하는 사람들과 거의 유사하게 고찰합니다.[212]

제가 청년기부터 가지고 있던 계획을 당신에게 말했는지 모르겠습니다. 저는 항상 은밀하게 새로운 기호학Characteristique을 연구했습니다. 그것을 이용하면 모든 추론은 일종의 계산으로 환원될 것입니다. 저는 이미 이 주제에 대해서 깜짝 놀랄 시론을 썼고, 이것이 기하학에서와 마찬가지로 형이상학과 도덕에서도 성공하기를 바라고 있습니다. 하지만 저는 기하학 자체에서 대수학과는 전적으로 다른 방식의 계산법[213]을 만들어냈다는 것을 말씀드립니다. 그리고 이 계산법은 대수학에도 큰 이점이 있습니다. 왜냐하면 제가 이 계산법에서 사용한 문자들은 크기가 아니라 점을 표시하고, 이 계산법은 **크기가 아닌 장소를** 정확하고 직접적으로 표현하기 때문입니다. 그리고 기호가 대수학의 계산에 사용될 때, 사람들은 위치를 수로 바꾸는 반면, 해답이나 방정식을 구했을 때는 다시 수

---

212) Leibniz, *De incerti aestimatione*(A VI, 4, N.34) 그리고 예를 들면, Ch. Huygens, *Tractatus de ratiociniis in aleae ludo*, in: F. van Schooten, *Exercitationum mathematicarum libri quinque*(Leiden, 1657).

213) Leibniz, *De analysi situs*, in: GM, 5, 178~183 참조.

를 위치로 바꿉니다. 그리고 사람들은 대체로 도형에서 멀어지게 됩니다. 왜냐하면 사람들은 모든 것을 산술 계산으로 환원하고 이로 인해 기하학 자체가 제공할 수 있었던 이점을 잃게 되면서 대수학을 통해서 어떤 방식으로 자연을 지배하기 때문입니다. 이로써 대수학은 우리를 중대한 우회로로 이끕니다. 더욱이 지금까지 사용된 기하학적 분석은 원론을 전제하며, 따라서 해법은 원론 자체를 증명하는 저의 계산법에서처럼 맨 끝으로 밀려나지 않습니다. 그리고 계산할 때, 저는 선을 긋고 모델을 만들 때와 같이 매 순간 도형이나 운동이 필요한지 머릿속에 떠올립니다. 선을 긋고 모델을 만드는 것이 이 기호를 이용해서 채색하고 표시하는 것과 같습니다. 그리고 제가 해답을 구할 때, 도형은 이 기호를 통해서 표현됩니다. 상상력을 잘 관리하는 방법은 기호를 사용하는 것이기 때문에, 기호를 사용하면 언젠가 자연 물체의 내부 구조로 들어갈 것이라고 저는 믿습니다.

저는 방정식과 비례식 대신에 합동, 결정, 유사성을 사용합니다. 그리고 저는 새로운 공리를 만듭니다. 예를 들면, 유사한 것들 중에 미지수의 결정이 일치하는 것은 서로 합동입니다. 저는 유사성에 대해서 흥미 있는 정의를 합니다. 그래서 사람들은 기하학에서 그것을 이해하고……[214]

---

214) 이하 한 문장 원전 손실.

저는 우선 같은 각을 갖는 삼각형은 그에 비례하는 변을 갖는다는 것을 단지 '삼각형에서 모든 각의 합은 같다.'(즉 두 직각과 같다.)는 가정에서 증명합니다. 이것은 유클리드가 첫 번째 책에서 증명했던 것입니다.[215] 그는 여섯 번째 책으로 미루었던 이 명제를 먼저 추론할 수 있었습니다. 하지만 원리는 제 계산법의 연산이 이른바 운동과 양상을 재현한다는 것입니다. 그리고 사람들은 그것을 통해서 견고하게 합성된 기계와 그것의 모든 기능을 정확하게 표현할 수 있을 것입니다. 끝으로 이것이 제가 언젠가는 사람들이 알아차릴 것이라고 믿는 놀라운 것입니다.

문자가 크기를 표시하는 일반적 해석학에 관련해서도 저에게 큰 진전이 있었습니다. 왜냐하면 저는 지수 자체도 알려지지 않은 방정식을 사용하기 때문입니다. 예를 들면 $3^3 + 3 = 27 + 3 = 30$이기 때문에, $\chi^\chi + \chi = 30$이라고 할 경우처럼 말입니다. 또한 저는 이 방정식을 이용해 원의 사각형tetragonisme에 적합한 선을 표현합니다. 저는 다른 방정식도 가지고 있습니다. 이것은 제가 미분방정식이라고 부르는 것인데, 그것에 대해서는 라이프치히의 저널에 논문을 제출했습니다.[216] 저는 방정식을 통해서 사이클로이드의 본성

---

215) Euklid, 『원론(*Elementa*)』, I, 32.

216) Leibniz, "Nova methodus pro maxis et minis itemque tangentibus quae nec fractas nec irrationales quantitates moratur, et singulare pro illis calculi genus", in: *Acta Eruditorum*, 1684년 10월, 467~473. 이 논문이 라

을 표현하기 때문에, 이 방정식에 따라서 계산으로 사이클로이드의 모든 속성을 증명합니다. 그리고 저는 이 계산 방식으로부터 슬루시우스와 후드[217]의 접선과 같은, 다른 모든 점들을 무한하게 지나가는 접선을 발견하는 방법을 도출합니다. 왜냐하면 그들은 무리수와 분수를 일차적으로 제거해야 하는 반면, 저에게는 그 수들이 문제가 되지 않기 때문입니다. 그들의 방법은 종종 연산을 매우 장황하게 만듭니다. 제가 도입한 특수한 계산법을 통해서만 표현될 수 있는 선을 저는 초월적이라고 부릅니다. 왜냐하면 특정 차수의 방정식으로는 이 선의 본성을 표현할 수 없기 때문입니다. 그리고 이 선을 통해서, 예컨대 $\chi^x + \chi = 20$과 같이 차수가 정해지지 않는 문제들을 구성해야 하거나, 자신의 힘으로 증가하고 그 자신에 의해서 명명되어 20이 되는 수를 구해야 합니다. 이 수는 유리수도 아니고 대수학의 수도 아닙니다. 말하자면 사람들은 어떤 차수의 방정식이든 방정식을 통해서 이 수를 표현할 수 없습니다. 그렇지만 데카르트 씨는 역학적이라고 부르고 저는 기하학적이라고 부르

이프니츠가 뉴턴보다 미적분 계산법을 먼저 발견했다는 증거로 알려진 것이다.

217) R. Fr. de Sluse, "Extract of letter concerning his short and easie Method of drawing Tangents to all Geometrical Curves without any labour of Calculation", in: *Philosophical Transactions*, N. 90, 1673년 1월, 5143~5147; J. Hudde, *Commercium epistolicum D. Johannis Collins* (London, 1712).

는 선을 이용하면, 기하학적 도형을 통해서 그 수를 제시할 수 있습니다. 제가 초월적 선이라고 부르는 이유는 그 선에 고유한 운동으로 그 선을 구성할 수 없듯이 점으로도 정확하게 그 선을 구성할 수 없기 때문입니다.

저는 최근에 저의 오래된 문서들 중에서 하위헌스 씨의 편지를 발견했습니다.[218] 거기서 그는 저의 산술 적분Quadrature Arithmetique을 인정하고, 사람들이 모든 급수를 받아들일 정도로 이 산술 적분이 정밀하다는 것을 부인하지 않습니다. 따라서 저는 근본적으로 이것이 영광스럽게도 당신이 매우 견고한 판단이라고 해주신 것과 다르지 않다고 생각합니다.[219] 사람들이 언젠가는 더 단순한 표현을 찾을지 모르겠습니다. 그럼에도 저는 이것이 정밀한 도형을 주지는 않지만 정신을 해명하는 인식 혹은 표현은 주기 때문에, 이것을 산술 적분이라고 부릅니다.

여기 동봉하는 카트랑 신부에 대한 답변에 매우 간단한 역학 문제를 추가했습니다.[220] 그래도 보통의 해석학자들은 해결하기 매우

---

218) 1674년 11월 6일 하위헌스가 라이프니츠에게 보낸 서신: A III, 1, N. 40.

219) 이에 해당하는 아르노의 서신은 발견되지 않았다.

220) 카트랑 신부에 대한 라이프니츠의 답변: "Réponse à la Remarque de M. l'Abbé D. C. contenüe dans l'article I. de ces Nouvelles, mois de Junin 1687 où il preténde soûtenir une loi de la nature avancée par M. Descartes", in: *Nouvelles de la République des Lettres*, 1687년 9월, 952~956.

어려울 것입니다. 사람들이 필요로 하는 선은 초월적 선이 아닙니다. 하지만 그들은 처음부터 그 선이 초월적 선이 아니라는 것을 모릅니다. 제가 말하는 선에 접근하는 방법이 없으면, (저는 그 접근 방법을 라이프치히 저널에 제출했습니다.) 그것을 해결하기 위해서 큰 재능이 있어야 합니다. 우리는 카트랑 신부가 대담하게 미끼에 걸려들지, 그리고 그가 그 해답을 알려줄 사람을 쉽게 찾을지 보게 될 것입니다. 저는 항상 하위헌스 씨, 후드 씨, 슬루시우스 씨 그리고 그와 유사한 사람들과 같은 기하학자들의 원리를 제외합니다. 왜냐하면 그들은 분석의 모든 비밀이 바르톨린(Bartholin)[221]이나 말브랑슈가 출판하게 한 책 『수학의 원리(Elemens de Mathematique)』[222]가 가르치는 방법에 있다고 믿는 사람들보다 단지 조금 더 알고 있기 때문입니다. 제가 크게 혼동한 것이 아니면 데카르트주의자들은 요즘 자연학에서도 기하학에서도 전혀 진전하지 않은 것 같습니다. 왜냐하면 데카르트주의자들은 의심할 것 없이 위대한 인물인 그들의 선생이 쓴 글을 가볍게 이해하고 나서, 기하학에서뿐만 아니라 자연학에서도 그들의 주장과 거리가 먼데도 모든 학문을 두 측면으로 이해한다고 상상하기 때문입니다. 약간의 나태와 자

---

221) E. Bartholin, *Dissertatio mathematica qua proponitur analytica ratio inveniendi omnia problemata proportionalitum*(Kopenhagen, 1657).
222) 말브랑슈의 제자 프레스테(J. Prestet)가 1675년 파리에서 발간한 책을 가리킨다.

만심은 잘못된 판단에 끼어들고 학문의 발전에 큰 과오를 범합니다. 저는 데카르트 씨를 무한히 높이 평가합니다. 아마도 그는 그의 제자들보다 원인에 대해서 더 많이 알고 있었을 것입니다. 하지만 시대는 우리에게 그들을 넘어 더 멀리 가라고 합니다. 그뿐만 아니라 시대는 그의 방법을 발간하지 않았다는 것도 감추지 않고 그들의 더 좋은 재능을 발표하지 않았다는 것도 감추지 않습니다. 그러므로 데카르트가 제공한 것에 만족하는 사람들은, 그들이 이 학문들을 직업으로 하고 더 깊이 파고들어야 하는 사람일 경우 큰 오류에 빠집니다. 제가 하려는 것처럼, 그들을 미망에서 깨어나게 하는 것이 문제입니다. 학문의 발전에 매우 유해한 혼수상태에서 그들을 깨우기 위해서, 그들의 중대한 자연법칙에 반대해서 저는 반론을 제기했습니다. 카트랑 신부는 그것을 방어하느라 고생합니다. 저는 간단한 반박을 했지만, 그는 이해하지 못했거나 반박의 강점을 모른 체했습니다.

아르노 씨, 저는 당신이 잠시 시간을 내어서 저의 반박을 정확하게 판단해주시길 바랍니다. 저는 기꺼이 당신의 판단에 따를 것입니다. 당신은 이것을 쉽게 이해하리라는 것을 제가 알기 때문에, 그리고 이 주제가 매우 중요하기 때문에 진리에 대한 사랑을 위해서 감히 당신에게 간청합니다.

31. 라이프니츠가 아르노에게[223]
1687년 10월 9일 하노버

지난 논의[224]에 첨부하는 아르노 씨에게 보내는 별도의 편지

아르노 씨,

여기 지난번 당신의 반론에 대한 답변이 있습니다. 제가 저의 생각을 정확하게 표현하고 당신의 의심을 하나도 남기지 않으려고 했기 때문에 답변이 좀 오래 걸렸습니다. 저는 가끔씩 당신의 말을 넣었는데 이 또한 답변이 길어지게 된 원인입니다. 저는 이 모든 것을 오랜 전에 정립했고 감히 말하자면 대부분의 반론들을 이미 알고 있기 때문에, 저의 답변은 거의 성찰을 요하지 않았고 그저 저의 생각들을 종이에 적고 나서 한 번 더 읽어보기만 하면 되었습니다. 제가 아르노 씨께 이 말을 하는 것은, 제가 다른 필요한 책무

---

223) A II, 2, 266~268; GP II, 128~129; Fin. 350~352; Mas. 163~165. [L: 초고, LBr. 16, Bl. 102~103] 이 서신은 라이프니츠가 앞의 서신 30을 대체하려고 작성했고, 자세하고 긴 논의를 담고 있는 서신 29에 첨부해서 아르노에게 보냈다. 이 서신과 서신 29에 대해서 아르노는 답하지 않았다. 서신 29 이후 사실상 라이프니츠와 아르노의 서신 교환은 더 이상 진행되지 않았다.
224) 지난 논의는 앞의 서신 29를 가리킨다.

를 다하지 않으면서까지 이 주제에 몰두했다고 믿지 않도록 하기 위해서입니다. 당신은 저에게 반론을 제기하고 질문을 하면서 저를 여기까지 오게 했습니다. 저는 당신의 혜안을 이용하기 위해서만이 아니라 아무것도 감추지 않는 저의 진정성을 알리기 위해서도 그 반론과 질문에 답하려고 했습니다.

현재 저는 브라운슈바이크 가문의 역사 일에 매진하고 있습니다. 이번 여름에는 많은 보관 기록을 보았고 몇몇 증서를 찾기 위해 독일 남부로 여행[225]을 갈 생각입니다.[226] 그렇다고 제가 저의 해

---

225) 라이프니츠는 1687년 11월 1일 독일 남부로 여행을 떠났다.
226) 초고에서 여기부터는 다음 텍스트로 이어졌으나 지우지 않은 채 본문의 문단으로 대체되었다. 내용은 서신 29의 마지막 문단과 거의 유사하다. "저는 『문단소식』 6월 판에서 카트랑 신부의 '소견'을 읽었습니다. 그리고 그가 아마도 제 견해를 이해하지 못했다고 당신이 말했을 때, 저는 당신이 제대로 짐작했다고 생각했습니다. 그는 딱하게도 저의 견해를 매우 조금 이해했습니다. 여기에 아마도 『문단소식』에 실리게 될 저의 답변을 당신에게 보냅니다. 이렇게 우리는 처음으로 다시 돌아왔습니다. 그리고 저는 그의 첫 번째 답변에 답할 때 실수를 했습니다. 저는 그가 저의 반박을 만족시키지 않았다고 단순하게 말했어야 했습니다. 그리고 지금 제가 하는 것처럼 답변이 필요한 부분들을 지적했어야 했습니다. 여기서 우리는 문제를 더 깊이 연구하지 않는 사람에게서 나온 것을 봅니다. 신은 도덕이나 형이상학에서 우리를 그런 반대자에게서 보호합니다. 신학이나 법학에서는 말할 것도 없습니다. 이런 골칫거리에서 빠져나올 방법은 없을 것입니다. 저는 저의 답변에 기하학으로 환원될 수 있는 역학 문제를 추가했습니다. 하지만 재능을 사용해야 합니다. 그리고 저는 카트랑 신부가 대담하게 미끼를 잡을지 두고 볼 것입니다. 제가 보기에 그는 그리 재능 있는 사람이 아닙니다. 그리고 저는 그 많은 데카르트주의자들 중에

명에 대한 당신의 견해를 알고 싶지 않은 것은 아닙니다. 당신에게 편의가 허락된다면, 여기 보내는 카트랑 신부에 대한 저의 답변에 대해서도 당신의 견해를 알고 싶습니다. 더욱이 저의 답변은 짧고, 조금만 주의를 기울인다면, 설득력이 있을 것으로 생각합니다.

왜냐하면 물체가 낙하할 때 얻는 속력은 물체가 떨어진 높이의 제곱근과 같다는 것은 설득력이 있기 때문입니다. 따라서 외부 저항을 제거하면, 물체는 그것이 떨어졌던 그 높이로 정확하게 되돌아갈 수 있습니다. 그러므로 카트랑 신부가 지금보다 더 잘 이해하지 않는다면, 그에게서 이 주제에 관한 해명을 기대할 필요가 없습니다. 저는 당신이 이 주제에 잠시만 진지하게 주목해주시기를 바랍니다. 아주 쉽게 뒤집힐 것을 이론의 여지가 없는 원리로 가정했던 것을 보면 당신은 아마 놀랄 것입니다.

32. 라이프니츠가 아르노에게[227)
1688년 1월 14일 플젠

아르노 씨께,

서 더 앞으로 나아가려고 할 때에 데카르트 씨를 따르는 사람이 거의 없다는 사실에 놀랐습니다.”

아마도 당신은 『문단소식』 9월 판에서 제가 카트랑 신부에게 답한 것을 보았을 것입니다. 많은 사람들이 자신들에게 묻는 것에 답하지 않고 그들 자신이 상상한 것에 답하는 것은 기이한 일입니다. 이 신부가 지금까지 했던 것이 이런 것입니다. 그러므로 그는 우선 중단하고 첫 번째 반박으로 되돌아갈 필요가 있습니다. 저는 단지 더 흥미로운 기하학적-역학적 문제를 제안하는 이 논쟁에 참여할 기회를 얻었을 뿐입니다. 저는 금방 그 문제를 해결했는데, 그것은 제가 **등시적**isochrone이라 부르는 곡선을 찾는 일입니다. 그 등시선에서 떨어지는 물체는 가속도가 가해짐에도 불구하고 일정하게 떨어지고, 같은 시간에 똑같이 지평면에 접근합니다. 저는 기울기의 연속 변화로 이 가속도를 상쇄합니다. 제가 이렇게 한 것은, 그 신부에게 유용한 어떤 것을 알려주고 또 데카르트주의자들의 일반적 해석학이 어려운 문제들에서는 매우 부족하다는 것을 알려주기 위해서였습니다. 저는 부분적으로 성공했습니다. 왜냐하면 하위헌스 씨가 『문단소식』 10월 판에 해결책을 실었기 때문입

---

227) A II, 2, 271~276; GP II, 132~134; Fin. 354~358; Mas. 166~168. [L: 초고, LBr. 16, Bl. 109] 라이프니츠는 남부 독일과 이탈리아를 여행하는 동안 서신 29와 31에 대한 아르노의 답장이 없음에도 다시 아르노에게 편지를 보냈다. 아르노가 받은 서신에는 날짜와 장소가 '1688년 1월 4/14일 뉘른베르크'로 되어 있다. 하지만 아카데미 판 편집자는 같은 시기 라이프니츠가 『문단소식』의 편집자와 하위헌스에게 보낸 서신에 장소가 보헤미아의 플젠으로 되어 있는 것에 따라 장소를 플젠으로 고쳤다.

니다.[228] 저는 하위헌스 씨가 그 문제를 해결할 수 있다는 것을 잘 알고 있었습니다. 그래서 그가 그 문제를 해결하는 것이 힘들다거나 적어도 해결책을 출판해 그 신부를 구제하는 것이 힘들 것이라고 예상하지 않았습니다. 그러나 하위헌스 씨의 해결책이 일부 불가사의하기 때문에, 그리고 저에게도 불가사의한 점이 있는지 분명히 알아보기 위해서 그에게 보완책을 보냅니다.[229] 그리고 그 사이 우리는 이 신부가 어떻게 말하는지 보게 될 것입니다. 하위헌스 씨가 출판했던 선의 본성을 한 번 알고 나면 나머지는 사실상 일반 해석학을 통해서 완성됩니다. 하지만 그 선의 본성을 모르면 어려운 일입니다. 왜냐하면 접선Tangentes의 역 혹은 (제안된 이 문제가 귀착되는) "주어진 접선의 속성에서 선을 발견하는 것"[230]은 데카르트 씨도 그의 편지에서 정통하지 못한 문제라고 스스로 인정했기 때문

228) Chr. Huygens, "Solution du problème proposè par M. L. dans les Nouvelles de la Republique des Lettres, du mois de September 1687", in: *Nouvelles de la Republique des Lettres*, 1687년 10월, 1110~1111.

229) Leibniz, "Addition de M. L. à la solution de son probleme donnée par M. H. D. Z. article VI du mois d'octobre 1687" (GM. V, 238~240). 이 논문은 *Nouvelles de la Republique des Lettres*에 출간되지 않았다. 대신에 "De linea isochrona, in qua grave sine acceleratione descendit, et de controveria cum Dn. abbate D. C."을 1689년 4월, *Acta Eruditorum*(195~198)에 발표하고 카트랑 신부와 논쟁을 끝맺었다. 1688년 1월 중순 플젠에서 라이프니츠가 하위헌스에게 보낸 서신(A III, 4, N. 201) 참조.

230) 원문은 라틴어: "*data Tangentium proprietate invenire lineam.*"

입니다.[231] 왜냐하면 대부분의 경우 이것은 각이 없는, (제가 이름 붙인) 초월적 선으로 올라가고, (여기서 일어나는 것처럼) 어떤 특정한 각을 갖는 곡선으로 내려가면, 일반 해석학자는 그것을 인지하기 어려울 것이기 때문입니다.

그 밖에, 당신이 카트랑 신부가 해결하려고 하는, 데카르트주의자들에 대한 저의 반박[232]을 고찰할 반 시간 정도의 여유를 가질 수 있기를 진심으로 바랍니다. 당신의 혜안과 진정성은 제가 당신에게 요점을 파악하게 할 수 있다는 확신과 당신이 그 내용을 진심으로 인정했다는 확신을 줍니다. 그 논의는 길지 않고, 기계론에서뿐만 아니라 형이상학에서도 중요한 문제입니다. 왜냐하면 힘을 제외한 운동 그 자체는 단지 상대적인 것이어서 운동의 주체를 결정할 수 없기 때문입니다. 그러나 힘은 실재적이고 절대적인 것이

---

231) 1638년 8월 23일 데카르트가 메르센 신부에게 보낸 서신: A.T. II, 309; 1690년 8월 라이프니츠가 보덴하우젠의 루돌프 크리스티안에게 보낸 서신: A III, 4, 552 참조.

232) Leibniz, "Demonstration courte d'un erreur considérable de M. Descartes et de quelques autrea touchat une loi de la nature suivant laquelle ils soutiennent que Dieu conserve toujours dans la matière même quantité de mouvement, de quoy ils abusent même dans la mécanique", in: *Nouvelles de la Republique des Lettres*, 1686년 9월, 996~999. F. Catelan, "Courte remarque de M. l'Abbé D. C. où l'on montre à Mr. G. G. Leibnitis le paralogisme contenu dans l'objection precedente", in: *Nouvelles de la Republique des Lettres*, 1686년 9월, 999~1003.

고 힘의 계산법은 운동의 계산법과는 다르기 때문에 제가 분명하게 증명한 것처럼 자연은 동일한 운동량이 아니라 동일한 힘의 양을 보존한다는 것은 결코 놀라운 일이 아닙니다. 사물에서 모든 힘이나 능력을 거부하지 않는다면 이로부터 자연에는 연장과 운동 이외에 다른 것이 있다는 것이 따라 나옵니다. 이 힘이나 능력을 거부하는 것은 스피노자가 한 것처럼 원래 실체인 것을 양태로 바꾸는 것입니다. 그는 신만이 실체이고 다른 모든 것은 양태에 불과하다고 주장합니다. 이 스피노자는 매우 혼란스러운 망상에 취해 있고, 이른바 그의 **신에 대한 증명**은 단지 허울만도 못합니다.[233] 하지만 저는 창조된 실체는 다른 창조된 실체에게 형이상학적으로 엄밀하게 말하면 실재적 영향을 통해서 작용을 가하지 않는다고 생각합니다. 또한 사람들은 연속 창조로 활동하는 그리고 피조물이 본질적으로 의존하는 근원인 신의 관점에서가 아니면, 이 영향이 무엇인지 분명하게 설명할 수 없습니다. 그러나 한 실체가 다른 실체에게 작용을 가한다고 할 만한 이유를 가지고 있는 다른 사람들처럼 말하기 위해서, **능동작용** Action이라고 부르는 것에 다른 개념을 부여할 필요가 있습니다. 하지만 여기서 이것을 도출하는 것은 너무 길 것입니다. 그리고 그 밖의 것은 매우 자세한 저의 지난

233) Spinoza, 『에티카(*Ethica ordine geometrico demonstrata*)』, Opera Posthuma, Amsterdam 1677, 그리고 Leibniz, A VI, 4, N. 336, 337 참조.

편지를 참고하시기 바랍니다.

제가 지난해 여름에 내놓은 답변에 말브랑슈 신부가 답했는지 모르겠습니다.[234] 거기서 저는 또 기계론뿐만 아니라 기하학에서도 유용한 다른 일반 원리를 개진했습니다. 그것은 분명히 데카르트의 운동 규칙뿐만 아니라 이 신부의 운동 규칙 그리고 그가 『문단소식』에서 그것을 방어하기 위해서 말했던 것까지 뒤집는 것입니다.

저는 언젠가 충분히 여유가 있을 때, 수학뿐만 아니라 다른 학문에서도 틀림없이 유용한 보편 기호학 혹은 보편 계산법에 관한 저의 성찰을 완성하려고 합니다. 저는 이미 이에 관한 좋은 시론을 썼습니다. 정의, 공리, 정리를 썼고 일치, 결정(혹은 유일한 것), 유사성, 관계 일반, 능력 혹은 원인, 실체에 관한 아주 주목할 만한 문제들을 다루었습니다. 그리고 모든 곳에서 저는 대수학에서처럼 정확하고 엄격한 방식으로 글을 쓰면서 진행해나갔습니다.[235]

---

234) 라이프니츠의 답변: "Extrait d'une lettre de M. L. sur un principe général, utile à l'explication des loix de la nature par la consideration de la sagesse divine; pour servir de réplique à la réponse de R.P. M.", in: *Nouvelles de la Republique des Lettres*, 1687년 7월, 744~753.

235) 발송되지 않은 사본에는 다음 텍스트가 이어진다. "사람들이 이 방법을 따른다면, 거기에는 '자, 계산해봅시다'라고 말하면서 많은 논란과 논쟁을 끝내는 방법이 있습니다. 또한 사람들은 이 시론을 도덕에도 적용할 수 있습니다. 저는 그것을 이미 법학에 적용했습니다. 또한 문체가 법률 요강에 단편을 쓴 고

또한 저는 법학에서도 몇몇 시론을 썼습니다. 그리고 법률 요강의 문체가 법학자보다는 기하학자에 더 가까운 작자는 실제로 없다고 할 수 있습니다. 하지만 (당신이 저에게 묻는 것처럼) 어떻게 이 계산을 추측의 문제에 적용할 수 있겠습니까? 저는 이것이 파스칼, 하위헌스 그리고 다른 이들이 제시한 **운에 관한**de Alea 증명과 마찬가지라고 답합니다. 왜냐하면 사람들은 항상 **주어진 것에서** 알 수 있는 한 가장 개연적인 것과 가장 확실한 것을 결정할 수 있기 때문입니다.

하지만 저는 당신을 더 붙들어서는 안 됩니다. 아마 이것으로도 이미 너무 길었습니다. 제가 당신의 판단을 듣기 원하는 문제들이 중요하지 않다면, 저는 결코 그렇게 자주 편지를 쓰지 않았을 것입니다. 저는 우리가 언제나 당신의 혜안을 이용할 수 있도록 당신을 더 오래 지켜 달라고 신께 기도합니다.

열정적인 라이프니츠로부터.

대 법률자문관의 문체보다 기하학자의 문체에 더 가까운 작자를 저는 알지 못합니다. 추측에 관한 문제에서 사람들은 적어도 주어진 것에서 가장 개연적이고 가장 확실하다고 판단되는 것을 결정할 수 있습니다. 저는 기도할 때 우리가 언제나 당신의 혜안을 이용할 수 있도록 당신을 더 오래 지켜 달라는 기도로 마칩니다. 열정적인 라이프니츠로부터."

33. 라이프니츠가 아르노에게[236]
1690년 3월 23일 베니스

아르노 씨께,

저는 지금 저의 군주의 명에 따라 역사 연구를 수행하기 위해서 시작한 긴 여행을 마치고 집으로 돌아가려고 합니다. 이 여행에서 저는 브라운슈바이크 가문과 에스토니아 가문의 공통 기원을 정당화하는 데 적합한 공문서와 작위들 그리고 의심할 수 없는 증거들을 발견했습니다. 이것은 주스텔(Justel) 씨와 캉주(du Cange) 씨 그리고 다른 이들이 중대한 이유로 의심했던 것입니다. 왜냐하면 이

---

236) A II, 2, 309~315; GP II, 134~138; Fin. 360~368; Mas. 169~174. [L1: 초고, LBr. 16, Bl. 110; L2: 발송사본] 서신 32 이후 2년 2개월이 지나서 라이프니츠는 다시금 아르노와 철학적 논의를 펼치고자 마지막으로 이 서신을 썼다. 하지만 아르노는 이 서신을 받지 못한 것 같다. 이로써 라이프니츠와 아르노의 철학적 서신 교환은 완전히 끝난다. 이 서신에서 라이프니츠는 이전에 주로 다루었던 형이상학적 주제가 아닌 신학, 물리학, 수학에 관한 자신의 업적과 견해를 전하면서 새롭게 아르노에게 접근하려고 한 것으로 보인다. 이 서신은 라이프니츠가 쓴 초고인 L1과 런던의 영국도서관에 소장된 발송 사본 L2가 존재한다. 발송 사본이 어떻게 런던에 가게 되었는지는 알려지지 않았다. 아카데미 판은 초고 L1을 본문으로 삼았고, L2에 추가된 부분을 주석에 편집했다. L2에 추가된 부분은 라이프니츠가 실제로 발송 사본을 만들면서 추가한 것으로 보인다. 이 번역에서 L1과 차이가 두드러지는 부분은 주석에 L2로 표기하고 옮겼다.

와 관련해서 에스토니아의 역사가들에게 시기와 인물에 대한 큰 혼란과 더불어 반론과 오류들이 있었기 때문입니다.[237]

그렇지만 부분적으로 이 여행이 일상적인 일에서 벗어나 제가 쉴 수 있도록 해주었듯이, 저는 학문과 지식에 관한 주제에 박식한

---

237) L2: "저는 지금 제 자신을 뒤로 되돌려서 최초의 흔적을 다시 생각하고 있습니다. 출발하기에 앞서 2년 전 당신에게 편지를 썼던 것을 생각하고 있습니다. 저는 지금 당신의 건강 상태를 알기 위해서 그리고 제가 얼마나 당신의 저명한 재능에 대한 생각을 머릿속에 계속 가지고 있었는지 당신에게 알려드리기 위해서 이런 여유를 부리고 있습니다. 저는 로마에 있을 때, 사람들이 당신 혹은 당신 친구가 썼다고 하는 『새로운 이단에 대한 고발』을 보았습니다. 그 후 저는 마빌롱 신부가 제 친구 중 한 명에게 보낸 서신을 보았습니다. 그 서신에는 예수회인들의 실천적 도덕에 반대하는 선교사들을 위한 텔리에 신부의 변론이 많은 이들에게 이 신부에 대한 좋은 인상을 주었다고 합니다. 하지만 그는 당신이 답했다는 것을 들었고 사람들은 당신이 그 신부의 논증을 기하학적 방식으로 무력화했다고 말합니다. 이 모든 것을 통해서 저는 당신이 여전히 공공에 기여할 수 있는 상태에 있다고 판단했습니다. 그리고 저는 신께 이것이 오래갈 수 있도록 기도합니다. 저의 이해 관계가 개입되어 있는 것은 사실입니다. 하지만 이런 욕심은 가상한 것입니다. 왜냐하면 이것이 당신의 작품들을 읽는 다른 이들과 함께 공동으로, 혹은 개인적으로 당신에게 약간의 여유가 있어서 이따금 이런 특혜를 기대할 수 있다면, 당신의 판단이 저를 가르칠 때, 저에게 배움의 방법을 알려주기 때문입니다." 아르노가 썼다고 하는 『새로운 이단에 대한 고발』: A. Arnauld, *Nouvelle hérésie dans la morale, denoncée au pape et aux évesques, aux princes et aux magistrats*(Köln, 1689). 텔리에의 변론: M. Tellier, *Défense des nouveaux chrestiens et des missionaires de la Chine, du Japon et des Indes, contre deux livres intitul s* 〈*La morale pratique des Jesuites*〉 *et* 〈*L'esprit de M. Arnauld*〉, 2권(Paris, 1687, 1690).

많은 사람들과 대화를 나눈 것에 만족하고 있습니다. 저는 몇 사람을 알게 되었는데, 그들은 평범한 학설에는 만족하지 못했기 때문에, 예전에 제가 당신에게 전달한 몇몇 생각에 대단히 만족했습니다. 그리고 저는 당신이 저의 해결책을 보고 나서 반박할 것을 찾지 못할 것이라고 생각합니다. 제가 기꺼이 여기 요약문으로 당신의 판단하에 놓았던 저의 생각들을 그들에게 이해시켰습니다. 즉 물체는 단지 집적체일 뿐이며, 정확하게 말해서 실체가 아닙니다.[238] 따라서 물체에는 어느 곳이든지 영혼에 상응하는 어떤 것을 가지고 있는 분할 불가능하고 생성 불가능하며 소멸 불가능한 실체가 있어야 합니다. 이 모든 실체는 다양하게 변형 가능한 유기 조직을 지닌 물체와 항상 합일되어 있고 또 항상 합일될 것입니다. 이 실체 각각은 자신의 본성에 '자기 활동의 연쇄에 관한 연

---

238) 본문에 "저는 몇 사람을 알게 되었는데,······정확하게 말해서 실체가 아니다." 부분이 L2에는 다음 문단으로 되어 있다. "그리고 저는 몇몇 사람들에게 당신도 아는 저의 개인적인 생각을 이야기했습니다. 이것은 그들이 의심하는 것들과 어려워하는 것들을 이용하기 위해서였습니다. 그들 중 몇 명은, 평범한 학설에는 만족하지 못했기 때문에, 저의 견해 중 몇몇에 대해서 대단히 만족했습니다. 그들은 더 쉽게 전달하기 위해서 저에게 제 견해를 글로 쓰라고 했습니다. 아마도 저는 그들의 견해를 얻으려는 목적으로, 단지 친구들에게만 전달하기 위해서 무명으로 약간의 사본을 인쇄할 것입니다. 저는 당신이 이것을 제일 먼저 검토해줄 수 있기를 원합니다. 그리고 제가 여기 요약본을 만든 것도 이런 이유 때문이었습니다. 물체는 실체들의 집적체입니다. 그리고 정확하게 말해서 하나의 실체가 아닙니다."

속성의 법칙'[239]을 포함하고 그에게 일어난 모든 일 그리고 일어날 모든 일을 포함합니다. 이 모든 작용은 신에 대한 의존을 제외하고 자신의 고유한 토대에서 나옵니다. 각각의 실체는 전 우주를 정확하게 표현합니다. 하지만 어떤 실체는 다른 실체보다 더 판명하게 표현하며, 무엇보다 각각의 실체는 특정한 사물의 관점에서[240] 표현합니다. 영혼과 물체의 합일, 그리고 한 실체의 다른 실체에 대한 작용은 오직 최초의 창조 질서에 따라 분명하게 정립된 상호 완전한 일치로 이루어집니다. 이 질서에 의해서 자신의 고유한 법칙을 따르는 각각의 실체는 다른 실체가 요구하는 것과 조화를 이룹니다. 그리고 한 실체의 활동은 다른 실체의 활동 혹은 변화를 따릅니다. 지성적인 것들 혹은 반성 능력이 있는 영혼 혹은 보편적 진리와 신에 대한 인식 능력이 있는 영혼은 물체의 변혁에서 벗어나게 하는 많은 특권을 갖습니다. 이 영혼들에게서 도덕법칙은 물리법칙과 연결되어 있습니다. 모든 사물은 원칙적으로 이 영혼들을 위해서 만들어졌습니다. 이 영혼들은 신이 군주인 보편 공화국을 함께 만듭니다. 이 신국에는 완전한 정의와 질서가 준수되고, 그곳에는 처벌 없는 나쁜 행위도 없고 상응하는 보상 없는 좋은 행위도 없습니다. 일들은 매우 잘 진행되어서 사람들이 그것을 더 잘 인식하면

---

239) 원문은 라틴어: "legem continuationis seriei suarum operationum."
240) L2: "그리고 자신의 관점에 따라서" 삽입.

할수록 더 아름답다고 생각하고, 현자가 가질 수 있는 소망에 부합합니다. 사람들은 과거 일의 질서에 항상 만족해야 합니다. 왜냐하면 우리는 일어난 사건을 통해서 이 질서를 알게 되지만, 이 질서는 신의 절대적 의지에 부합하기 때문입니다. 하지만 미래는 우리에게 의존되어 있는 만큼, 미래가 신의 추정적 의지 혹은 신의 명령과 일치하도록 만들어야 합니다. 우리의 스파르타를 장식하라. 그리고 신이 더 좋은 변화를 위해 가장 적합한 때를 알게 할 것이라는 것을 굳게 믿고, 실패했을 때에도 슬퍼하지 말고, 선을 행하기 위해서 일하라. 사물의 질서에 만족하지 않는 이들은 의무와 같이 신을 사랑한다고 자부할 수 없을 것입니다. 정의란 지혜에 대한 자애charité 이외에 다른 것이 아닙니다. 자애는 현자가 최고선을 얻기 위해서 이성의 척도에 따라 실행하는 보편적 박애bienveillance입니다. 그리고 지혜란 행복felicité에 대한 지식이거나 지속적인 만족에 이르기 위한 수단이며, 이런 만족은 더 큰 완전성으로 향하는 연속적 진전에 있거나 적어도 같은 정도의 다른 완전성에 있습니다.

자연학과 관련해서, 우리는 더 상대적인 어떤 것인 운동과는 완전히 다른 힘의 본성을 이해해야 합니다. 이 힘은 결과의 양을 통해서 측정해야 합니다. 힘에는 절대적 힘, 방향적 힘, 개별적 힘이 있는데, 이 모든 힘은 우주에서 혹은 다른 기계와 상호 교류하지 않는 모든 기계에서 동일한 정도로 보존됩니다. 후자의 두 힘은 함께 전자의 절대적 힘을 구성합니다. 그러나 동일한 운동량은 보존되지 않습니다. 제가 보인 것처럼, 그렇지 않으면 동일한 힘이 존속되지 않는 영속 운동이 발견될 것이고, 결과는 그것의 원인보다 더 크거나 작은 힘을 가질 것이기 때문입니다.

얼마 전 저는 이미 별 운동의 물리적 원인을 찾기 위한 논문을 라이프치히의 저널에서 출판한 바 있습니다.[241] 저의 근본 테제는 액체 속에서 고체의 모든 운동은 곡선 운동이거나 그것의 속도는 연속적으로 변화하고 액체 자체의 운동에서 기인한다는 것입니다. 저는 이로부터 다음 결론을 도출합니다. 별은 우리가 고대인들과 데카르트 씨가 불렀던 것처럼 소용돌이라고 부를 수 있는 액체지만 다른 궤도를 갖는다. 저는 빈 공간도 원자도 존재하지 않는다고 믿습니다. 이것들은 신의 작품의 완전성과는 거리가 먼 것들입니다. 거리가 더 멀면 약하게 전달되겠지만, 한 물체에서 나온 모든 운동은 다른 모든 물체에게 전달됩니다. 우리에게 알려진 세계의 모든 큰 구들이 자석과 유사한 어떤 것을 가지고 있다고 가정할 때, 저는 축의 평행을 유지하게 해주는 특정한 방향 이외에 이 큰 구들은 일종의 인력을 가지고 그곳에서 중력gravité과 유사한 어떤 것이 만들어진다고 생각합니다. 사람들은 이것을, 자신은 중심에서 벗어나려고 하면서 그 같은 노력을 하지 않는 다른 물질을 결

---

241) Leibniz, "Tentamen de motum coelestium causis", in: *Acta Eruditorum*, 1689년 2월, 82~96.

과적으로 중심 방향으로 밀어 넣는 한 물질의 중심으로부터의 거리를 가정하면 이해할 수 있습니다. 그리고 스스로 빛을 내는 물체처럼 인력의 작용 범위를 빛이 비치는 범위와 비교해보면, 그 구들은 거리의 제곱에 반비례로 당겨질 것입니다. 이제 이것들은 놀랍게도 현상과 일치합니다. 그리고 케플러는 태양에서 궤도까지 반경에 의해서 잘라진 별들의 궤도면이 시간과 비례한다는 것을 일반적인 것으로 발견했습니다.

저는 중요한 일반 명제를 증명했습니다. 즉 모든 물체는 조화로운 원운동을 하고 (말하자면 그래서 중심으로부터의 거리가 산술급수 progression arithmetique일 때, 속도는 거리에 대해서 조화급수progression harmonique이거나 역급수progression reciproque의 관계에 있게 됩니다.) 그에 더하여 편동원체paracentrique 운동, 즉 같은 중심에 대하여 중력 운동이나 벗어나는 운동을 수행합니다. 이 인력 혹은 척력repulsion을 유지하는 이런 운동 법칙은 케플러가 행성에서 관찰했던 방식으로 시간과 같은 평면을 필수적으로 갖습니다.[242] 이로부터 저는 행성의 다른 액체 궤도는 조화롭게 원운동한다는 결론을 내립니다. 그리고 저는 또한 이것을 **선험적으로** 설명할 수 있습니다. 이 운동이 타원 운동이라는 것을 관찰로 고찰했을 때, 조화로운 순환과 연결

---

242) J. Kepler, 『코페르니쿠스 천문학 개요(*Epitome astronomiae Copernicanae*)』, 4권, 3부(Frankfurt 1618~1621).

되어 있는 편동원체 운동 법칙이 타원을 그리고 따라서 중력은 거리의 제곱에 반비례한다는 것을 저는 발견합니다. 즉 이것은 우리가 앞에서 방사radiation 법칙을 통해서 **선험적으로** 발견했던 것과 정확하게 일치합니다. 그리고 나서 저는 거기서 특별한 경우를 도출합니다. 모든 것은 제가 얼마 전 라이프치히 저널에서 이미 발표한 것에 윤곽이 잡혀 있습니다.[243]

당신에게 미지수가 포함되어 있을 때에도 무리수와 분수를 제거하지 않고 접선을 구할 수 있는 저의 증분incremens 계산법이나 미분 계산법에 대해서는 언급하지 않겠습니다.[244] 그리고 저는 제곱과 초월을 해석학의 문제로 규정했습니다. 저는 위치와 기하에 적합한 해석학은 대수학과 전혀 다르다는 것에 대해서도 언급하지 않겠습니다.[245] 그리고 제가 아직 시론을 쓸 시간을 갖지 못했던 다른 것들에 관해서도 언급하지 않겠습니다. 제가 당신의 판단을 존중하는 만큼 당신에게 여유가 있다면, 무한하게 유용한 당신의 견해를 듣기 위해서 저는 이 모든 것을 몇 글자로 설명할 수 있기를 기대합니다.[246]

---

243) Leibniz, "De lineis optics, et alia und Schediasma de resistentia medii, et motu projectorum gravium in medio resistente", in: *Acta Eruditorum*, 1689년 1월, 36~47.

244) Leibniz, "Nova methodus pro maxis et minis itemque tangentibus quae nec fractas nec irrationales quantitates moratur, et singulare pro illis calculi genus", in: *Acta Eruditorum*, 1684년 10월, 467~473.

245) Leibniz, *De analysi situs*, GM 5, 178~183.

마빌롱(Mabillon) 신부가 제 친구 중 한 명에게 텔리에(Tellier) 신부의 변론을 반박하는 책이 당신의 것임을 전했습니다.[247] 그리고 사람들은 당신이 이 신부의 논증을 (개념들을) 기하학적 방식으로 무력화했다고 말합니다. 이번 여름 선발된 예수회인들이 중국으로 가기 위해 리스본으로 출발했습니다. 고급 관리이자 죽은 베르비스트(Verbiest) 신부의 후계자로 결정된 그리말디(Grimaldi) 신부는 수장으로서 러시아 황제에게 보내는 중국 황제의 서신을 가지고 있기 때문에, 육지로 가기를 원했다고 저에게 말했습니다. 저는 그가 유럽에서 가장 아름다운 것을 약탈했다고 그에게 좀 불평했습니다. 그가 군사적 방법으로 가장 좋은 발견을 추구하면서 교황의 교서에 주의하지 않았고 중국인들이 알고 있는 것을 교환할 때 우리에게 알리지 않았기 때문입니다. 끝으로 이 신부는 재능이 없지는 않습니다.

저는 당신을 오래 지켜달라고 신께 기도합니다.

---

246) L2: "하지만 당신의 시간은 매우 값지고 저의 편지는 이미 너무 장황합니다. 그래서 저는 여기서 끝내려고 합니다. 아르노 씨! 라이프니츠 배상, 1690년 3월 23일 베니스에서"

247) Arnauld, *Lettre d'un théologien à une personne de qualité sur le nouveau livre des Jésuites contre la morale pratique, intitulé* 〈*Defense des nouveaux chrétiens*〉, in: Arnauld, *Ouvres*, 32권, Paris, 1780, 448~468.

■ 게르하르트 판과 대조표
(본 번역의 서신 번호 : GP의 서신 쪽수)

1: GP II, 11

2: GP II, 12~14

3: GP II, 15~16

4: GP II, 16~21

5: GP II, 22~24

6: GP II, 25

7: GP II, 34~36

8: GP II, 25~34

9: GP II, 36

10: GP II, 131~132

11: GP II, 37~47

12: 누락

13: GP II, 59~63

14: GP II, 47~59

15: GP II, 103

16: GP II, 63~68

17: GP II, 68~73

18: GP II, 73~81

19: GP II, 81~83

20: GP II, 84~90

21: GP II, 129~130

22: 누락

23: GP II, 90~102

24: GP II, 104~105

25: GP II, 105~109

26: GP II, 110

27: GP II, 110~111

28: 누락

29: GP II, 111~128

30: 누락

31: GP II, 128~129

32: GP II, 132~134

33: GP II, 134~138

■ 역자 해제

1. 서신 교환의 배경과 의미

1686년, 라이프니츠는 처음으로 자신의 형이상학을 체계적으로 기술한 한 편의 글을 쓴다. (37절로 이루어진 이 글은 현재 『형이상학 논고(*Discours de métaphysique*)』로 알려져 있다.) 그리고 이 사실을 헤센-라인펠스(Hessen-Rheinfels)의 영주 에른스트에게 알리고 그 글의 요약문(서신 2)을 아르노에게 전달해줄 것을 부탁한다. 이것이 1686년부터 1687년까지 약 2년에 걸친 라이프니츠와 아르노의 서신 교환의 시작이다.

오늘날 대(大)아르노(Le Grand Arnauld)라고 불리는 앙투안 아르노는 1612년 프랑스 파리의 법률가 집안에서 태어났다. 아르노는 소르본 대학에서 로마가톨릭 신학을 공부하고 성직자가 되었지만 이후 얀센주의[1] 운동에 동참하면서 소르본 대학에서 추방되어 얀센주의 신학자로 활동했고, 포르-루아얄(Port-Royal) 수도회의 회원으로 또 지도자로도 활동했다. 신학적으로 아우구스티누스의 교리를 엄격하게 지킬 것을 주장하는 얀센주의를 옹호하면서 가톨릭의 예수회와 개신교를 비판했다. 1660년에는 포르-루아얄 수도원 학교에서 가르칠 교재로 얀센주의 신부이자 언어학자였던 클로드 랑슬로(Claude Lancelot, 1615~1695)와 함께 '포르-루아얄 문법'으로 알려진『일반 이성 문법(Grammaire générale et raisonnée)』[2]을 썼고, 1662년에는 피에르 니콜(Pierre Nicole, 1625~1695)과 함께 '포르-루아얄 논리학'으로 알려진『논리 혹은 사고의 기술(La logique ou l'art de penser)』을 썼다. 아르노는 신학에서는 얀센주의에 영향을 받았지만 철학에서는 데카르트주의자라 할 수 있다. 그가 데카르트 철학을 처음 접했을 때, 데카르트의 생각에 비판적이어서 『성찰』에 대한 네 번째 반박을 쓴 것으로 유명하다. 하지만 이후 데카르트 철학을 옹호하는 주요 철학자 중 하나가 된다. 그가 활동했

---

1) 얀센주의Jansenism. 네덜란드의 신학자 코르넬리우스 얀세니우스(Cornelius Jansenius, 1585~1638)의 주장을 근거로 시작된 가톨릭 내부의 종교운동이자 교파 중 하나다. 종교개혁에 대항하여 가톨릭교회 내부에서 개혁의 움직임이 있을 때, 활발한 사회 활동을 하던 예수회와 반대로 신앙의 순수성을 유지하고 고양하기 위해서 초기 교회의 가르침과 아우구스티누스의 교리 등을 엄격히 지킬 것을 설파하고 수도사적인 생활과 도덕, 윤리를 강조한 교파이다. 파리 근교의 포르-루아얄 수도원을 중심으로 활동했고, 파스칼과 아르노는 널리 알려진 대표적인 얀센주의자이다.

2) 이 책은 국내 번역되어 있다.『일반이성문법』, 한문희 옮김(지만지, 2011).

던 당시 프랑스에서 그는 수학자로 더 유명했다. 1667년에는 『신기하학 원론(*Nouveaux éléments de géométrie*)』을 써서 17세기의 유클리드로 알려졌다. 얀센주의 운동에 대한 박해로 인해서 그의 일생은 평탄하지 않았다. 아르노는 교황 인노켄티우스 11세(Innocentius XI)와 루이 14세 간의 권리 논쟁에서 교황의 편을 들었다는 이유로 박해받자 1679년부터 스페인령 네덜란드로 망명해 여러 도시에 숨어 지내고 있었다. 1686년 라이프니츠가 아르노에게 서신을 보내기 위해서 에른스트 영주를 경유할 수밖에 없었던 것도 아르노의 거처를 알고 있는 사람 중 하나가 에른스트 영주였기 때문이다.

헤센-라인펠스의 영주 에른스트가 라이프니츠의 서신을 아르노에게 전달하는 중개 역할을 기꺼이 받아들인 것은 철학적 의견 교환에 관심이 있었다기보다는 여기 번역된 서신 27에 분명히 나타나는 것처럼 라이프니츠를 가톨릭으로 개종시키는 데 관심이 있었기 때문이다.—에른스트 영주는 칼뱅주의 집안에서 가톨릭으로 개종한 상태였다. 그리고 아르노 또한 에른스트와 같은 의견이었다. 이들의 권유에도 불구하고 라이프니츠는 평생토록 가톨릭으로 개종하지는 않았다. 하지만 종교개혁 이후 구교와 신교의 다툼이 끊이지 않던 시대에 서로 입장과 관점은 다르더라도 종교라는 테두리 안에서, 서로 다르지만 종교에 대한 어떤 목적과 의도를 가지고 있었던 것이 에른스트 영주를 경유하는 서신 교환이 가능했던 이유일 것이다. 그리고 이것이 라이프니츠와 아르노가 에른스트 영주에게 보낸 서신들과 에른스트 영주가 이 둘에게 보낸 서신들을 모두 같이 '라이프니츠와 아르노의 서신'이라는 제목으로 묶어야 하는 이유이다.

라이프니츠의 입장에서는 아르노와의 서신 교환이 종교와 철학 두 측면에서 모두 고려되었다. 『형이상학 논고』를 씀으로써 자신의 형이상학 체계에 대한 구상을 마친 라이프니츠는 당대 영향력 있는 철학자에게서 자신의 견해를 검토받고 또 가능하다면 인정받고 싶었다. 이때 데카르트의 『성찰』에 대한 날카로운 비판으로 유명한 아르노는 그 목적에 더없이 적합한 인물이었다. 서신 교환이 시작된 1686년 라이프니츠는 학문 여정 중 중기에 있는 39세의 열정적인 수학자이자 철학자였고, 73세의 아르노는 그 당시 학문의 중심이었던 파리에서 신학, 철학, 수학에서 이미 저명한 대학자였다는 것을 생각하면 라이프니츠의 이 의도는 쉽게 이해될 수 있다. 더구나 데카르트 철학에 대한 비판을 담고 있는 자신의 견해가 데카르트주의자로 알려진 아르노에게 어떻게 보일지 확인하는 것은 라이프니츠에게 더없이 중요한 문제였을 것이다. 이와 동시에 라이프니츠가 아르노를 선택한 데에는 종교적 목적도 있었다. 신교와 구교의 통합을 위해 노력하는 사상가였던 라이프니츠는 자신의 형이상학적 견해가 가톨릭교회에서 어느 정도 허용될 수 있는지, 가톨릭교회의 대신학자에게 확인받고 싶은 열망이 있었다. 아르노가 라이프니츠의 첫 번째 서신과 요약문에 대해서 매우 거칠고 무관심한 태도로 비판하고 철학적 견해와 관계없이 소속 교회의 차이를 이유로 배척하는 듯한 인상을 주었던 것에 라이프니츠가 그토록 실망하고 격분했던 것도 이런 기대 때문이었을 것이다.(서신 3, 10)

이 서신 교환이 에른스트 영주를 경유하기는 했지만 라이프니츠가 아르노를 모르는 상태는 아니었다. 1671년 11월 초 청년 라이프니츠는 처음으로 아르노에게 편지를 보냈다.(A II, 1, N. 87) 하지만 이때 아르노는 아무런 반응도 보이지 않았다. 라이프니츠는 1672년부터 1676년 사이 외교 업무차 파리에 체류했는데, 이 기간 중 1673년에 아르노의 집을 방문하고 그와 그의 동료들과 만나 철학적 토론을 한 것으로 전해진다. 1673년 3월 26일 파리에서 라이프니츠가 요한 프리드리히 공작(Herzog Johann Friedrich)에게 보낸 서신(A II, 1, N. 112)에서 그는 "세계적으로 저명한 아르노씨를 집 안에서 알현했다."고 전한다.[3] 그리고 아르노에 대한 자신의 평가를 다음과 같이 전한다. "아르노 씨는 참된 철학자가 가질 수 있는 가장 깊고 가장 근본적인 사유를 하는 사람입니다. 그의 목적은 일반인들에게 종교의 빛을 밝히는 것뿐만 아니라 인간의 정념으로 흐려진 이성의 불꽃을 다시 일으키는 것입니다."[4] 그리고 아르노를

---

3) A II, 1, 358: "bey dem weltberühmten **Monsieur Arnauld** zu einer innern admission gelanget."
4) A II, 1, 359.

만났을 때, 그는 대화 형식으로 변신론 문제를 다룬 자신의 라틴어 저작『철학자의 고백(*Confessio philosophi*)』[5]을 아르노에게 보여 주어 자신의 종교적·철학적 역량과 관심을 그에게 표시하려고 하기도 했다.[6] 말하자면 라이프니츠는 아르노를 깊은 신앙심과 철학적 합리성을 동시에 갖춘 대학자로 판단했고, 자신이 고려하는 종교적 측면과 철학적 측면을 동시에 만족시킬 수 있는, 자신의 형이상학적 견해를 평가하기에 더없이 적합한 인물로 생각하고 있었다.

  서신 교환에 적극적이고 절실했던 것은 물론 라이프니츠다. 라이프니츠가 아르노보다 더 젊은 학자였기 때문만은 아니다. 라이프니츠는 서신 교환을 자신의 형이상학을 시험해볼 수 있는 기회로만 계획한 것은 아니었다. 아르노와 달리 라이프니츠가 논의에 매우 집중하고 아르노의 반박에 대해서 매우 상세하게 답변한 것을 보면, 그가 이 서신 교환에 더 특별한 계획을 가지고 있었다는 것을 짐작할 수 있다. 그 계획은 바로 아르노와 주고받은 서신들을 출판하는 것이었다. 서신 교환이 끝나고 몇 년 후, 1695년 라이프니츠는 자신의 완성된 형이상학 체계를 소개하는「새로운 체계(Système nouveau)」를『지식인 저널(*Journal de sçavans*)』에서 출판하려고 했는데, 출판 전 4월 16일 푸셰(Foucher)에게 보낸 편지에서

---

5) 이 저작은 국내 번역이 있다.『철학자의 고백』, 배선복 옮김(울산대출판부, 2002).
6) 1679년 7월 2일 말브랑슈에게 보낸 서신: A II, 1, N. 207, 724~725.

아르노와 주고받은 서신들을 이 논문과 함께 출판할 계획이 있다고 전한 것을 통해서 이를 확인할 수 있다.[7] 라이프니츠의 출판 계획은 그가 남긴 서신들의 초고에서도 확인할 수 있다. 그가 아르노의 문제 제기에 답하기 위해 실제로 아르노에게 보낸 서신을 쓰기 전 다른 버전의 초고를 쓰면서 답변에 심혈을 기울였고, 서신 초고에 나중에 출판을 계획한 것으로 보이는 많은 수정과 교정을 했다는 점으로 그의 출판 의도를 확인할 수 있다. 그럼에도 그의 출판 계획은 그가 살아 있던 당시에는 실현되지 않았다. 라이프니츠는 자신의 편지들 중 여섯 편을 묶어 출판하려고 했는데, 그 여섯이 어떤 서신인지는 본 번역의 서신 제목에 붙인 주에 명시되어 있다.

그 당시 학자들이 자신의 서신을 출판하는 것은 이례적인 일이 아니었다. 하지만 매우 많은 글을 남겼음에도 생전에 극히 적은 양의 책을 펴낸 라이프니츠가 이 서신들을 출판하려고 했다는 것은 주목할 만하다. 그는 자신의 철학 체계를 정립하고 알리는 데 아르노와의 서신 교환을 매우 중요한 기회로 삼았고, 또한 자신의 견해를 상세하게 기록할 수 있는 기회로 여겼던 것이다. 라이프니츠가 이 서신들에 부여한 중요성은 앞에서 언급한 「새로운 체계」에서도 직접적으로 확인할 수 있다. 라이프니츠는 이 논문을 시작하면서 자신의 체계가 이미 아르노와 서신 교환을 시작한 1686년에 이미

---

7) GP I, 420. 이 출판 계획은 다른 서신에도 등장한다. GP IV, 499 참조.

구상되었다는 것을 다음과 같이 밝힌다.

나는 이 체계를 이미 몇 해 전 구상했고 지식인들과 의견을 교환
했다. 그중 우리 시대의 가장 훌륭한 신학자이자 철학자 중 한 명(아
르노―라이프니츠의 주)은 가장 고귀한 지위를 지닌 인물(에른스트
영주―역자)에게서 나의 견해 중 몇몇을 듣고 매우 역설적이라고 판
단했다. 하지만 그는 나의 해명을 듣고 나서 세상에서 가장 관대하고
모범적인 방식으로 그 판단을 철회했다. 그리고 그는 나의 명제 일부
를 인정했고 그가 동의하지 못하는 다른 부분에 대해서는 비난을 중
단했다.[8]

아르노에게 보낸 서신에서 설명한 내용들은 이후 라이프니츠
의 후기 사상에 큰 영향을 미쳤다. 위에 인용한 부분처럼 직접적인
언급은 없지만, 1694년 『지식인 논집(*Acta Eruditorum*)』에 발표한
「제일 철학의 개선과 실체 개념에 관하여(De primae philosophiae
emendatione, et de notione substantiae)」, 같은 저널에 1695년에 발
표한 「동역학 견본(Specimen dynamicum)」[9] 그리고 이후 드 볼더(de

---

8) "Système nouveau de la nature et de la communication des substances":
   GP IV, 477. 「새로운 체계」는 다음 번역서에 수록되어 있다. 『형이상학 논고』,
   윤선구 옮김(아카넷, 2010). 인용한 부분은 본 역자의 번역이다.
9) 이 저작들도 앞의 책에 수록되어 있다.

Volder)와 주고받은 서신들에 나타나는 형이상학적 견해는 아르노와의 서신 교환에서 나오는 내용을 기반으로 한다. 그리고 『형이상학 논고』와 아르노와의 서신에서 주장된 내용이 이후 『모나드론(*Monadologie*)』(1714)을 구성하는 데까지 중추적 역할을 한 것을 보면 아르노와의 서신 교환이 그의 철학 여정에서 얼마나 중요한 일이었는지, 또 이 서신들이 그의 철학 저작들 중에서 얼마나 중요한 작품인지 알 수 있다.

2. 서신의 판본들과 번역 대본

라이프니츠 사후, 아르노와 주고받은 서신들은 그의 다른 저작들처럼 남겨진 유작 속에 오랫동안 묻혀 있었다. 라이프니츠와 아르노의 서신이 세상에 알려지게 된 것은 1845년 그로테펜트(C. L. Grotefend)가 하노버에 보관된 유작들 중에서 서신의 초고 원본들을 발견하면서부터다. 오랫동안 묻혀 있던 수고 원본들은 라이프니츠가 출판을 계획했다는 것을 보여주듯이 아르노의 서신과 에른스트 영주의 서신, 그리고 『형이상학 논고』와 관련된 저작들별로 분류되어 있었다. 그로테펜트는 이 유고들을 편집해 1846년 『하노버 왕립도서관의 수고에서 나온 라이프니츠, 아르노 그리고 헤센-라인펠스의 영주 에른스트 간의 서신 교환(*Briefwechsel zwischen*

Leibniz, Arnauld und dem Landgrafen Ernst von Hessen-Rheinfels aus den Handschriften der Königlichen Bibliothek zu Hannover)』을 출판한다. 17세기 39세의 젊은 철학자와 노년의 대학자 간의 서신 논쟁은 160년이 지나 세상의 빛을 보게 된 것이다.

그로테펜트의 지대한 공헌 이후 프랑스에서도 라이프니츠가 아르노에게 보낸 서신에 대한 중요한 판본이 발간되었다. 1857년 푸셰 드 카레유(Foucher de Careil)는 라이프니츠와 아르노의 서신들이 모두 에른스트 영주의 중개로 이루어졌다는 점에 주목하고 에른스트 영주가 보관하고 있던 서신의 사본들을 편집해『라이프니츠의 미발간 서신과 저작(*Lettres et opuscules inédits de Leibniz*)』을 발간한다. 이 판본에 수록된 서신들은 라이프니츠가 아르노에게 또 아르노가 라이프니츠에게 실제로 보낸 발송 사본이란 점에서 의미가 있다.

그로테펜트 판 이후 중요한 판본은 1875년에서 1890년 사이에 7권으로 발간된 게르하르트(C. J. Gerhardt)의『라이프니츠의 철학 저작(*Die philosophischen Schriften von Gottfried Wilhelm Leibniz*)』에 수록된 것이다. 여기에『형이상학 논고』는 4권에, 아르노와 주고받은 서신들은 2권에 수록되어 있다. 게르하르트 판이 아카데미 판이 출간되기 전까지 학술 인용에 쓰였고, 본 번역에 참고한 메이슨(Mason)의 영어 번역 등 다른 번역서들이 대본으로 삼았기 때문에 중요하기는 하지만, 아르노와의 서신에 한해서는 그로테펜트 판과 큰 차이가 없다. 두 판본 모두 라이프니츠의 유작에 보관되어 있던 서신들을 편집한 것이다. 아르노에게 보관되어 있던 서신들을 추적해 편집한 판본은 이후 1952년 로디-루이(G. Rodis-Lewis)에 의해서 『라이프니츠가 아르노에게 보낸 서신(*Lettres de Leibniz à Arnauld*)』이라는 책으로 발간되었다.

그 이후 1997년 라인하르트 핀스터(Reinhard Finster)는 아직 출판되지 않은 서신 초고들과 라이프니츠가 보유하고 있던 서신들과 아르노가 보유하고 있던 서신들을 비교해 그 차이도 편집해서 거의 표준이 될 만한 편집본을 발간한다. 이 핀스터 판본이 이 번역에서 처음에 대본으로 삼았던 『앙투안 아르노와의 서신 교환(*Der Briefwechsel mit Antoine Arnauld*)』이다. 핀스터 판은 가장 최근에 출판된 것이고 번역을 시작할 당시 가장 완전한 판본이었기에 번역 대본으로 삼아 번역을 시작했는데, 2009년 라이프니츠의 철학 서신을 편집한 아카데미 판이 발간되었다. 이것은 『라이프니츠 전집(*Sämtliche Schriften und Briefe*)』 두 번째 시리즈 2권으로 1686년부터 1694년까지 라이프니츠가 왕래한 모든 철학 서신을 편집한 것이다. 이 아카데미 판에는 핀스터 판에는 없는 한 편의 서신이 더 수록되어 있고, 서신의 날짜, 서신의 순서 등에서 핀스터 판과 약간의 차이가 있다. 아카데미 판이 출판되면서 역자는 번역 대본을 아카데미 판으로 바꾸었고 서신의 순서, 날짜 등도 아카데미 판에 따라 번역했다.

라이프니츠와 아르노가 주고받은 서신에 등장하는 철학적 주제나 개념, 견해 등을 확인하고 연구하는 데 사실상 아카데미 판에 수록된 33통의 서신 전부를 번역 소개할 필요는 없다. 철학적 관심에 한한다면, 그저 몇몇 주요 서신들로 충분할 것이다. 그럼에도 이 번역에서 33통의 서신 전부를 번역한 데에는 두 가지 이유가 있다. 첫째는, 현재 우리는 라이프니츠와 아르노가 1686년부터 2년간 주고받은 서신을 서양철학의 고전 텍스트로 마주하고 있다는 것이다. 만약 우리가 이 둘이 서로 서신을 통해 논쟁하는 그 시점, 그 현장에 있다면, 우리에게 필요한 것은 아르노가 어떤 반박을 했고, 라이프니츠가 어떻게 답변을 했는가일 것이다. 하지만 우리는 약 320년 전에 있었던 철학자들의 서신 교환을 통해서, 물론 철학적 논쟁이 가장 중요하지만, 그뿐만 아니라 그들이 서신과 논쟁을 대하는 태도, 전략, 주제 외의 관심 등 여러 가지를 함께 파악할 수도 있다. 따라서 이 둘에 대한 철학 연구에 필요한 만큼 발췌하고 축약해서 부분만을 번역하는 것보다는 전체를 번역하는 것이 고전 텍스트를 현재에 전하는 더 좋은 방법이라고 생각했기 때문이다. 둘째는, 라이프니츠와 아르노의 서신은 물론이고 라이프니츠의 모든 서신들이 세계기록유산에 등재된 인류 지성사의 유산이기 때문이다. 라이프니츠는 상당히 많은 서신을 남긴 학자로 유명하다. 그는 1,100명의 수신인에게 1만 5,000통에 달하는 서신을 보냈고 그 양은 거의 20만 장에 달한다. 유네스코는 2007년 라이프니츠의 전 서신을 보호할 가치가 있다고 판단하고 세계기록유산으로 지정했고 하노버 라이프니츠 도서관에 보관하고 있다. 세계기록유산이라는 특별한 가치 때문에 전편을 번역 소개할 필요가 있다고 생각했다.

3. 서신 시기별 주요 내용과 해설

라이프니츠와 아르노 간의 서신 논쟁은 크게 보아 두 가지 주제로 이루어진다. 하나는 라이프니츠의 논리학, 형이상학, 자연신학과 관련 있는 개체적 실체의 완전 개념과 술어는 주어에 내재한다는 원리이고, 다른 하나는 그의 형이상학, 자연철학과 관련된 물체 개념과 물체적 실체 개념에 관한 것이다. 서신은 1686년 2월 라이프니츠가 에른스트 영주를 경유해서 아르노에게 자신의 『형이상학 논고』 각 절의 요약문(서신 2)을 보내면서 시작된다. 그런데 라이프니츠가 이 서신 교환을 매우 중요하게 여겼음에도, 즉 아르노의 판단을 중요하게 여기면서도, 논고 전체가 아닌 요약문만을 보낸 것은 이해할 수 없다. 왜냐하면 아르노는 그 요약문만으로 논고에 나타난 라이프니츠의 주요 형이상학 체계를 이해할 수 없었기 때문이다. 그러나 한편 전체 서신 교환이 진행된 단계를 보면, 요약문만 보낸 것이 라이프니츠의 의도였을 수도 있다. 여하튼 서신 교환은 이렇게 시작되었다. 이후 진행되는 서신 논쟁은 아르노의 문제 제기와 반박, 그에 대한 라이프니츠의 답변과 해명에 따라 다섯 시기로 구분해볼 수 있다. (이 시기 구분에서 서신 24와 32, 33은 내용상 다섯 시기에 포함되지 않는다.)

1: 1686년 2~4월(서신 1~6)
2: 1686년 5~8월(서신 7~15)
3: 1686년 9~12월(서신 16~19)
4: 1687년 3~4월(서신 20~23)
5: 1687년 8~10월(서신 25~31)

1: 1686년 2~4월(서신 1~6)

라이프니츠의 부탁에 대한 아르노의 반응은 기대 이하였다. 아르노는 거칠고 무관심한 태도로 라이프니츠의 견해를 평가했고, 대표적으로 요약문 13항을 반박했다. 아르노는 13항에 따르면 모든 인간사는 운명적 필연성보다 더한 필연성으로 정해지며, 이것은 곧 신에게 자유가 없다는 것을 의미한다고 혹평한다. 특히 아르노가 이런 견해는 가톨릭교회에서 인정될 수 없다고 한 것은 라이프니츠에게 결정적인 비판이었을 것이다. 라이프니츠는 아르노의 무성의하고 불쾌한 비판에 화를 내지만 대화의 길을 계속 잇고 논의를 문제 중심으로 이끌기 위해서 아르노가 '운명적 필연성'이라고 비판한 것에 초점을 맞춘다.

아르노의 반박은 이런 것이다. 예를 들어 만약 아담과 같은 개체적 실체의 완전 개념이 아담과 그의 후손에게 일어날 모든 일을 포함하고 있다면, 어떻게 신이 그들을 창조할 자유가 있다고 말할 수 있는가? 이에 대해서 라이프니츠는 아르노가 절대적 필연성과 가설적 필연성을 혼동하고 있다고 간주한다. 라이프니츠는 절대적 필연성을 논리적 필연성 혹은 형이상학적 필연성이라고도 부르는데, 그 의미는, 어떤 것이 절대적으로 필연적이라면, 그것의 반대는 모순을 함축하는 것이다. 예를 들어 아담의 현존이 절대적으로 필연적이라고 할 때, 우리가 아담의 현존을 부정하면 모순이 발생한다. 이에 비해 가설적 필연성은 어떤 조건이나 가정이 만족될 경우에 필연적이라는 것이다. 라이프니츠의 견해는, 신은 이 우주를 창조할 때 우주의 모든 일을 개개의 사건들까지도 함께 고려하기 때문에, 신이 아담을 창조할 때 아담에게 속하는 모든 일뿐만 아니라 아담의 후손에게 속하는 모든 일 또한 함께 고려한다는 것이다. 그리고 이런 신의 모든 결정은 절대적 필연성이 아니라 가설적 필연성에 의해서 필연적이기 때문에 신의 자유는 전혀 손상되지 않는다. 말하자면 신이 아담을 특정한 후손을 갖도록 창조한다는 가정이 만족되면, 아담의 후손들은 그렇게 태어날 것이고 확실하게 그렇게 태어난다는 것이다.

라이프니츠의 견해는 신이 이런 아담을 창조하도록 전혀 강제되지 않는다는 것을 함축한다. 그리고 통상적인 신학자들의 공허한 주장, 즉 자유의 본질에 대해서 고찰하지 않고 신은 절대적으로 완전한 자유를 가지며 무엇이든 창조할 수 있다고 믿는 것에 문제가 있다는 판단하에 신의 자유를 확실하게 해명하려는 의도가 있다. 신이 아담을 창조하고 그가 몇 명의 후손을 갖도록 창조하는 것이 절대적으로 필연적이라면, 사실상 신에게 자유가 없는 것이다. 하지만 신은 무한하게 많은 가능한 아담 중에서 이 우주의 질서와 연결에 가장 적합한 특정한 아담을 선택하고 창조한다. 따라서 신의 창조는 우연적 사건이다.

2: 1686년 5~8월(서신 7~15)

아르노는 에른스트 영주에게 보낸 서신 7과 직접 라이프니츠를 수신인으로 쓴 서신 8에서 자신이 거친 표현을 사용한 것에 대해서 유감을 표명한다. 이어 자신이 반박한 문제를 구체적으로 살피고 항목별로 조목조목 문제를 제기한다. 라이프니츠 또한 아르노의 진정성 있는 사과에 대한 반응으로 대화의 긴장을 해소하려는 노력을 보이고, 아르노가 제기한 문제에 답하려고 노력한다. 발송하지 않은 서신 11과 12는 실제로 아르노에게 발송한 서신 13과 14를 쓰기 위해 사전에 준비한 것으로 보인다. 라이프니츠가 서신을 통한 학술적 대화가 제대로 진행되는 것으로 믿고 본격적으로 자신의 견해를 구체적이고 논증적으로 해명하려고 노력한 흔적으로 보인다.

아르노의 반박에 답하면서 라이프니츠는 자신이 철학에서 근본 원리로 생각하는 두 원리를 언급한다. 그 하나는 라이프니츠 진리 이론의 근본 원리인 "술어는 주어에 내재한다."이고, 다른 하나는 충족이유율로 알려진 "이유 없이는 아무것도 존재하지 않는다." 혹은 "이유가 주어질 수 없는 것은 아무것도 없다."이다.

　　아르노는 자신이 절대적 필연성과 가설적 필연성을 혼동한 것이 아니고 자신도 신의 결정과 그에 따르는 모든 인간사의 관계는 가설 필연적이라고 생각한다고 해명한다. 계속해서 아르노가 제기한 문제는 신이 무한하게 많은 가능한 아담 중에서 특정한 한 아담을 선택하고 창조했다는 설명에 대한 반박인데, 다음 3가지로 정리할 수 있다. 첫째, 신은 아담을 창조할 때 그에게 일어날 모든 일을 신의 관념에 가지고 있겠지만, 우리가 가지고 있는 아담의 개체적 개념은 그와 같지 않고, 실제로 구의 종개념처럼, 아담 자체에 대해서 우리가 가지고 있는 개체적 개념도 신의 지성에 있는 것과 다르다. 둘째, 아르노는 아담과 아담의 후손에게 속하는 모든 일이 신의 결정에 의존하는지 아니면 독립적으로 내적이고 필연적 연결이 있는지 묻는다. 예를 들면, 삼각형의 정의와 같은 수학적 진리는 신의 결정과 관계없이 내적이고 필연적 연결을 갖는데, 가능한 아담의 개념이 삼각형의 개념과 같이 실제로 존재하지 않는 수학적인 개념과 같은 것인가, 그렇다면 신의 의지와 독립적이라는 가능한 것에 대한 개념은 허구와 같다고 비판한다. 그리고 셋째, 다수의 나 자신을 생각할 수 없는 것처럼 단일한 존재를 다수로 생각할 수 없다는 것이다.

아르노의 반박에 대해서 라이프니츠는 먼저 종개념과 개체개념을 구별해야 한다고 답한다. 종개념은 신의 의지의 결정에 독립적이며 영원하고 필연적인 진리를 갖지만, 개체개념은 이 개체를 창조할 것이라는 신의 의지의 결정에 의존하며, 때와 장소 등의 개체적 정황과 관계되어 있는 우연적 진리를 갖는다. 따라서 아담과 그에 속하는 모든 일 간의 연결은 내적이기는 하지만 절대적으로 필연적인 것이 아니다. 왜냐하면 이 모든 일은 신의 자유의지에 의한 결정에 따라 일어나기 때문이다. 따라서 이 연결은 가설 필연적이며 라이프니츠는 이 연결을 우연성의 의미에서 '경향적'이라고 한다. 그리고 신은 아담과 같은 특정한 개체를 창조하기 전 무한하게 많은 가능한 개체를 본다. 그렇지 않으면 신은 알지도 못하는 것을 창조하는 셈이 되기 때문이다. 이 가능한 개체의 개체적 개념은 신의 가능한 의지의 결정과 관계된다. 즉 실재하는 아담을 창조하는 현실적 결정 이전에 고찰되는 가능한 개체의 개념은 신의 자유의지에 의한 결정도 가능한 것으로서 포함한다. 이 가능한 개체개념을 통해서 라이프니츠는 한편 신의 현실적 결정과 독립적이지만, 다른 한편 가능한 것으로서 신의 결정에 의존하는 중도를 마련한다. 이 가능한 아담이라는 생각은 라이프니츠의 유명한 가능 세계 이론을 배경으로 한다. 가능한 개체는 물론 가능성의 관점에서 고찰된 것이고 그것의 개념은 가능한 개체에게만 적법하게 적용된다. 따라서 현실적 개체가 처해 있는 상황은 가능한 개체의 상황과 다르고 그것에 적용되는 법칙도 그와 다른 법칙이다.

이어서 라이프니츠는 아르노가 제기한 '다수의 나 자신'을 생각하는 것이 불가능하다는 것에 대해서 개체적 실체로서 아담이나 나 자신에 대해서 다수를 생각하는 것은 불가능하다는 것을 인정한다. 다만 우리가 가능한 아담과 같이 하나 이상의 아담을 생각할 수 있는 것은 아담을 추상적으로 파악할 때, 즉 '일반성의 관점에서'라고 한다. 일반성의 관점에서 본 다수의 나 자신이나 다수의 가능한 아담에 대한 개념은 아직 완전히 현실적으로 규정되지 않은 개체의 개념을 가리킨다. 여기서 라이프니츠는 구의 일반 개념과 개체적 실체의 완전 개념의 차이를 설명한다. 구의 일반 개념은 불완전하며 구가 되기 위해서 필요한 성질들만을 포함한다. 반면에 나 자신의 개념과 같은 개체개념은 완전하며 개체에 대해서 말할 수 있는 것 전체를 포함한다. 구의 일반 개념에서는 어떤 현실적 구의 지름을 연역할 수 없지만 라이프니츠라는 개체의 완전 개념에서는 '그가 여행을 할 것이다.' 같은 구체적 술어를 도출할 수 있다. 즉 일반성의 관점에서 본 '다수의 나 자신'과 같은 일반 개념은 일반적인 인간이 되기 위해 필요한 조건들은 포함하지만 내가 여행을 하는지 하지 않는지와 같은 구체적인 결정들은 담고 있지 않다. 그리고 완전 개념에 포함되어 있는 '여행한다'와 같은 구체적인 결정이 주어인 나와 연결되어 있지만 그 연결은 필연적인 것이 아니라 확실한 것이다. 즉 내가 여행을 하는 것은 필연적인 사건이 아니라 확실한 사건이다. 왜냐하면 여행을 하기 전, 여행을 하는 일이 물론 신의 자유 결정에 의존하지만, 나에게는 여행을 하는 선택지도 여행을 하지 않는 선택지도 주어져 있고 나는 '여행한다'를 자유롭게 선택하기 때문이다.

라이프니츠는 이 생각들이 자신이 생각하는 진리의 원리인 "참인 명제에서 술어 개념은 항상 주어 개념에 포함된다."에 근거한다고 설명한다. 그의 진리 이론에 따르면 필연적 진리는 명제의 개념 분해가 유한하지만 우연적 진리는 무한하다. 따라서 이 우연적 진리는 증명 가능하지만 신만이 그런 증명을 할 수 있다. 주어와 술어의 연결로 표현하면 일반 개념은 주어와 술어의 연결이 필연적이지만 개체개념은 우연적 혹은 경향적이다. 라이프니츠가 주장하는 개체적 실체의 완전 개념은 그 개념의 분해가 무한하게 진행되는 우연적 진리를 포함하고 있는 것이다.

이제 이 진리의 원리를 그가 주장한 그리고 아르노가 반박한 명제 13항과 관련해보자. '모든 개인의 개체적 개념은 그에게 언젠가 일어날 모든 일을 포함한다.'는 것은 이 진리의 원리에서 귀결된다. 이 개념의 진리치, 즉 개체에 대해서 말할 수 있는 술어가 참인지 거짓인지는 확실하지만 우연적 원인에 의해서 결정된다. 각 개체의 행위는 신 혹은 피조물의 자유의지에 의존하기 때문에, 필연적 이유가 아니라 경향적 이유에 의해서 선택된다. 그런데 아르노의 문제 제기처럼, 우리는 신이 사물을 보는 것처럼 볼 수 없다. 즉 신이 가지고 있는 것과 같은 개체적 실체의 완전 개념을 가질 수 없다. 그렇다면 우리가 가질 수 없는 이런 개념이 어떤 의미가 있는가? 이에 대해서 라이프니츠의 입장은 우리가 개체적 실체의 완전 개념을 가질 수 있다는 것이 아니라 이런 개념이 있어야 한다는 것이다. 왜냐하면 선험적 원인이 있어야 하기 때문이다. 아담의 개체적 개념에 포함된 모든 일은 그것이 다른 사람이 아닌 아담에게 포함되는 선험적 이유가 있어야 한다. 비록 우리는 그 일들이 실제로 일어난 이후에 경험을 통해서 확인할 수 있겠지만 선험적 원인은 있어야 한다는 것이다. 그렇다면 라이프니츠는 왜 선험적 원인이 꼭 있어야 한다고 생각했을까? 라이프니츠는 우연적 인과관계가 적용되는 것에서도 진리를 증명할 수 있다고 믿었다. 그러나 무한하게 진행되는 우연적 인과관계에서 선험적 원인이 없다면 그것의 진리를 증명하는 것은 불가능하다. 라이프니츠가 가능한 아담의 개념을 언급하는 것도 마찬가지 맥락이다. 현실적 아담이 창조되기 전 신이 가지고 있는 가능한 아담의 개념이 바로 선험적 원인을 제공한다고 생각한 것이다. 바로 이런 이유에서 라이프니츠는 신의 지성을 '가능한 실재성의 나라'로 보고 '가능성의 뿌리'라고 표현한 것이다. 이런 가능한 것이 없다면 선택의 자유도 우연성도 있을 수 없다.

이런 해명 이후 라이프니츠는 자신의 형이상학적 체계를 전체적으로 조망하면서 모든 개체적 실체는 서로 연결되어 있고, 각자 자신의 관점과 방식에 따라 전 우주를 표현하며, 그 자체로 하나의 세계와 같기 때문에, 그들 각각의 상태는 그들의 이전 상태의 자유롭고 우연적인 귀결이라고 주장한다. 또한 논의를 더 진전시키기 위해서, 실체들 상호 간의 작용, 영혼과 신체의 합일에 관한 자신의 공존 가설을 소개한다. 이 공존 가설은 예정조화 가설의 전신이라 할 수 있다. 공존 가설과 관련하여 라이프니츠에게 실체적 형상 개념을 도입하는 것은 매우 중요한 문제이다. 왜냐하면 공존 가설은 물체가 단지 연장으로 구성된 현상이 아니라 실체적 형상을 가지고 있는 하나의 실체라는 것을 전제하는데, 이 견해는 데카르트주의자인 아르노의 견해와 분명히 다르기 때문이다.

3: 1686년 9∼12월(서신 16∼19)

아르노는 서신 16에서 개체적 실체의 완전 개념과 술어는 주어에 내재한다는 원리를 인정한다. 사물의 가능성과 무한하게 많은 가능한 우주 중에서 선택하는 신의 창조를 이해하는 것에는 만족하지 않지만 다른 문제를 제기하면서 논의 주제를 바꾼다. 아르노가 관심 있는 주제는 공존의 가설, 즉 실체들 상호 간의 일치에 관한 가설과 물체에서 실체적 형상의 역할에 관한 것이다.

아르노가 실체적 형상 문제에 의문을 제기하는 것은 당연하다.

그는 철학적으로 데카르트주의자이기 때문에, 그 당시 많은 데카르트주의자들과 마찬가지로 영혼과 물체가 실재적으로 상이하다는 생각을 견지하고 있는데, 라이프니츠의 견해는 이와 배치되고 데카르트 철학에 대한 비판을 담고 있기 때문이다. 사실 라이프니츠도 아르노와 서신 논쟁을 하면서 이 문제에서 가장 크게 부딪힐 것을 예상했을 것이다. 왜냐하면 그는 실체적 형상을 도입하는 그의 물체적 실체 개념에 대해서 완전하게 확신하지 못하고 있었기 때문이며, 확신하지 못했던 이유는 실체적 형상의 도입이 그 당시 유럽 철학의 주류였던 데카르트의 기계론 철학과 실체 이원론에 저항을 받을 것이라는 점을 알고 있었기 때문이다. ―근대 기계론 철학은 목적론적 세계관을 설명하는 아리스토텔레스–스콜라철학의 개념인 실체적 형상을 거부했다. 이것은 『형이상학 논고』와 아르노에게 보낸 요약문의 차이에서도 확인된다. 라이프니츠는 실체적 형상을 재도입해야 한다는 주장을 담고 있는 『형이상학 논고』 10절에서 아르노의 비판을 예상하고 "물체가 실체라면"이라는 문구를 요약문에서 지우고 보냈다.[10] 또한 11절에서는 그 자신도 그가 받게 될 저항을 예상한다고 밝힌다.

내가 어떤 식으로 고대 철학의 명예를 회복시키고 거의 추방된 실

---

10) 서신 2의 10항, 주 참조.

체적 형상에 원래의 권리를 다시 부여할 것을 주장할 때, (나는 이것을 물체가 실체라고 말할 수 있다는 가정하에 주장하는 것이다) 내가 중대한 역설을 제안하고 있다는 것을 안다. 그러나 사람들이, 내가 근대 철학에 대해서 충분히 숙고했고, 물리학의 실험과 기하학의 증명에 많은 시간을 보냈으며, 오랫동안 이 존재[실체적 형상]의 무의미함에 대해서 확신하고 있었다는 것을 안다면, 나를 경솔하게 비난하지는 않을 것이다. 하지만 나는 내 자신의 연구를 통해서 우리 근대 철학자들이 토마스 아퀴나스와 그 시대의 다른 위대한 인물들을 충분히 공정하게 대하지 않았다는 것을 알고 난 후, 그리고 스콜라 철학자들과 신학자들의 견해를 적절하게 적합한 곳에 사용하기만 하면, 그 견해에 사람들이 상상하는 것보다 훨씬 많은 확고한 견해가 있다는 것을 알고 난 후, 결국 내 의지와 반대로 어쩔 수 없이 이 실체적 형상을 다시 인정하지 않을 수 없었다.[11]

---

11) DM, 11절: A VI, 4, 1544. "Je sçay que j'avance un grand paradoxe en pretendant de rehabiliter en quelque façon l'ancienne philosophie, et de rappeler *postliminio* les formes substantielles presque bannies; (ce que je ne fais pourtant qu'*ex hypothesi* entant qu'on peut dire que les corps sont des substances) mais peutestre qu'on ne me condamnera pas legerement, quand on sçaura, que j'ay assez medité sur la philosophie moderne, que j'ay donné bien du temps aux experiences de physique et aux demonstrations de Geometrie, et que j'ay esté long temps persuadé de la vanité de ces Estres, que j'ay esté enfin obligé de reprendre malgré moy et comme par force, après avoir fait moy même des recherches qui

17세기 데카르트, 스피노자와 함께 합리주의 철학자로 분류되면서도 그들과 가장 다른 라이프니츠의 고유의 철학은 사실상 이 실체적 형상의 재도입과 관련되어 있다. 그리고 중기 철학에서 가장 주목해야 하는 주제이기도 하다.

아르노가 먼저 언급한 문제는 데카르트의 철학에서부터 시작되었다고 할 수 있는 고전적인 심신 관계 문제라고 할 수 있다. 아르노는 서신 16에서 다음의 예를 들어 말한다. 내 팔에 상처가 날 때 영혼이 어떻게 고통을 느끼는가? 그리고 내가 팔을 올리려고 할 때 내 신체는 어떻게 내 의지의 결정을 따르는가? 아르노가 제기한 문제는 분명 심신 관계에 대한 데카르트의 관점을 따른 것이다. 이에 대해서 라이프니츠는 서신 17과 18로 답변한다. 영혼이 느끼는 고통은 신체의 영향을 받지 않고 영혼 자신에게서 생기며, 영혼이 팔의 고통을 아는 것은 영혼이 전 우주를 표현하고 그 자신의 신체를 특별하게 더 표현하기 때문이다. 마찬가지로 신체도 영혼의 생각에 따라 맞춘다. 하지만 이것은 영혼이 신체에 영향을 주어서가 아니라 신체가 자신에게 고유한 법칙에 따라 스스로 움직이기 때

m'ont fait reconnoistre, que nos modernes ne rendent pas assez de justice à S. Thomas, et d'autres grands hommes de ce temps là; et qu'il y a dans les sentimens des Philosophes et à Theologiens Scholastiques bien plus de solidité qu'on ne s'imagine; pourveu qu'on s'en serve à propos et en leur lieu."

문이다. 따라서 모든 실체들 간에는 일반적 일치가 조화롭게 일어난다.

다음으로 아르노는 어떻게 물체가 실체적 형상을 소유할 수 있는지에 대해서 7개의 항목으로 의문을 제기한다. 첫째는 물체에 실체적 형상을 가정하면 연장 실체와 사고 실체의 구별이 없어진다는 것이고, 둘째는 실체적 형상이 분할 불가능하다면 우리의 영혼과 다를 바가 없을 것이고, 분할 가능하다면 실체적 형상의 가정이 물체의 일체성을 얻는 데 아무런 역할도 하지 않는다는 것이다. 그리고 셋째로 아르노는 대리석 조각을 예로 들면서 대리석이 깨진다면, 대리석에 들어 있는 실체적 형상은 어떻게 되느냐고 묻는다. 그리고 지구, 태양, 달 그리고 우유의 예를 들면서 이런 사물들에서 어떻게 실체적 형상을 이해해야 하는가라고 의문을 제기한다. 이 문제들은 전적으로 영혼과 물체가 실재적으로 상이하다는 데카르트의 관점에서 제기된 것이다.

라이프니츠에게 영혼 혹은 정신이 생각하는 실체라는 데카르트를 비롯한 그 당시 기계론 철학자들이 받아들이는 견해는 전혀 문제가 아니다. 역자가 아는 한, 라이프니츠는 어떤 저작에서도 이 사유 실체의 개념을 부정한 적이 없다. 단지 다른 관점에서 언급하는 것만 있을 뿐이다. 그에게 문제는 '물체적 실체' 개념이었다. 그리고 데카르트와 다른, 라이프니츠 자신의 철학이 드러나는 부분 중에 하나도 바로 이 물체적 실체 개념이다.

라이프니츠가 보기에 물체를 그 자체로만 보면, 즉 실체적 형상을 부가하지 않고 보면, 이것은 기계나 돌무더기처럼 자기 스스로 실체가 될 수 없다. 그래서 대리석 조각을 사람들은 실체라고 보지 않고 단지 부분의 집적이라고 보는 것이다. 라이프니츠가 다른 곳에서 든 예처럼, 양떼나 물고기로 가득 찬 연못과 같은 것이다. 그리고 데카르트의 주장처럼 물체를 연장적 실체로 이해할 경우도 이것은 마찬가지이다. 말하자면, 데카르트가 규정한 물체적 실체 개념, 즉 연장을 본질로 하는 물체라는 개념은 물체를 실체가 아니라 단지 현상의 지위에 머물게 한다. 이 경우 물체는 일종의 사고의 양태일 뿐이다. 이런 물체가 실체가 될 수 없는 이유는 물질이 무한하게 분할 가능하기 때문이다. 무한하게 분할 가능한 것에서는 참된 일체를 찾을 수 없고 단지 근접에 의해서 하나 되는, 집적에 의한 일체만이 있을 뿐이다. 이와 달리 실체적 일체성은 분할 불가능하고 파괴 불가능한 존재를 요구한다. 이런 존재는 물체의 형태나 운동에서는 찾을 수 없다. 라이프니츠가 이런 존재의 예로 든 것은 자아 혹은 영혼이다. 그래서 우리는 우리의 영혼을 유비로 다른 실체적 형상을 생각할 수 있다. 라이프니츠가 재도입해야 한다고 주장하는 실체적 형상이 물체에서 하는 역할은 물체에 일체성을 부여하고 생명이 있는 존재로 만드는 것이다. 결국 라이프니츠가 주장하는 물체적 실체는 살아 있는 물체, 즉 동물이나 생물 등의 유기체를 가리킨다. 따라서 생명이 없는 물체에는 실체적 형상도 없는 것이다. 이런 라이프니츠의 물체 개념은 데카르트의 실체 이분법을 넘어서 있다. 데카르트의 실체 이원론적 관점으로는 이해할 수 없는 것이다.

라이프니츠가 주장하는 실체적 형상은 17세기 과학자들과 철학자들이 거부했던 주요 개념 중 하나다. 스콜라철학에서는 사물의 목적을 가리키는 말로 사용되어 목적론적 세계관과 연결된 개념이었기에 목적론적 세계관을 부정하고 기계적 자연관을 주장한 그들에게는 인정할 수 없는 개념이었다. 그러나 라이프니츠가 기계론 철학을 부정하거나 기계론 철학의 성과를 인정하지 않는 것은 아니다. 그는 자연의 개별 현상은 형태, 크기, 운동 등의 기계론의 원리로, 수학적으로 충분히 설명할 수 있다고 인정한다. 하지만 그 기계론의 법칙이나 원리들은 그 자체로 설명할 수 없다. 그것은 어떤 형이상학적 이유에 근거한다는 것이다. 예를 들면 한 물체가 왜 그런 형태를 가지고 있는지 왜 운동하는지 등의 문제는 기계론 철학 자체만으로 설명할 수 없고 형이상학적 고찰로 그 이유를 찾아야 한다는 것이다.

4: 1687년 3~4월(서신 20~23)

아르노는 약 3개월 후 라이프니츠의 해명에 답한다. 그가 서신 20에서 다루고 있는 문제는 여전히 심신 관계 문제와 물체 개념이다. 라이프니츠는 아르노의 서신 20에 세 개의 서신을 준비했다.

첫 번째 서신 21은 아르노의 개종 권유에 대한 답신이고 아르노가 제기한 문제에 대한 답신은 서신 22에서 다루고 있다. 하지만 이 서신 21과 22는 아르노에게 보내지 않은 서신이다. 실제로 아르노에게 보낸 서신은 23이다. 이 네 번째 시기에 주제적으로 포함되지는 않지만 라이프니츠는 아르노의 답변을 독촉하는 서신 24를 7월 말경 보낸다.

아르노는 먼저 라이프니츠가 영혼이 그것의 신체에서 일어나는 일에 대해서 더 분명한 표현을 갖는다고 말한 것을 이해하기 어렵다고 한다. 라이프니츠의 견해에 따르면 영혼은 표현을 통해서 물체를 인식하고 고통을 느낀다. 왜냐하면 영혼은 자신의 고유한 방식으로, 즉 다른 물체들이 자기 신체와 맺는 관계에 따라서 전 우주를 표현하기 때문이다. 그렇다고 영혼이 자기 신체에서 일어나는 일을 완전하게 다 안다는 것을 의미하는 것은 아니다. 물체의 부분들과의 관계에 등급이 있기 때문이다. 우리는 신경을 통해서 우리의 신체를 지각하고 표현하지만 신경이 영혼에 작용하고 또 다른 물체가 신경에 작용하기 때문이 아니라 그것들이 자발적인 관계에 의해서 서로를 표상하기 때문이다. 따라서 영혼의 더 명확한 표현은 신체의 더 명확한 인상에 상응한다. 그리고 영혼이 자기 신체의 변화를 더 분명하게 표현하는 것은 다른 외부 물체보다 가깝기 때문이다. 그래서 라이프니츠는 우리 신체에 눈에 띄는 변화가 생기면 외부의 변화보다 내부 기관의 변화가 생기기 때문에 더 잘 알게 된다고 답한다. 하지만 아르노는 이 답변에 만족하지 못하고 다음 서신에서 이 문제에 대해서 계속 의문을 제기한다.

아르노는 라이프니츠의 공존 가설이 기회원인 가설과 유사한 점이 있다고 보았다. 라이프니츠는 영혼이 팔운동의 실재적 원인이라고 보지 않고 신체가 바늘에 찔린 것이 영혼이 고통을 느끼는 실재적 원인이라고 보지 않기 때문이다. 즉 영혼과 물체를 실재적 원인으로 보지 않는 것은 기회원인 가설을 주장하는 사람들과 유사하다. 하지만 라이프니츠의 공존 가설과 기회원인 가설의 다른 점은 신의 역할이다. 라이프니츠는 신은 창조 때 모든 실체에게 자신의 상태를 유지할 힘을 주었고 정신적 실체든 물체적 실체든 각 실체의 모든 상태는 그 실체의 이전 상태의 결과라고 주장한다. 따라서 사유와 의지가 정신에서 나오는 것처럼 운동에서 실재적인 것은 물체적 실체 자체에서 나온다. 신은 기회원인 가설에서처럼 사물들을 조화 일치시키기 위해서 매 순간 기적을 행하는 것이 아니라 이 우주의 일반 질서를 유지하는 것처럼 각 실체의 존재를 보존하는 역할을 한다. 따라서 라이프니츠는 기적 또한 신의 일반 질서에 포함되어 있고 단지 신이 피조물들에게 부여한 힘을 능가하는 일일 뿐이라고 여긴다. 따라서 물체적 실체는 신이 창조할 때 그것에 부여한 법칙에 따라 운동을 계속 유지할 힘을 가지고 있다. 따라서 운동의 연속성은 기적이 아니며, 정신의 어떤 작용이 물체를 운동하게 하는 것도 아니고 물체도 정신의 본성에 어떠한 변화도 야기하지 않는다. 물체와 정신은 신이 태초에 그들에게 부여한 그들 고유의 법칙에 따라 사고하고 운동한다. 이 설명은 두 가지 장점을 갖는다. 첫째는 고대 아리스토텔레스에게서 주장된 최초의 운동자로서의 신 개념을 보존하고, 둘째는 물체적 실체는 스스로 운동할 수 있다는 것이다. 물론 연장이나 분할 가능한 것으로 구성된 물체가 아니라 영혼이나 실체적 형상을 가지고 있는 물체적 실체가 스스로 운동할 수 있는 힘을 부여받았다는 것이다. 라이프니츠는 이런 힘을 능동력(vis activa)이라고 부른다. 이 능동력은 아르노와의 서신 외 다른 저작에서도 물체에서 인정해야 한다고 역설하는 것이다. 그렇지 않으면 물체는 (데카르트의 주장처럼 연장으로만 구성된 물체는) 연장이 추상적 개념에 불과한 것처럼, 단지 현상에 불과하고, 실체적 일체성을 갖지 않는, 무한하게 분할 가능한 존재가 되기 때문이다. 그렇게 되면 우리가 어떤 특정한 형태와 크기를 가지고 있는 하나의 물체라고 하는 말은 실체가 없는 말이 된다.

따라서 라이프니츠의 견해에 따르면, 흔히 영혼과 물체의 합일이라고 하는 것 혹은 통상적으로 사람들이 영혼과 물체의 상호 작용이라고 하는 것은 각각 자신의 법칙을 따르는 두 실체 사이에 신이 태초부터 정해놓은 공존 외에 다른 것이 아니다. 이 공존의 가설은 이후 예정조화의 가설로 이름을 달리해 나타난다.

다음으로 아르노가 서신 20의 후반부에서 제기하는 문제는, 물체를 단지 기계나 실체들의 집적으로 이해하는 것이 왜 문제가 되느냐는 것이다. 아르노는 아우구스티누스의 말을 인용하면서, 일체란 분할 불가능해야 하는데, 어떤 물체도 분할 불가능하지 않기 때문에 참된 일체성은 오직 정신에만 있으며 참된 일체성을 갖지 않는 것이 물체의 본질이라고 할 수 있다고 말한다. 그렇다고 참된 일체성을 갖지 않는 물체를 단지 현상에 불과하다거나 상상적인 어떤 것이라고 할 필요는 없다. 따라서 물체를 기계나 실체들의 집적으로 이해하는 것은 합리적이라는 것이다. 그에 따르면, 참된 일체성을 갖는 것은 사고하는 정신적 실체뿐이다. 따라서 모든 것을 기계적으로 설명할 수 있는 동물이나 심지어 식물에게 실체적 형상을 부여할 아무런 이유도 근거도 없다. 인간의 영혼과 관련해서도 영혼이 인간의 신체에게 일정한 자아나 일체성을 부여한다고 할 수는 있지만 신체가 파괴 불가능하도록 만들지는 않는다. 우리 신체의 유기 조직 또한 계속되는 기계적 집적으로 이해되어야 한다. 물체에도 정도에 따라 일체성을 말할 수 있지만, 결코 정신적 실체가 소유하는 것과 같은 내적이고 참된 일체성을 갖지 않는다.

아르노의 의문과 제안에 답하기 위해서 라이프니츠는 매우 근본적인 관점에서 문제에 접근한다. 그래서 물체 개념에 대해서 아르노와 매우 근본적인 관점의 차이가 나타난다. 우선 라이프니츠는 집적에 의한 존재만 있는 곳에는 실재적 존재가 없다고 생각한다. 집적체는 자신의 실재성을 자신을 구성하는 것의 실재성에서 얻는데, 그 구성 부분이 또다시 집적체면, 결국 그것은 아무런 실재성도 갖지 못하는 것이다. 그것의 구성 부분을 무한하게 계속해서 찾아야 하는데 그것은 불가능하기 때문이다. 하지만 라이프니츠의 견해는 모든 집적에 의한 존재는 참된 일체성을 부여받은 존재를 가정한다는 것이다. 그래서 라이프니츠는 전 물체계에 기계만 있다는 아르노의 견해는 인정하지만 실체들의 집적만 있다는 것에는 동의하지 않는다. 왜냐하면 실체들의 집적이 있다면, 이 집적체가 기인하는 실체도 있어야 하기 때문이다. 물질의 무한 분할에 의해서 계속해서 작아지는 물체의 구성 부분은 영원히 계속해서 작아진다. 어느 순간에 그 분할이 멈춰 이것이 가장 작은 부분, 즉 원자라고 할 수 있는 것은 없다. 그렇다면 물체를 구성하는 참된 일체는 무엇인가? 라이프니츠는 데카르트의 물체 개념을 겨냥해서, 물체를 연장적인 것으로 이해한다면 무한 분할에 의해서 수학의 점에 이르게 되고 이 점을 참된 일체로 여기게 되는데 사실상 이 점은 추상적 개념일 뿐이라고 거부한다. 그렇지 않으면 에피쿠로스가 주장한 원자에 이르게 되는데 이것도 참된 일체가 아니다. 라이프니츠에게 최후의 일체는 분할 불가능하고 실재적인 것이어야 하기 때문이다. 그래서 라이프니츠는 실체적 형상을 재도입해야 한다고 주장하는 것이다.

이런 라이프니츠의 견해는 '참된 일체가 없으면 다수도 없다.'는 근본적인 생각에서 비롯된 것이며, 이 생각은 동일 명제인 "실제로 **하나**의 존재가 아닌 것은 실제로 하나의 **존재**도 아니다(Ce qui n'est pas veritablement UN estre, n'est pas non plus veritablement un ESTRE)."라는 공리로 표현된다. 스콜라철학에서 이것은 "일체와 존재는 상호 교환 가능하다(ens et unum convertuntur)."는 것으로 알려진 것이다. 따라서 라이프니츠의 견해에 따르면, 참된 일체를 소유하지 않은 사물들에 실체적인 것이 없다고 말할 필요가 없다. 이 사물들은 그들의 합성에 포함되는 참된 일체성만큼 실재성을 갖는다. 아르노의 주장대로 참된 일체성을 갖지 않는 것이 물체의 본질이라고 하면, 그래서 물체가 우연에 의한 일체처럼 어느 정도에 맞는 일체성만을 갖는다고 하면, 물체의 실재성을 보장할 수 없게 되고 결국 물체에서 어떤 실체적인 것도 말할 수 없는 상상적인 현상에 불과한 것이 되기 때문이다.

라이프니츠가 주장하는, 물체의 실재성을 확보할 수 있는 물체적 실체를 인정하지 않으면, 물체의 현실적 하위 분할 때문에 물체에 어떤 고정된 형태를 지정할 수 없고 운동의 실재성도 보장할 수 없다. 물체적 실체가 가지고 있는 운동의 원인인 힘을 인정하지 않으면 운동의 주체를 설명할 수 없기 때문이다. 그리고 라이프니츠는 인간에게만 이런 참된 일체성과 실체를 인정하는 것은 불합리하다고 생각한다. 그는 스스로 확신하지는 못하지만, 동물도 식물도 참된 일체를 소유할 것이라고 가정한다. 이것이 세계를 더 완전하게 하는 관점의 다수성과 다양성에도 적합한 것이기 때문이다.

아르노와 라이프니츠가 가지고 있는 근본적인 관점의 차이는 여기서 드러난다. 아르노는 물체 개념을 논하면서 데카르트의 견해에 따라 영혼과 물체를 실재적으로 다른 두 실체로 보고 물체를 연장적인 것으로 이해한다. 하지만 라이프니츠는 영혼과 물체가 완전히 분리된 두 실체라고 보지 않는다. 즉 실체 이원론의 관점을 넘어선 것이다. 라이프니츠는 물체적 실체 개념을 설명하면서 물체를 생명체로 보고 있다. 그 당시 말피기, 스바메르담, 레이우엔훅 등에 의한 생물학이나 생리학의 성과들을 언급하면서, 그는 자신의 물체적 실체 개념에 적합한 것으로 영혼 있는 물체, 즉 유기체나 생명체를 염두에 두고 있다. 그래서 라이프니츠는 '물방울에도 많은 살아 있는 동물이 있다.'거나 동물의 생성과 죽음은 이미 살아 있는 동물의 성장과 축소일 뿐이라고 하면서 영혼 전이 대신 동물의 변형을 주장한다. 따라서 모든 영혼 있는 물체 혹은 유기조직을 지닌 물체는 무한하게 분할되는 가장 작은 부분에까지도 똑같이 영혼 있는 물체, 생명이 있는 물체로 구성되고 이 부분들이 그 물체의 실재성을 말해준다.

그러나 라이프니츠가 모든 집적에 의한 존재들이 가정한다고 말하는 '참된 일체성을 부여받은 존재'가 무엇을 가리키는지 분명하지 않다. 그는 '참된 일체성을 부여받은 존재'를 '단일 실체(substance singuliere)'라는 말로 표현하고 있는 것 같지만, 단일 실체와 집적에 의한 존재는 다른 것이라고 선을 긋는다. 그의 주장에 따르면, 이 '참된 일체성을 부여받은 존재'는 물체계의 선험적 근거

역할을 한다. 즉 물체의 실재성을 확보하기 위해서 필요한 존재로 인식한 것이다. 그것이 무엇을 가리키는지는 분명하지 않지만, 라이프니츠는 이후 '참된 일체성을 부여받은 존재'나 '단일 실체'의 의미에서 모나드 개념을 사용한다.

5: 1687년 8~10월(서신 25~31)

라이프니츠와 아르노의 서신 교환 다섯 번째 시기는 아르노가 1687년 8월에 쓴 서신 25로 시작된다. 그리고 라이프니츠에게 이 서신을 전달해 달라고 부탁하는, 에른스트 영주에게 보내는 서신 29에서 아르노는 라이프니츠의 주장에 동의하지 않는다는 입장을 밝히고 라이프니츠의 개종을 계속해서 권고한다. 서신 25는 아르노가 라이프니츠에게 쓴 마지막 서신이다. 라이프니츠는 이 서신에 대한 답장으로 서신 29와 31을 보냈다.

아르노가 마지막 반박에서 제기한 문제는 3가지로 정리할 수 있다. 첫째는 라이프니츠가 실체들 간의 관계에서 거듭 언급하는 '표현' 개념에 관한 것이고, 둘째는 물체가 어떻게 스스로 운동할 수 있는지를 묻는 것이며, 셋째는 라이프니츠가 최후의 분할 불가능한 일체로 상정하는 실체적 형상과 이것이 유기체와 맺는 관계에 대한 문제이다. 아르노는 이 마지막 문제와 관련해서 6항목에 걸쳐 이의를 제기하고 자신의 견해를 밝힌다.

먼저 아르노는 라이프니츠가 말하는 표현이 사고나 인식을 의미한다면, 우리가 외부 세계에 대한 사고나 인식보다 더 가까운 자기 신체에 대한 사고나 인식을 더 많이 가지고 있다는 것에 동의할 수 없다고 한다. 그의 생각에 따르면, 우리의 영혼이 토성의 위성 운동보다 우리 신체의 림프 운동에 대한 인식을 더 많이 가지고 있는 것은 아니기 때문이다. 라이프니츠는 이 의문에 답하기 위해서 기하학의 투영 관계나 수학적 모사 관계의 관점에서 표현에 대한 일반적 정의를 한다. 그의 정의는 "한 사물과 다른 사물에 대해서 말할 수 있는 것 간에 지속적이고 규칙적인 관계가 있을 때 하나는 다른 하나를 표현하다."는 것이다. 라이프니츠의 해명에 따르면, 이 표현에는 자연적 지각이나 감각 그리고 지성적 인식이 속한다. 자연적 지각이나 감각에서 물질적인 것, 분할 가능한 것은 분할 불가능한 존재나 참된 일체성을 부여받은 존재에서 표현되고 표상된다. 지성적 인식은 여기에 의식을 동반한 것이고 사고라 불린다고 설명한다. 표현은 일종의 신체적 공감에서 나타난다. 영혼은 신체를 통해서 가장 작은 변화에도 반응하기 때문이다. 우리 몸의 림프 운동의 경우 우리가 분명하게 지각하지 못하는 것은 그것이 우리에게 매우 익숙하기 때문이다.

라이프니츠는 앞서 논의된 고통의 원인에 대해서도 자신의 설명이 데카르트주의자들의 설명이나 기회원인의 가설과는 다른 자연적 설명이라고 한다. 그의 해명에 따르면, 모든 신체의 상태는 영혼의 상태에 상응한다. 따라서 바늘에 찔리기 전과 찔릴 때 신체의 상태는 각각 영혼의 상태에 상응하고 각 신체의 상태는 영혼에 의해 표현된다. 바늘에 찔린 신체의 상태는 고통을 느끼는 영혼의 상태에 상응한다. 차이점은 데카르트의 설명이나 기회원인 가설이 영혼에 일어난 변화의 원인을 신체에서 찾고 신체에서 일어난 변화의 원인을 영혼에서 찾으려고 한 반면 라이프니츠는 영혼과 신체는 서로에게 일어난 변화의 원인이 아니라고 생각한다. 영혼에 일어난 변화의 원인은 영혼의 이전 상태이고 신체에 일어난 변화의 원인은 신체의 이전 상태이다. 이 설명으로 라이프니츠는 모든 실체가 서로 조화롭게 연결되어 있다는 예정조화의 가설로 나아간다. 라이프니츠에 따르면, 그의 가설은 가장 강한 신 존재 증명이다. 왜냐하면 모든 실체가 서로 완벽하게 조화와 일치를 이룬다는 것은 각 실체가 신의 의지인 보편 원인을 표현하는 것이기 때문이다.

정지한 물체가 어떻게 스스로 움직일 수 있냐는 아르노의 의문은 사실상 라이프니츠의 철학에서는 유효하지 않다고 할 수 있다. 왜냐하면 라이프니츠는 완전히 정지한 물체는 없으며 너무 작은 움직임이라서 그 운동이 관찰되지 않더라도 모든 물체는 운동하고 있다고 생각하기 때문이다. 더욱이 물체는 다른 외부 물체로부터 동력을 전달받는 것이 아니라 자기 자신의 탄성력에 의해서, 물체 자신에 이미 주어져 있는 힘에 의해서 움직인다. 모든 물체의 현재 운동 상태는 이전 상태의 결과이며, 운동에서 실재적인 것은 물체적 실체 자체로부터 생긴다. 따라서 각각의 실체는 자신 안에 자기 상태의 직접적인 원인을 가지고 있다.

아르노는 라이프니츠가 살아 있는 물체나 영혼이 있는 물체에만 실체적 형상을 요구한다고 생각했다. 따라서 자연에서 생명이 없는 부분들에는 최후의 일체를 갖지 않는 다수의 존재만 있다고 생각했다. 하지만 라이프니츠에게 세계는 살아 있는 물체와 영혼 있는 물체들로 가득 찬 곳이다. 그 영혼의 수는 무한하게 많다. 왜냐하면 끝없이 분할 가능한 물질의 아무리 작은 부분이라도 살아 있는 물체, 영혼이 있는 물체, 즉 물체적 실체가 없는 부분은 없기 때문이다. 라이프니츠의 범유기체 철학을 대표하는 이 마지막 명제는 이미 청년기 저작에서부터 나타나며, 연속 합성의 문제에 몰두했던 파리 체류 시기(1672~1676)에 더 확고해진 테제다.[12] 즉 그는 이미 청년기에 이 범유기체 사상을 가지고 있었던 것이다. 이런 그의 사상적 전개로 보면, 물체적 실체 개념은 이 범유기체론을 주장하기 위해서 반드시 정립해야 했던 개념이라고 할 수 있다.

아르노에게 결정적으로 수용될 수 없었던 라이프니츠의 견해는 바로 그의 범유기체 사상의 핵심적 개념인 물체적 실체 개념이었다. 그래서 그는 에른스트 영주에게 라이프니츠가 "자연학에서 매우 기이하고 지지하기 힘든" 견해를 가지고 있다고 비판한 것이다. 하지만 그것은 아르노가 데카르트의 실체 이원론 시각에서 이 이

---

12) 서신 28의 주 텍스트 참조.

원론을 넘어서 있는 라이프니츠의 견해를 보았기 때문이다. 아르노의 비판은 물질은 원래부터 다수의 존재일 뿐이기 때문에, 물질과 전혀 다른 실체적 형상을 부여한다고 해서 외적으로 단일한 것으로 보일지는 몰라도 내적으로 완전한 일체가 될 수는 없다는 것이다.

서양철학의 전통에서 이런 물질 혹은 물체 개념은 자연스러운 것이라 할 수 있다. 하지만 라이프니츠는 물질 혹은 물체 개념의 개선을 통해서 실체 개념을 개선하려는 의도를 가지고 있었다. 이 비판에 대해 라이프니츠는 물질을 그 자체로만 보면, 무한 분할 가능성 때문에 고정된 형태도 고정된 크기도, 고정된 운동도 규정할 수 없는, 무지개와 같은 현상일 뿐이다. 따라서 참된 실재는 이 물질이 귀속되는 실제로 하나의 존재인 영혼 있는 실체라고 답한다. 즉 물질에 최초의 고정되고 규정된 존재를 부여하는 것이 실체적 형상이라는 것이다. 계속해서 라이프니츠는 이 실체적 형상을 인간에게서처럼 다른 유기 조직을 지닌 물체나 영혼 있는 물체에서도 인정해야 한다고 주장한다. 유기 조직을 지닌 물체가 다수의 기관, 체액, 혈관 등의 부분으로 구성되어도 그 일체성을 상실하는 것은 아니며 그 각 조직들은 자신의 고유한 형상을 가지고 있는 고유한 물체적 실체를 가지고 있기 때문이다.

계속해서 아르노는 실체적 형상이 물질과 같이 분할 가능하거나 정신과 같이 사고하고 분할 불가능해야 한다는 관점에서 의문을 제기한다. 결과적으로 라이프니츠는 이 문제에서 중요한 부분을 아직까지 완벽하게 탐구하지 못했기 때문에 충분히 설명하지 못한다고 고백한다. 하지만 아르노의 의문에 대해서 그는 모든 분할 불가능한 실체가 정신이고 사고해야 한다고 확신하는 것은 근거가 없다고 말한다. 왜냐하면 분할 불가능한 실체의 개념이 사유하는 실체의 개념과 동일하다는 것은 증명할 수 없기 때문이다. 라이프니츠는 실체적 형상의 재도입을 주장하고 자신의 개선된 물체적 실체 개념을 주장하면서 데카르트의 실체 이원론을 이미 넘어서고 있는 것이다.

마지막으로 아르노는 라이프니츠가 주장한 실체적 형상과 동물 영혼의 불멸성에 대해서 반박한다. 예를 들어 불에 탄 누에가 불에 타기 전과 동일한 영혼을 가지고 있는 동일한 동물이라는 것은 불가능하다. 불에 탄 재에 어떻게 동일한 영혼이 있을 수 있는가라는 반박이다. 라이프니츠는 레이우엔훅의 실험을 예로 들면서 물방울에도 무한하게 많은 생물이 있는데, 재에도 영혼이 있는 물체가 있을 수 있고 불에 탄 재는 단지 유기 조직이 작아진 것이며, 재에서 누에로 변형되는 것이 불가능한 것은 아니라고 답한다. 라이프니츠의 이 생각은 우리의 상식과 상당히 먼 기이한 생각일 수 있다. 하지만 이것이 전혀 불가능하다는 것이 증명된 것도 아니다. 이 생각에 따르면, 재가 된 누에는 자신의 영혼을 계속해서 가지고 있고 그 영혼은 작아진 유기 조직과 계속 연결되어 있다. 한 유기체와 연결되어 있던 영혼은 그 유기 조직이 타서 파괴되더라도 다른 유기체와 연결된다. 라이프니츠는『모나드론』에서 자연에는 물체 없는 영혼이 존재하지 않는다고 말한다. 라이프니츠는 데카르트의 실체이원론적 개념인 정신과 신체, 영혼과 물체라는 용어를 사용 하지만 실상 그의 생각 속에 실체는 생명체, 유기체이다. 그의 견 해에 따르면 자연에는 유기 조직을 갖지 않은 물체가 없고, 영혼을 갖지 않는 물체가 없기 때문이다.

이어 라이프니츠는 물질과는 다른 정신의 특별한 역할에 대해 서 언급한다. 이것은 이성적 영혼을 가지고 있는 인간에 대한 것이 다. 동물의 영혼은 힘과 운동에 대한 물질적 법칙에 의해서 통제되 지만 정신은 정의의 법칙에 따른다. 이런 의미에서 동물적 실체는 물질적이라 할 수 있으며, 신보다는 세계를 더 표현하지만 정신은 신을 더 표현한다. 왜냐하면 신 자신이 하나의 정신이고 창조된 정 신은 유한과 무한의 차이에서만 신과 다르기 때문이다. 그래서 정 신과 신은 함께 하나의 공동체를 이룬다. 라이프니츠는 이 공동체 를 아우구스티누스의『신국론』에 나오는 예를 따라 정신의 일반 공 화국, 혹은 보편 공화국이라고 부른다. 우리 인간이 도덕적 자격을 갖추고 보상과 처벌의 도덕적 법칙에 지배되는 것은 이 정신이 기 억과 의식, 반성 능력을 가지고 있기 때문이다.

라이프니츠와 아르노의 서신 교환은 이로써 끝을 맺는다. 라이 프니츠가 남부 독일과 이탈리아 여행 중 플젠과 베니스에서 아르노의 답신을 독촉하는 서신 32와 33을 쓰기는 했지만 서신 33은 아르노에게 전달되었는지도 확실하지 않고 아르노는 그 이후 라이프니츠에게 답하지 않았다.[13]

아르노와의 서신에 담겨 있는 라이프니츠의 형이상학은 이후에도 계속 큰 변화 없이 이어진다. 단지 이 서신과 중기 저작들이 매우 늦게 세상에 알려지고 연구되었을 뿐이다. 늦게 알려진 탓에 우리는 라이프니츠 철학에 대해서 전통적으로 이해되어온 것과는 다른 면이 있음을 뒤늦게 보게 된다. 서양 철학사에서 라이프니츠는 흔히 영혼과 같은 모나드 개념으로 세계를 설명하는 관념론적 형이상학자로 알려져 있다. 하지만 이 서신의 논의에서도 두드러지게 나타나듯이 그는 물체 개념의 개선에 매우 많은 노력을 기울인 자연철학자의 면모도 갖추고 있다. 점점 더 확고한 지지를 얻어 가는 근대 물리학, 생물학, 의학 등의 발전과 함께하면서, 그는 철학에서 물체 개념이 제대로 정립되지 않았다는 것을 깨닫고 물체를 그 본래의 모습에 따라 실체로 볼 수 있는 개념을 구축하려고 했고, 그것이 그가 이 서신에서 주장하고 있는 물체적 실체 개념이다.

---

13) 해제를 쓰면서 아카데미 판과 핀스터 판, 메이슨의 번역 서문과 슬레이(Sleigh)의 연구서 *Leibniz & Arnauld: a commentary on their correspondence* 의 서문을 참고했다.

라이프니츠가 물체적 실체로 보고 있는 것은 유기체, 생명체다. 대표적으로 인간이 그 대상이지만, 동물과 식물에서도 그 구조가 발견된다고 그는 믿는다. 라이프니츠가 물체적 실체를 설명하는 것을 보면, 우리가 '자아'라는 의식을 갖게 되는 것이 사고하는 정신적 실체를 통해서만이 아니라는 생각이 담겨 있는 것처럼 보이기도 한다. 아마도 라이프니츠는 이 자아라는 의식은 영혼과 신체의 합일에서 비롯된다고 할 것 같다. 어쨌든 라이프니츠는 이 물체적 실체 개념을 통해서 전 우주가 영혼이나 생명을 가지고 있는 물체적 실체로 가득 차 있다는 범유기체, 범생명체 사상을 펼친다. 그리고 세계를 이렇게 이해하는 것이 신과 인간과 세계에서 일어나는 일들을 가장 합리적이고 가장 질서 있게 이해하는 것이라고 생각한다. 라이프니츠가 중기 저작에서 물체 개념의 개선을 통해서 유기체 개념과 모든 부분에 영혼이 있는 '자연 기계' 개념을 주장한 것에 비해서, 라이프니츠를 관념론 형이상학자로 알고 영향받았던 프랑스의 라 메트리(La Mettrie), 디드로(Diderot) 등이 데카르트의 이원론을 비판하면서 인간을 정신보다 물질적인 기계로 설명하는 물질주의가 등장한 것을 보면 서양 철학사의 아이러니가 아닐 수 없다.

이 역서는 독일의 철학자 고트프리트 빌헬름 라이프니츠와 프랑스의 신학자 앙투안 아르노가 1686년 2월부터 1687년 10월까지 주고받은 서신 그리고 이 서신 논쟁과 관련된 서신 전체를 번역한 것이다. 본문의 주석과 해제에서 자세히 밝혔듯이 이 둘 간의 서신은 헤센-라인펠스의 에른스트 영주를 경유해 이루어졌기 때문에 라이프니츠와 아르노가 에른스트 영주와 주고받은 서신도 번역에 포함되어 있다.

라이프니츠와 아르노의 서신은 라이프니츠가 남긴 철학 저작 중에서 연구자들이 가장 많이 인용하는 저작 중 하나이다. 저서나 논문이 아니라 서신의 인용 빈도가 높은 것은 서양철학 연구에서 특이한 일이라 할 수 있다. 라이프니츠 철학 연구에서 이렇게 서신이 주목을 많이 받는 것은 그가 유독 서신 교환을 통해 자신의 견해를 정리하고 알리는 데 적극적이어서 유작 중 서신의 양이 많고 또 그 서신들이 그의 철학을 이해하는 데 매우 중요하기 때문이다. 라이프니츠의 철학 저작들 중 드 볼더(de Volder), 데 보스(des Bosses) 그리고 여기 번역한 아르노와의 서신 논쟁뿐만 아니라 크고 작은 다른 논쟁 저작들은 그가 어떤 저서를 남기는 일보다는 당대 학자들과 논쟁하는 것을 학문하는 일로 여겼다는 것을 잘 보여준다. 많이 알려져 있는 『변신론』과 『신인간지성론』을 쓴 이유도 실은 베일, 로크와 논쟁하기 위한 것이었다. 서양 철학자들마다 다소 차이는 있겠지만 라이프니츠 철학에서 서신은 결코 부차적 문헌이 아니다. 서신 논쟁을 통해 라이프니츠의 철학을 더 자세히 소개하고 이해하는 데 본 역서가 기여할 수 있다면 좋겠다.

라이프니츠의 저작들 중에서 아르노와의 서신을 번역하고자 한 것은 그의 철학을 이해하는 데 이 서신들이 중요하기 때문이기도 하지만 베를린에서 공부할 때 이 서신들을 읽으면서 받았던 서양 철학에 대한 인상 때문이기도 하다. 그때 나는 철학의 본연이 논쟁이라는 것을 다시금 생각할 수 있었다. 생각해보면, 철학이 오랜 역사 속에서 많은 문제들을 다루어왔지만 항상 그 문제들을 해결한 것은 아니다. 철학은 단지 그 근본적이고 난해한 문제들을 가지고 논쟁한 것이다. 기나긴 서양철학의 역사는 논쟁의 역사였고 우리에게 남겨진 서양철학은 논쟁의 산물이다. 따라서 철학하는 것은 본래 논쟁하는 것이다. 논쟁하지 않고 우리는 철학을 가질 수 없다.

이 서신들을 번역하는 데 여러 분들의 도움을 받았다. 우선 석사 과정의 지도 교수님이신 한양대 이현복 선생님께 감사드린다. 선생님의 지도로 유학 동안 독일어뿐만 아니라 라틴어와 프랑스어도 배우게 되었고 이런 번역의 기회도 얻을 수 있었던 것 같다. 그리고 이렇게 번역하고 책을 낼 수 있는 기회를 알려준 권해준 선배, 정연재 선생님께도 감사드린다. 또한 번역 과정에서 생기는 많은 문제들과 의문점들을 서양근대철학회 여러 선생님들과 나누면서 많은 도움을 받았다. 도움 주신 학회 회원 선생님들의 존함을 일일이 나열하지는 못하지만 큰 도움에 감사드린다. 본문의 몇몇 번역어와 각주에 그분들의 도움이 스며들어 있다.

독일 뮌스터에서 공부하는 동안 프랑스어를 배워 텍스트를 읽는데는 문제가 없지만 우리말로 번역하려니 아직 나의 프랑스어 경험이 부족하다는 것을 실감했다. 프랑스어 원전을 번역 대본으로 삼으면서도 독일어와 영어 번역을 참고한 것이 부족한 부분을 채우는 데 도움이 되었다. 번역을 시작할 당시에는 읽기 좋은 우리말로 번역하겠다는 것을 목표로 시작했지만 그에 미치지 못한 것 같다. 변명을 하자면, 번역에서 살려야 하는 미세하지만 중요한 원문의 표현들과 개념들을 포기한 채 잘 읽히기만 하는 글로 완전하게 바꾸어 놓는 일은 연구되어야 할 철학의 고전 번역에 적절하지 않다고 생각했기 때문이다. 독자들과 연구자들의 비판을 그저 감사히 여기고 다음 기회가 주어진다면 더 좋은 번역을 하도록 노력하겠다는 마음이다. 이 번역이 출판되기까지 애써주신 아카넷 출판사 이경열 님께 이 자리를 빌려 감사드린다.

그리고 얼마 전부터 초등학교 1학년 딸이 이 책이 나오기를 기다리기 시작했다. 아빠가 교정지를 보고 있는 모습을 보고 묻기에 말해주었는데, 그 뒤로 언제 나오냐고 자주 묻는다. 나에겐 아주 기쁘고 고마운 일이다. 끝으로 가족 모두에게 고마운 마음을 전한다.

2015년 1월
이상명

■ 참고 문헌

1. 라이프니츠 전집 및 번역서

Sämtliche Schriften und Briefe, hrsg. von Berlin-Brandenburgischen Akademie der Wissenschaften und der Akademie der Wissenschaften zu Göttingen, 2 Reihe: Philosophischer Briefwechsel, 2 Band (1686~1694), hrsg. von Leibniz-Forschungsstelle der Universität Münster, Berlin. 2009, Akademie Verlag.

Die Philosophischen Schriften von Gottfried Wilhelm Leibniz, 2권, hrsg. von C. I. Gerhardt, Berlin 1875~1890.

Der Briefwechsel mit Antoine Arnauld, Französisch-Deutsch, hrsg. und übers. von Reinhard Finster, Hamburg, 1997, Meiner Verlag.

The Leibniz-Arnauld Correspondence, ed. and trans. H. T. Mason & intro. by G. H. R. Pakinson, Manchester, 1967, Manchester Univ. Press.

Discours de métaphysique et Correspondance avec Arnauld, intro. texte et commentaire par Georges Le Roy, Paris, 1993.

Briefwechsel zwischen Leibniz, Arnauld und dem Landgrafen Ernst von Hessen-Rheinfels aus den Handschriften der Königlichen Bibliothek zu Hannover, ed. Ludwig Grotefend, Hannover, 1846.

Philosophical Papers and Letters, trnas. & ed. with introd. by Leroy E. Loemker, 2. ed., Dordrecht 1976.

Philosophical Essays, ed. & trans. by Roger Ariew & Daniel Garber, Indianapolis and Cambridge 1989.

『형이상학 논고』, 윤선구 옮김, 아카넷, 2010.

『자유와 운명에 관한 대화 외』, 이상명 옮김, 책세상, 2011.

2. 연구 논문 및 저서

이상명, 「라이프니츠의 물체적 실체」, 『철학연구』 84, 2009.
_____, 「연속합성의 미로: 아리스토텔레스와 라이프니츠에 있어 무한 분할의 문제」, 『철학』 111, 2012.
Broad, D. D., *Leibniz an introduction*, CUP, 1975.

Baxter, D. L. M., "Corporeal Substances and True Unities", *Studiana Leibnitiana* XXVII/2(1995), 157184.

Bolton, M. B., "Leibniz to Arnauld: Platonic and Aristotelians Themes on Matter and Corporeal Substance", in: *Leibniz and his Correspondents*, ed. Paul Lodge, Cambridge 2004, 97122.

Garber, D., "Leibniz and the Foundations of Physics: The Middle Years", in: *The Natural Philosophy of Leibniz*, ed. K. Okruhlik and J. Brown, Dordrecht 1985, 27130.

Phemister, P., "Corporeal substances and the Discourse on Metaphysics", in: *Studia Leibnitiana* XXXIII/1, 2001, 6885.

_____, *Leibniz and the Natural World*, Dordrecht 2005.

Sleigh, R. C. Jr., *Leibniz & Arnauld: a commentary on their correspondence*, New Haven and London 1990.

Schepers, H., "Die Polarität des Einen und Vielen", in: *Unità e molteplicità nel pensiero filosofico e scientifico di Leibniz*, ed. Lamarra, A. & Palaia, R., Firenze 2000, 171184.

이상명

한림대, 한양대에서 철학을 공부하고, 독일 뮌스터 대학교, 베를린 자유대학(FU-Berlin)과 공학대학(TU-Berlin)에서 수학한 후 베를린 공학대학에서 「라이프니츠의 물체의 형이상학(Die Metaphysik des Körpers bei G. W. Leibniz)」(Berlin, 2008)으로 박사 학위를 받았다. 현재 한림대, 한양대, 숭실대에서 강의하고 있고, 논문으로 「라이프니츠: 변신론과 인간의 자유」(2011), 「연속합성의 미로: 아리스토텔레스와 라이프니츠에 있어 무한 분할의 문제」(2012) 등이 있고, 공저로 「서양근대 윤리학」(2010), 「서양근대 종교철학」(2015), 역서로 「자유와 운명에 관한 대화 외」(2011)가 있다.

라이프니츠와
아르노의 서신

···

대우고전총서 038

1판 1쇄 찍음 | 2015년 1월 5일
1판 1쇄 펴냄 | 2015년 1월 15일

지은이 | G. W. 라이프니츠 · A. 아르노
옮긴이 | 이상명
펴낸이 | 김정호
펴낸곳 | 아카넷

출판등록 2000년 1월 24일(제2-3009호)
413-120 경기도 파주시 회동길 445-3
전화 031-955-9511(편집) · 031-955-9514(주문) | 팩스 031-955-9519
책임편집 | 이경열
www.acanet.co.kr

ⓒ 이상명, 2015

Printed in Seoul, Korea

ISBN 978-89-5733-397-6 94160
ISBN 978-89-89103-56-1 (세트)

이 도서의 국립중앙도서관 출판시도서목록(CIP)은
서지정보유통지원시스템 홈페이지(http://seoji.nl.go.kr)와
국가자료공동목록시스템(http://www.nl.go.kr/kolisnet)에서 이용하실 수 있습니다.
(CIP제어번호: CIP2014038346)